U0605131

陈子元 传

让核技术接地气

老科学家学术成长资料采集工程
中国科学院院士传记丛书

李曙白 韩天高 徐步进◎著

1924年
出生于上海斜桥

1941年
考入大夏大学

1958年
参加和平利用原子能苏联专家讲习班

1962年
开始农药残毒研究

1973年
主持农药安全使用标准研究

1985年
受聘IAEA科学顾问

1991年
当选中国科学院学部委员

老科学家学术成长资料采集工程

中国科学院院士传记 丛书

陈子元 传

李曙白 韩天高 徐步进 ◎ 著

让核技术接地气

2. aliphatic Hydroxylation & Epoxidation.

中国科学技术出版社

上海交通大学出版社

图书在版编目（CIP）数据

让核技术接地气：陈子元传／李曙白，韩天高，徐步进著．
—北京：中国科学技术出版社，2014.10
（老科学家学术成长资料采集工程 中国科学院院士传记
丛书）
ISBN 978-7-5046-6726-7

Ⅰ.①让… Ⅱ.①李… ②韩… ③徐… Ⅲ.①陈子元－
传记 Ⅳ.① K826.3

中国版本图书馆 CIP 数据核字 (2014) 第 230156 号

出 版 人	苏 青 韩建民	
责任编辑	余 君	
责任校对	孟华英	
责任印制	张建农	
版式设计	中文天地	

出 版	中国科学技术出版社 上海交通大学出版社	
发 行	科学普及出版社发行部	
地 址	北京市海淀区中关村南大街16号	
邮 编	100081	
发行电话	010-62173865	
传 真	010-62179148	
网 址	http://www.cspbooks.com.cn	

开 本	787mm×1092mm 1/16	
字 数	340千字	
印 张	23.5	
彩 插	2	
版 次	2014年10月第1版	
印 次	2014年10月第1次印刷	
印 刷	北京华联印刷有限公司	
书 号	ISBN 978-7-5046-6726-7 / K·151	
定 价	65.00元	

（凡购买本社图书，如有缺页、倒页、脱页者，本社发行部负责调换）

老科学家学术成长资料采集工程
领导小组专家委员会

主　任：杜祥琬

委　员：（以姓氏拼音为序）

　　　　巴德年　　陈佳洱　　胡启恒　　李振声

　　　　王礼恒　　王春法　　张　勤

老科学家学术成长资料采集工程
丛书组织机构

特邀顾问（以姓氏拼音为序）

　　　　樊洪业　方　新　齐　让　谢克昌

编委会

主　任：王春法　张　藜

成　员：（以姓氏拼音为序）

　　　　艾素珍　　曹振全　　董庆九　　胡化凯　　韩建民

　　　　景晓东　　李虹鸣　　廖育群　　罗　晖　　吕瑞花

　　　　苏　青　　王康友　　王扬宗　　夏　强　　张柏春

　　　　张大庆　　张　剑　　张九辰　　周德进

编委会办公室

主　任：张　藜　许向阳

副主任：许　慧　张利洁　刘佩英

成　员：（以姓氏拼音为序）

　　　　崔宇红　　冯　勤　　何继红　　何素兴　　李金涛

　　　　李俊卿　　李惠兴　　刘　洋　　罗兴波　　沈林苣

　　　　万红军　　王传超　　言　挺　　余　君　　张晓华

　　　　周　勇

老科学家学术成长资料采集工程简介

　　老科学家学术成长资料采集工程（以下简称"采集工程"）是根据国务院领导同志的指示精神，由国家科教领导小组于 2010 年正式启动，中国科协牵头，联合中组部、教育部、科技部、工信部、财政部、文化部、国资委、解放军总政治部、中国科学院、中国工程院、国家自然科学基金委员会等 11 部委共同实施的一项抢救性工程，旨在通过实物采集、口述访谈、录音录像等方法，把反映老科学家学术成长历程的关键事件、重要节点、师承关系等各方面的资料保存下来，为深入研究科技人才成长规律，宣传优秀科技人物提供第一手资料和原始素材。按照国务院批准的《老科学家学术成长资料采集工程实施方案》，采集工程一期拟完成 300 位老科学家学术成长资料的采集工作。

　　采集工程是一项开创性工作。为确保采集工作规范科学，启动之初即成立了由中国科协主要领导任组长、12 个部委分管领导任成员的领导小组，负责采集工程的宏观指导和重要政策措施制定，同时成立领导小组专家委员会负责采集原则确定、采集名单审定和学术咨询，委托中国科学技术史学会承担具体组织和业务指导工作，建立专门的馆藏基地确保采集资料的永久性收藏和提供使用，并研究制定了《采集工作流程》、《采集工作规范》等一系列基础文件，作为采集人员的工作指南。截至 2012 年年底，已启动 247 位老科学家的学术成长资料采集工作，获得手稿、书信等实物原件资料 21496 件，数字化资料 72310 件，视频资料 96582 分钟，音频资料 104289 分钟，具有重要的史料价值。

采集工程的成果目前主要有三种体现形式，一是建设一套系统的"老科学家学术成长资料数据库"（本丛书简称"采集工程数据库"），提供学术研究和弘扬科学精神、宣传科学家之用；二是编辑制作科学家专题资料片系列，以视频形式播出；三是研究撰写客观反映老科学家学术成长经历的研究报告，以学术传记的形式，与中国科学院、中国工程院联合出版。随着采集工程的不断拓展和深入，将有更多形式的采集成果问世，为社会公众了解老科学家的感人事迹，探索科技人才成长规律，研究中国科技事业的发展历程提供客观翔实的史料支撑。

总序一

中国科学技术协会主席　韩启德

　　老科学家是共和国建设的重要参与者，也是新中国科技发展历史的亲历者和见证者，他们的学术成长历程生动反映了近现代中国科技事业与科技教育的进展，本身就是新中国科技发展历史的重要组成部分。针对近年来老科学家相继辞世、学术成长资料大量散失的突出问题，中国科协于2009年向国务院提出抢救老科学家学术成长资料的建议，受到国务院领导同志的高度重视和充分肯定，并明确责成中国科协牵头，联合相关部门共同组织实施。根据国务院批复的《老科学家学术成长资料采集工程实施方案》，中国科协联合中组部、教育部、科技部、工业和信息化部、财政部、文化部、国资委、解放军总政治部、中国科学院、中国工程院、国家自然科学基金委员会等11部委共同组成领导小组，从2010年开始组织实施老科学家学术成长资料采集工程。

　　老科学家学术成长资料采集是一项系统工程，通过文献与口述资料的搜集和整理、录音录像、实物采集等形式，把反映老科学家求学历程、师承关系、科研活动、学术成就等学术成长中关键节点和重要事件的口述资料、实物资料和音像资料完整系统地保存下来，对于充实新中国科技发展的历史文献，理清我国科技界学术传承脉络，探索我国科技发展规律和科技人才成长规律，弘扬我国科技工作者求真务实、无私奉献的精神，在全社会营造爱科学、学科学、用科学的良好氛围，是一件很有意义的事情。采集工程把重点放在年龄在 80 岁以上、学术成长经历丰富的两院院士，以及虽然不是两院院士、但在我国科技事业发展中作出突出贡献的老科技工作者，充分体现了党和国家对老科学家的关心和爱护。

自 2010 年启动实施以来，采集工程以对历史负责、对国家负责、对科技事业负责的精神，开展了一系列工作，获得大量反映老科学家学术成长历程的文字资料、实物资料和音视频资料，其中有一些资料具有很高的史料价值和学术价值，弥足珍贵。

以传记丛书的形式把采集工程的成果展现给社会公众，是采集工程的目标之一，也是社会各界的共同期待。在我看来，这些传记丛书大都是在充分挖掘档案和书信等各种文献资料、与口述访谈相互印证校核、严密考证的基础之上形成的，内中还有许多很有价值的照片、手稿影印件等珍贵图片，基本做到了图文并茂，语言生动，既体现了历史的鲜活，又立体化地刻画了人物，较好地实现了真实性、专业性、可读性的有机统一。通过这套传记丛书，学者能够获得更加丰富扎实的文献依据，公众能够更加系统深入地了解老一辈科学家的成就、贡献、经历和品格，青少年可以更真实地了解科学家、了解科技活动，进而充分激发对科学家职业的浓厚兴趣。

借此机会，向所有接受采集的老科学家及其亲属朋友，向参与采集工程的工作人员和单位，表示衷心感谢。真诚希望这套丛书能够得到学术界的认可和读者的喜爱，希望采集工程能够得到更广泛的关注和支持。我期待并相信，随着时间的流逝，采集工程的成果将以更加丰富多样的形式呈现给社会公众，采集工程的意义也将越来越彰显于天下。

是为序。

总序二

中国科学院院长 白春礼

　　由国家科教领导小组直接启动，中国科学技术协会和中国科学院等12个部门和单位共同组织实施的老科学家学术成长资料采集工程，是国务院交办的一项重要任务，也是中国科技界的一件大事。值此采集工程传记丛书出版之际，我向采集工程的顺利实施表示热烈祝贺，向参与采集工程的老科学家和工作人员表示衷心感谢！

　　按照国务院批准实施的《老科学家学术成长资料采集工程实施方案》，开展这一工作的主要目的就是要通过录音录像、实物采集等多种方式，把反映老科学家学术成长历史的重要资料保存下来，丰富新中国科技发展的历史资料，推动形成新中国的学术传统，激发科技工作者的创新热情和创造活力，在全社会营造爱科学、学科学、用科学的良好氛围。通过实施采集工程，系统搜集、整理反映这些老科学家学术成长历程的关键事件、重要节点、学术传承关系等的各类文献、实物和音视频资料，并结合不同时期的社会发展和国际相关学科领域的发展背景加以梳理和研究，不仅有利于深入了解新中国科学发展的进程特别是老科学家所在学科的发展脉络，而且有利于发现老科学家成长成才中的关键人物、关键事件、关键因素，探索和把握高层次人才培养规律和创新人才成长规律，更有利于理清我国科技界学术传承脉络，深入了解我国科学传统的形成过程，在全社会范围内宣传弘扬老科学家的科学思想、卓越贡献和高尚品质，推动社会主义科学文化和创新文化建设。从这个意义上说，采集工程不仅是一项文化工程，更是一项严肃认真的学术建设工作。

中国科学院是科技事业的国家队，也是凝聚和团结广大院士的大家庭。早在1955年，中国科学院选举产生了第一批学部委员，1993年国务院决定中国科学院学部委员改称中国科学院院士。半个多世纪以来，从学部委员到院士，经历了一个艰难的制度化进程，在我国科学事业发展史上书写了浓墨重彩的一笔。在目前已接受采集的老科学家中，有很大一部分即是上个世纪80、90年代当选的中国科学院学部委员、院士，其中既有学科领域的奠基人和开拓者，也有作出过重大科学成就的著名科学家，更有毕生在专门学科领域默默耕耘的一流学者。作为声誉卓著的学术带头人，他们以发展科技、服务国家、造福人民为己任，求真务实、开拓创新，为我国经济建设、社会发展、科技进步和国家安全作出了重要贡献；作为杰出的科学教育家，他们着力培养、大力提携青年人才，在弘扬科学精神、倡树科学理念方面书写了可歌可泣的光辉篇章。他们的学术成就和成长经历既是新中国科技发展的一个缩影，也是国家和社会的宝贵财富。通过采集工程为老科学家树碑立传，不仅对老科学家们的成就和贡献是一份肯定和安慰，也使我们多年的夙愿得偿！

鲁迅说过，"跨过那站着的前人"。过去的辉煌历史是老一辈科学家铸就的，新的历史篇章需要我们来谱写。衷心希望广大科技工作者能够通过"采集工程"的这套老科学家传记丛书和院士丛书等类似著作，深入具体地了解和学习老一辈科学家学术成长历程中的感人事迹和优秀品质；继承和弘扬老一辈科学家求真务实、勇于创新的科学精神，不畏艰险、勇攀高峰的探索精神，团结协作、淡泊名利的团队精神，报效祖国、服务社会的奉献精神，在推动科技发展和创新型国家建设的广阔道路上取得更辉煌的成绩。

总序三

中国工程院院长　周　济

　　由中国科协联合相关部门共同组织实施的老科学家学术成长资料采集工程，是一项经国务院批准开展的弘扬老一辈科技专家崇高精神、加强科学道德建设的重要工作，也是我国科技界的共同责任。中国工程院作为采集工程领导小组的成员单位，能够直接参与此项工作，深感责任重大、意义非凡。

　　在新的历史时期，科学技术作为第一生产力，已经日益成为经济社会发展的主要驱动力。科技工作者作为先进生产力的开拓者和先进文化的传播者，在推动科学技术进步和科技事业发展方面发挥着关键的决定的作用。

　　新中国成立以来，特别是改革开放30多年来，我们国家的工程科技取得了伟大的历史性成就，为祖国的现代化事业作出了巨大的历史性贡献。两弹一星、三峡工程、高速铁路、载人航天、杂交水稻、载人深潜、超级计算机……一项项重大工程为社会主义事业的蓬勃发展和祖国富强书写了浓墨重彩的篇章。

　　这些伟大的重大工程成就，凝聚和倾注了以钱学森、朱光亚、周光召、侯祥麟、袁隆平等为代表的一代又一代科技专家们的心血和智慧。他们克服重重困难，攻克无数技术难关，潜心开展科技研究，致力推动创新发展，为实现我国工程科技水平大幅提升和国家综合实力显著增强作出了杰出贡献。他们热爱祖国，忠于人民，自觉把个人事业融入到国家建设大局之中，为实现国家富强而不断奋斗；他们求真务实，勇于创新，用科技为中华民族的伟大复兴铸就了辉煌；他们治学严谨，鞠躬尽瘁，具有崇高的科学精神和科学道德，是我们后代学习的楷模。科学家们的一生是一本珍贵的教科书，他们坚定的理想信念和淡泊名利的崇高品格是中华民族自强不息精神的宝贵财富，永远值得后人铭记和敬仰。

通过实施采集工程，把反映老科学家学术成长经历的重要文字资料、实物资料和音像资料保存下来，把他们卓越的技术成就和可贵的精神品质记录下来，并编辑出版他们的学术传记，对于进一步宣传他们为我国科技发展和民族进步作出的不朽功勋，引导青年科技工作者学习继承他们的可贵精神和优秀品质，不断攀登世界科技高峰，推动在全社会弘扬科学精神，营造爱科学、讲科学、学科学、用科学的良好氛围，无疑有着十分重要的意义。

中国工程院是我国工程科技界的最高荣誉性、咨询性学术机构，集中了一大批成就卓著、德高望重的老科技专家。以各种形式把他们的学术成长经历留存下来，为后人提供启迪，为社会提供借鉴，为共和国的科技发展留下一份珍贵资料。这是我们的愿望和责任，也是科技界和全社会的共同期待。

陈子元

陈子元先生在案头与采集小组成员李曙白（左）进行交流

本书作者等访谈工作期间与陈子元先生在其家中合影

[右四、五、三、七分别为陈先生及其爱人李秀珍、三儿子陈中玉、大儿媳赵薇薇，右六、一为本书作者李曙白、韩天高，右二、九为浙大农学院赵小俊和浙大宣传部（新闻办）张嫱，右八为速记员小赵]

序

　　2014 年春，华家池繁花似锦。我高兴地细阅关于本人的"老科学家学术成长资料采集工程研究报告"，时值国家主席习近平同志在荷兰海牙核安全峰会上作主旨演讲，由此自然而然地联想到自己在新中国成立后，从事核农学研究五十六个春秋的风雨历程，也回忆起 1985—1988 年在奥地利维也纳国际原子能机构担任科学顾问的那些日子，更唤起了对当年我和同事、学生们一起在实验室里潜心科研、在田间为"三农"服务的记忆。其中既有攻坚克难取得成功的喜悦，也有遭受挫折失败的苦涩。我想，我个人的经历，从某一侧面见证了新中国核农学的发展。现在，由中国科协牵头的采集工程，把这一历程和我的学术成长资料记录保存下来，是一件既有现实意义又有历史意义的工作。我非常感谢国家又一次对我们科技工作者给予了重视和关怀，我也想借此机会，把七十年来本人从事科学研究工作和高等农业教育工作的体会略作回顾梳理，供大家——特别是青年朋友们参考和讨论。

　　我出生于 1924 年，父亲陈贤本是一位爱国的实业家，母亲余照云一生操持家务。他们在旧社会饱经忧患。父亲在旧中国为振兴民族工业，几度沉浮，惨淡经营，最终还是难以为继。但父亲执着开拓、坚毅果敢的气质和爱国敬业的精神，母亲勤俭持家、平和淡泊的性格深深地影响了我的一生。我的家乡宁波是文化之壤，崇尚诗书礼仪、耕读传家，我自幼就受到中国优良传统文化的熏陶，并终生受益。

1941年我考入上海大夏大学化学系。大夏大学校风优良，有一批学识渊博、功底深厚、学风严谨的知名教授，如邵家麟先生、陈景琪先生、李博达先生等，师长们严谨的治学态度和严格的科学作风给我留下深刻的印象。我渐渐地养成了追根问底、反复推敲，然后形成自己见解并争取闯出一条新路的思考及行事的习惯。我在大夏大学就读期间，还经常与一些地下党员接触，如殷云芳（后改名陈赓仪）、龚华峰（后改名于峰）等，参加一些地下党外围的革命工作。他们的信仰和志向、言行感染了我，对我以后的人生道路有重大的影响。我在大夏大学求学和任教，前后九年时间，奠定了较为扎实的学业基础和从事科学研究的能力。

我原本是学化学的，1953年在新中国成立后的全国院系大调整中调到浙江农学院任教，从事高等农业教育和科学研究。为了适应新的工作，我认真地向老教师请教，学习农业科学知识，力求把自己的化学专长和农业科学结合起来，并围绕国家经济建设和农业发展，开展科学研究与人才培养工作。1958年我受浙江省派遣，率领由学校从各系选拔出来的几名青年教师赴上海参加由苏联专家主讲的原子能和平利用讲习班，回校后立即参加筹建同位素实验室（至20世纪80年代初，已发展为原子核农业科学研究所，简称核农所）。就这样，我与核农学结下了不解之缘。核农学即原子核科学技术在农业上应用，已成为一门核科学技术与农业相结合的新兴交叉学科，也有人认为它是核工业中的轻工业。我的核农学研究是从探测化学农药在作物上的残留开始的，进而为制订农药安全使用标准提供了科学依据。之后的研究又从化学农药对作物的影响扩展到整个农业生态环境，还首次引进示踪动力学理论，深化研究工作。随着生物技术的发展，我提出要把核农学技术与生物技术结合起来，从分子水平上探讨化学农药对环境污染的机理，进而用微生物基因工程和分子生物学方法来解决生态环境中的污染问题。半个多世纪以来，我和核农所同事们一起，白手起家、艰苦创业、反复实践、潜心钻研、认真总结，终于开拓出一条宽阔的发展道路，不断取得科技实践进步。作为集体的核农所本着"以核为本，多科结合；为农服务，开拓创新；有所作为，持续发展"的宗旨，逐渐形成并始终践行"团结、求新、务实、图强"所训，在核素示踪应用和核辐射应用两大领域取得了一系列国家级的研究成果，在服务"三农"和培养核农学（生物物理学）科技人才上作出了自身应有的贡献。可以说，收获与成绩，得益于经几代人艰辛创业、奋力拼搏而形成的团队精神。在此，我要感谢中国核农学的创始人和奠基者徐冠仁院士，原浙江农学院党委书记、革命老前辈金孟加同志的关怀和支持，并深切地怀念他们。

我一生热爱教育和科研工作。记得 1946 年春天，我 22 周岁回到母校大夏大学任教时，曾对自己说："这就是我此生的归宿了，教书育人，钻研学问，难道还有什么比这更适合我做的事吗？"但我人生真正的归宿还是在有"小西湖"之称的美丽的华家池。浙江大学农学院 1934 年迁此办学，后改名为浙江农学院、浙江农业大学，现为浙江大学华家池校区。我 29 周岁时奉调到此，工作至今。现虽已年迈，但还是坚持每天步行上下班。从我的住处到东大楼办公室是 1500 步，到核农所实验楼是 1650 步，对此我很熟悉。我对华家池的一草一木都充满了感情。华家池不仅风景秀丽，环境优美，而且国内许多著名的农业科学家、农业教育家曾在此执教任职，荟萃一堂。我有幸和他们一起在这块土地上，继承、发扬浙江大学"求是"的优良传统和勤朴、奋进的精神作风。我已经在此工作、生活 61 载，得到金孟加院长、丁振麟校长、朱祖祥校长等历届领导的关心和支持，也得到吴耕民先生、陈鸿逵先生等国内著名农业科学家以及美国著名核科学家汪志馨先生的关心和帮助，我从他们为之奋斗的学术和事业中汲取智慧与力量，受益匪浅。我想，我国是农业古国，也是农业大国，但还不是农业强国，更不是农业富国，要建设一流的农业，必须要有一流的农业教育，一流的农业科技，一流的农业人才。我愿为我国高等农业教育事业和农业科技的振兴而继续辛勤耕耘，努力工作。今年我已届九旬，从事核农学研究和高等农业教育事业至今，以身许农已成为我一生的追求和实践。

今天，回顾我七十年来的科学生涯，真正取得成绩是在新中国成立以后，特别是改革开放迎来"科学的春天"后。这是党和人民培养、时代造就、集体奋斗的结果。从某种意义上讲，它也是新中国核农学走向振兴的一个侧面和片断，映射出整个国家在中华民族伟大复兴过程中科技事业蓬勃发展的壮丽图景。我为自己作为一名参与者而感到无比欣慰。

最后，我要对本项目采集小组的同志们，提供我的历史档案资料的各单位，以及接受访谈的各位亲友表示衷心的感谢。我还要对撰写研究报告和《让核技术接地气——陈子元传》的三位作者和邹先定等同志，深表谢意。

陈子元

2014 年 4 月 18 日

于杭州华家池核农所

目 录

老科学家学术成长资料采集工程简介

总序一···韩启德

总序二···白春礼

总序三··周 济

序···陈子元

导 言··1

| 第一章 | 勤奋爱国　家教身传·······························9

出生···9
国内首创骆驼绒··12
父亲是位爱国实业家···19

兄弟姐妹十人都读书 ·· 22

第二章 | 学海畅游　探求光明 ··························· 26

小学的学习 ·· 26
不断转学和跳级的中学时期 ····························· 29
大夏大学 ··· 35
大学：三年修满学分 ·· 39
参加进步学生活动 ·· 48

第三章 | 辗转抉择　与农结缘 ························ 53

中国工厂化无土栽培第一人 ····························· 53
回到大夏大学任教 ·· 59
在苏南蚕丝专科学校 ·· 65
选择浙江农学院 ··· 69
入党 ·· 76
到农村办学 ·· 80

第四章 | 衔命核农　白手起家 ························ 85

领命 ·· 85
在上海的学习 ··· 89
核农学在浙江农学院的开展 ····························· 98

第五章 | 凝炼方向　大道豁然 ······················ 108

聚焦农药残留 ··· 108
家国变故　坚持研究 ·· 117
主持编制农药安全使用标准 ····························· 125
技术援助阿尔巴尼亚 ·· 141

第六章 | 引领学术　梳理学科 ……………………………… 147

农药对生态环境影响研究 ……………………………… 147

在俄勒冈的日子 ……………………………………… 160

将动力学理论引入同位素示踪研究 …………………… 170

推进生物物理学科发展 ……………………………… 177

致力中国核农学基础建设 …………………………… 188

九十年代以来的研究 ………………………………… 196

第七章 | 执掌农大　科教齐飞 ……………………………… 206

担任浙农大副校长 …………………………………… 206

担任浙农大校长 ……………………………………… 209

超前性的办学理念 …………………………………… 221

第八章 | 国际舞台　展示中华 ……………………………… 230

受聘国际原子能机构科学顾问 ……………………… 230

在国际原子能机构的主要工作 ……………………… 236

与国际原子能机构的长期合作 ……………………… 241

第九章 | 社会兼职　尽责务实 ……………………………… 253

对社会工作诚心竭力 ………………………………… 253

推动浙江省核电发展 ………………………………… 257

主持农民技术职称评审二十年 ……………………… 260

第十章 | 毕生儒雅　长者风范 ……………………………… 266

一所之长 ……………………………………………… 266

一校之长 ……………………………………………… 272

一家之长 ……………………………………………… 278

结　语　陈子元核农学术研究实践的特点、归因与启示·············287

附录一　陈子元年表··307

附录二　陈子元主要论著目录·································335

参考文献··344

后　记··347

图片目录

图 1-1　幼年陈子元……………………………………………………………9

图 1-2　陈子元的父亲陈贤本………………………………………………10

图 1-3　中国统一呢绒纺织厂广告…………………………………………15

图 1-4　陈贤本与子女在中国统一呢绒厂…………………………………16

图 1-5　陈子元与弟妹们合影………………………………………………17

图 1-6　《申报》关于国货会的报道………………………………………19

图 1-7　陈贤本所撰"征募寒衣捐启"……………………………………20

图 1-8　寒衣捐款单位之"付讫"…………………………………………20

图 1-9　陈贤本一家人………………………………………………………22

图 1-10　家庭合影……………………………………………………………23

图 1-11　全家福………………………………………………………………23

图 1-12　1995 年 3 月陈子元与陈珊妹赴京参加"两会"机场偶遇………24

图 2-1　陈子元三兄弟 1934 年在上海……………………………………27

图 2-2　1937 年上海正中小学毕业………………………………………27

图 2-3　1938 年跳级考进肇和中学读初三………………………………29

图 2-4　1939 年上海肇和中学初中毕业…………………………………30

图 2-5　1940 年省立上海中学高中肄业…………………………………30

图 2-6　陈子元母亲余照云结绒线等儿归家……………………………33

图 2-7　1941 年上海光厦中学高中毕业…………………………………38

图 2-8　1941 年考进上海大夏大学………………………………………38

图 2-9　陈贤本、陈子元、陈子良父子三人大夏大学学籍表……………40

图 2-10　陈子元与大夏大学老师张伟如及同学合影……………………41

图 2-11　陈子元大夏大学学籍表（部分）………………………………42

图 2-12　陈子元大学毕业论文《化学构造与生理作用》草稿首页与尾页……44

图 2-13　陈子元与人合写另一篇大学毕业论文《植物的化学栽培》
　　　　　封面与首页 ···45
图 3-1　1944 年上海大夏大学理学院化学系毕业获理学士学位 ·············53
图 3-2　新中国成立后补发陈子元大夏大学毕业证书 ·············54
图 3-3　四维化学农场地址信息 ·············55
图 3-4　陈子元收藏的我国无土种植早期材料 ·············56
图 3-5　陈子元在大夏大学理学院与化学系主任陈景琪教授合影 ·············60
图 3-6　1946 年在大夏大学理学院 ·············61
图 3-7　陈子元一家三口 1949 年 10 月在上海 ·············62
图 3-8　陈子元与长子 1950 年在上海 ·············62
图 3-9　任国立上海水产专科学校兼职教授一年 ·············64
图 3-10　华东师大化学系众多老师为陈子元赴苏南任教赠言、签名 ·········66
图 3-11　所编无机及分析化学教材 ·············72
图 3-12　所获 1955 年省先进生产（工作）者奖状 ·············73
图 3-13　陈子元获 1955 年省先进生产（工作）者后回校座谈 ·············73
图 3-14　柿漆在养蚕上的用途论文封面 ·············75
图 3-15　陈子元一家五口人在杭州 ·············75
图 3-16　入党后发表在院报上的思想认识文章 ·············78
图 3-17　农学院化学教研组全体教师 ·············81
图 3-18　陈子元在农学院给学生上有机化学课 ·············81
图 4-1　1958 年 12 月陈子元与浙江农学院党委书记金孟加等在
　　　　上海展览馆原子能和平利用展览会合影 ·············88
图 4-2　1958 年上海 CCCP 展手册封面封底 ·············89
图 4-3　专家讲习班学习委员会及各组名单 ·············92
图 4-4　陈子元与谢洛肖夫的合影 ·············97
图 4-5　按照苏联标准建造的同位素实验室的平面图及南立面图 ·············99
图 4-6　1959 年 5 月在浙江农学院同位素实验室测量放射性样品 ·············101
图 4-7　1959 年 10 月接待来校访问苏联专家 ·············102
图 4-8　陈子元早期核农学论文目录 ·············103
图 4-9　陈子元 60 年代教学与研究笔记 ·············105
图 5-1　1962 年的陈子元 ·············109
图 5-2　陈子元农药残留研究部分笔记本 ·············112

图 5-3　陈子元利用同位素进行农药残留研究早期若干论文·············115

图 5-4　1965 年的陈子元··············116

图 5-5　陈子元上海之行部分票证··············118

图 5-6　陈子元 1970 年在浙农大华家池畔··············119

图 5-7　陈子元 1971 年在浙农大东大楼生物物理教研室讲解
　　　　农药残留问题··············121

图 5-8　在 1972 年广交会上作农残防治措施报告··············131

图 5-9　农药安全使用试行标准及部颁标准··············136

图 5-10　农药安全使用标准及研究成果获奖证书··············136

图 5-11　陈子元学术学习笔记··············139

图 5-12　一篇 1979 年核农学论文··············140

图 5-13　陈子元 70—80 年代参加的部分行业学术会议证件··············141

图 5-14　1977 年援阿专家组离开时阿农业部植保站农药分析组
　　　　阿籍科技人员在实验室前送别··············144

图 5-15　陈子元传达 1978 年全国科学大会精神··············145

图 5-16　获评 1978 年全国先进科技工作者和 1979 年浙江省先进工作者···146

图 6-1　陈子元"农药与环境"、"农药与生态"笔记··············153

图 6-2　农业生态环境影响研究笔记片段一··············154

图 6-3　农业生态环境影响研究笔记片段二··············154

图 6-4　农业生态环境影响研究笔记片段三··············155

图 6-5　陈子元参加中国农业环保考察团访问联邦德国与 OTT
　　　　博士合影··············156

图 6-6　农药对农业生态环境影响研究获奖证书··············159

图 6-7　汪志馨教授写来的邀请信··············161

图 6-8　汪志馨教授手稿··············162

图 6-9　1981 年在美国俄勒冈州立大学做访问学者··············163

图 6-10　陈子元赴美访学还款收据··············165

图 6-11　农业部发函学习陈子元教授赴美合作研究工作经验··············166

图 6-12　陈子元 1982 年 2 月向中外农业教育研讨会代表介绍核技术在
　　　　农业上的应用··············169

图 6-13　1982 年与农业部重点科研项目协作组全体成员合影··············170

图 6-14　放射性同位素标记农药合成试验··············171

图 6-15　陈子元指导利用放射性液相色谱检测标记农药代谢物质 ················ 173

图 6-16　利用放射性薄层扫描仪进行放射性标记农药代谢研究 ··············· 174

图 6-17　利用程序控制模拟生态箱进行化学农药实验 ··················· 175

图 6-18　1991 年 11 月当选中科院生物学部委员（院士） ··············· 178

图 6-19　"核农所"外景与标牌 ······························· 178

图 6-20　陈子元"图解"核农所的办所宗旨、方针和理念 ··············· 179

图 6-21　陈子元与核农所教授在资料室讨论生物物理学博士生培养方案 ··· 181

图 6-22　华跃进写给陈子元的信 ····························· 185

图 6-23　2007 年浙江大学陈子元农科教育基金成立 ················· 186

图 6-24　历任所长：陈子元、陈传群、谢学民、孙锦荷、徐步进、

　　　　　华跃进 ··· 187

图 6-25　核农所"书写"春秋五十载 ··························· 187

图 6-26　1983 年专著封面 ································· 188

图 6-27　在学术研究上首次公开使用"核农学"概念 ··············· 189

图 6-28　《原子核技术和农业现代化》 ······················· 190

图 6-29　1989 年著书写作与学习阅读 ······················· 191

图 6-30　主编核农学研究生教材 ··························· 193

图 6-31　《中国核农学》书影 ····························· 193

图 6-32　陈子元在生物工程基因工程等方面的学术研究手稿 ·········· 196

图 6-33　九十年代初受 IAEA 委托赴英美考察核技术环境应用新动向 ···· 197

图 6-34　陈子元 1990 年利用氧化燃烧仪进行放射性样本的处理 ······· 198

图 6-35　1992 年利用放射性液闪仪进行测量、利用 Y 色层扫描仪测量

　　　　　放射性样本 ·· 199

图 6-36　陈子元 1994 年在核农所放射性网室内观察实验植物生长情况 ····· 200

图 6-37　航天辐射育种专论广被引用 ························· 201

图 6-38　陈子元参加建国 45 周年全国百名劳模观礼团，与新中国首位

　　　　　女拖拉机手梁军、"毛主席的好工人"尉凤英等在一起 ········· 204

图 7-1　上任浙江农业大学副校长 ··························· 206

图 7-2　陈子元 1980 年在全省农业工作座谈会上 ················· 208

图 7-3　陈子元与庆祝 50 年教龄老教授合影 ··················· 209

图 7-4　就任浙江农业大学校长 ····························· 210

图 7-5　陈子元与朱祖祥院士等出席留学生博士学位授予仪式 ········· 219

图 7-6　陈子元与国家一级教授吴耕民在华家池东大楼前合影⋯⋯⋯⋯220

图 7-7　1985 年 9 月在全校师生大会上作报告⋯⋯⋯⋯⋯⋯⋯⋯⋯⋯⋯220

图 7-8　陈子元 1989 年 5 月在华家池畔向谈家桢院士介绍学校情况⋯⋯222

图 7-9　陈子元 1988 年与来访客人在"奔腾"双马前合影⋯⋯⋯⋯⋯⋯223

图 7-10　陈子元与来访联邦德国霍伊海姆大学校长交流⋯⋯⋯⋯⋯⋯⋯224

图 7-11　陈子元在基层走访⋯⋯⋯⋯⋯⋯⋯⋯⋯⋯⋯⋯⋯⋯⋯⋯⋯⋯⋯225

图 7-12　中科院生物学部常委在浙江农业大学参观访问⋯⋯⋯⋯⋯⋯⋯227

图 7-13　陈子元在美作学术访问⋯⋯⋯⋯⋯⋯⋯⋯⋯⋯⋯⋯⋯⋯⋯⋯⋯228

图 8-1　IAEA 总干事汉斯 · 布利克斯写给陈子元教授的开会通知函⋯⋯231

图 8-2　中国常驻国际原子能机构代表团段存华来信⋯⋯⋯⋯⋯⋯⋯⋯⋯232

图 8-3　国内 IAEA 科技活动顾问组聘书⋯⋯⋯⋯⋯⋯⋯⋯⋯⋯⋯⋯⋯⋯235

图 8-4　1985 年出席国际原子能机构科学顾问委员会年会⋯⋯⋯⋯⋯⋯236

图 8-5　陈子元与来访的 IAEA 副总干事和 FAO-IAEA 联合处
　　　　负责人交流⋯⋯⋯⋯⋯⋯⋯⋯⋯⋯⋯⋯⋯⋯⋯⋯⋯⋯⋯⋯⋯⋯242

图 8-6　陈子元在 IAEA 亚太地区植物辐射诱变育种培训班
　　　　开学典礼上讲话⋯⋯⋯⋯⋯⋯⋯⋯⋯⋯⋯⋯⋯⋯⋯⋯⋯⋯⋯⋯243

图 8-7　1987 年聘请国际水稻所所长斯凡米诺升博士为浙农大名誉教授⋯244

图 9-1　陈子元 1988 年 9 月出席霍英东教育基金会第一次高校
　　　　青年教师基金及青年教师奖颁授仪式⋯⋯⋯⋯⋯⋯⋯⋯⋯⋯⋯254

图 9-2　1997 年参加在香港举行的霍英东教育基金会会议⋯⋯⋯⋯⋯⋯255

图 9-3　陈子元任霍英东基金会顾问期间与张光斗、谈家桢院士等合影⋯255

图 9-4　中国原子能农学会第四次代表大会留影⋯⋯⋯⋯⋯⋯⋯⋯⋯⋯257

图 9-5　陈子元参加的学会协会会员证⋯⋯⋯⋯⋯⋯⋯⋯⋯⋯⋯⋯⋯⋯260

图 9-6　陈子元参加科教兴农和青少年科普等工作⋯⋯⋯⋯⋯⋯⋯⋯⋯263

图 9-7　1999 年春在杭部分两院院士参加完浙江省推荐院士会议后合影⋯264

图 9-8　媒体眼里的陈子元⋯⋯⋯⋯⋯⋯⋯⋯⋯⋯⋯⋯⋯⋯⋯⋯⋯⋯⋯265

图 10-1　陈子元早年与高明尉、凌备备、孙锦荷三位博导讨论博士生
　　　　　培养计划⋯⋯⋯⋯⋯⋯⋯⋯⋯⋯⋯⋯⋯⋯⋯⋯⋯⋯⋯⋯⋯⋯267

图 10-2　陈子元与孙锦荷老师在实验室⋯⋯⋯⋯⋯⋯⋯⋯⋯⋯⋯⋯⋯270

图 10-3　陈子元给博士生作指导⋯⋯⋯⋯⋯⋯⋯⋯⋯⋯⋯⋯⋯⋯⋯⋯271

图 10-4　陈子元在实验室与师生进行交流和指导⋯⋯⋯⋯⋯⋯⋯⋯⋯271

图 10-5　陈子元和核农所⋯⋯⋯⋯⋯⋯⋯⋯⋯⋯⋯⋯⋯⋯⋯⋯⋯⋯⋯272

图 10-6　1985 与林乎加、李丰平等老领导在华家池中心广场·················273

图 10-7　庆贺浙江农业大学建校 80 周年题词·················274

图 10-8　为浙江大学农业与生物技术学院院史（1910—2006）
　　　　题写书名·················275

图 10-9　1962 年全家在浙农大宿舍 8 幢 1 号（小二楼）家门前·················278

图 10-10　1969 年在杭州闸口送二儿子中放赴黑龙江建设兵团·················280

图 10-11　1974 年 1 月在杭州拍摄的全家福·················281

图 10-12　2011 年聚在杭州拍摄的大家庭合影·················283

图 10-13　与妻子李秀珍在家中合影·················284

图结 -1　陈子元手绘"中国核农学从种子到参天大树"图·················287

图结 -2　陈子元与徐冠仁等在浙农大核农所五十年代建筑前合影·················288

图结 -3　徐冠仁院士致陈子元教授当选学部委员（院士）的贺信·················289

图结 -4　陈子元主持农业部门重点科研项目协作组会议·················290

图结 -5　《陈子元核农学论文选集》书影·················293

图结 -6　核农所年轻学生和陈子元教授在一起·················294

图结 -7　1978 被评为全国先进科技工作者·················295

图结 -8　1985 年当选为省劳模并被聘为 IAEA 科学顾问·················295

图结 -9　1988 年当选中国原子能农学会理事长·················295

图结 -10　1991 年当选中科院学部委员·················296

图结 -11　2005 年获浙江大学竺可桢奖·················296

图结 -12　陈子元教授近影·················296

图结 -13　香港《文汇报》对陈子元的专题报道·················297

图结 -14　宁波籍院士铜像雕塑群·················298

图结 -15　陈子元先生的自画像与签名·················302

导 言

传主简介

陈子元先生是我国著名的核农学家。1924 年 10 月出生于上海，浙江宁波鄞县人。1944 年毕业于上海大夏大学化学系。先后在大夏大学、华东师范大学、苏南蚕丝专科学校任教。1953 年调至浙江农学院，任副教授兼化学教研组主任。1960 年起任农业物理系（所）副主任，1978 年晋升教授。1979 至 1989 年间，任浙江农业大学副校长、校长，并兼任过浙江科学院副院长。1985 至 1988 年间，任国际原子能机构总干事科学咨询委员会委员（IAEA 科学顾问）。1991 年当选为中国科学院生物学部委员（院士）。曾任国家自然科学基金委农业科学评议组组长、农业部科技委员会委员、国务院学位委员会学科评议组成员及分组召集人、浙江省科协副主席，以及中国原子能农学会理事长、中国农业生态环境保护协会副理事长、农业部核农学重点开放研究实验室主任等职。现任浙江大学农业与生物技术学院教授、中国原子能农学会和浙江省核学会荣誉理事长等职。

他自 1958 年起从事生物物理学、核农学的教学和科学研究工作，是中国核农学开拓者之一。20 世纪 60 年代，与同事们先后利用放射性同位素标记合成 15 种有机磷、有机氯、有机砷和有机硫等标记农药，用同位素示踪法对几类农药在土壤以及水稻、棉花、桑、茶、中药材等植物的吸附、残留、转移、消失和分解规律、机理进行了系统研究。提出了安全使用农药，减少对食品和农业环境污染的有效措施。70 年代，主持了由国内43 个单位协作的"农药安全使用标准"重点攻关项目，完成 29 种农药在19 种农作物上的 69 项农药安全使用标准研究，为国家制定"GB 4285—84"农药安全使用标准提供了科学依据。该项研究成果先后获得国家农业部技术改进奖一等奖，国家科技进步奖三等奖。相关研究荣获 1978 年全国科学大会两项优秀科技成果奖。80 年代，主持并组织有关院所协作，承担完成农业部"农药对农业生态环境影响的研究"重点项目，摸清了几种取代"六六六"的新农药在农业生态环境系统中的运动、变化规律，为开发高效低毒、低残留的新农药、新剂型和保护农业生态环境安全性评价提供了科学依据和有效措施。该项研究成果获得农牧渔业部科技进步奖三等奖，浙江省科技进步奖二等奖。

在对农业生态环境科学的基本理论研究中，率先引进动力学概念，采用示踪动力学数学模型来研究农药及其他农用化学物质在生态环境中的运动规律，为开发农药新剂型与安全使用评价提供了更加完善的理论方法。

1981 年后，指导培养了硕士生 4 名，博士生 10 名。先后发表研究论文 120 余篇，出版专著 6 种。由于在核农学研究上的杰出贡献，荣获 1978年全国先进科技工作者称号，1955 年和 1979 年分别荣获浙江省先进工作者称号，1985 年被评为浙江省劳动模范。

采集过程

陈子元先生学术成长资料采集，是采集工程 2012 年度安排的项目之一。接到采集任务之后，浙江大学及陈先生所在的农业与生物技术学院高度重视，通过整合校院两级力量，最终搭建起由学校宣传部门和农学院有关负责人担任双组长、由熟悉学科背景和陈先生个人情况的老专家参与、由学校档案馆负责资料和实物采集、由"老报人"领衔写作的强有力的"创作班底"。陈先生当时已近 90 岁高龄，但身体硬朗，思维灵活。他非常认同老科学家学术成长资料采集工程的重大意义，不但积极配合采集工作，而且反复强调这不是为了个人，而是为了让更多的人认识中国核农学，从而使这个学科获得更好的发展。

年表先行，采集遂后。2012 年 7 月，整个采集工作正式启动。陈先生有留存资料的良好习惯，对自己历来参与的一些重要活动多有记录，根据这一特点，采集小组首先花了两个月的时间，在他的密切配合下于 8 月底撰写完成年表初稿，为其后的采集工作提供"总索引"。由于浙江大学档案馆 2000—2005 年已经首批次将陈先生大部分珍贵的学术资料等收录进"名人档案"项目，资料与实物采集环节的工作可谓一则以喜一则以忧。喜的是有了很好的基础，可以考虑馆藏共享，忧的是再次可采实物或许会相对缺乏。根据这一情况，采集小组一方面只能将实物资料采集的重点放在"未完待续"的补充挖掘上，一方面决定加大直接、间接访谈力度，以形成较为可观的口述资料。

走南闯北，上下求索。从 2012 年暑期开始至来年暑期，持续一年时间中，采集小组先后走访了浙大档案馆、浙大新闻办、陈先生家以及办公室、研究所实验室、宁波帮博物馆和天一阁博物馆，华东师范大学档案馆和东华大学档案馆，上海市档案馆，浙江省档案馆以及中央档案馆（两次）等处，广开门路，钩沉史料，获得了陈先生大夏大学学籍卡和成绩单、仓基陈氏家谱、农药残留研究背景等材料。补充挖掘所获新材料，以若干学术笔记、音像制品等为主。就能够向全国馆藏基地共享的内容而言，陈先生的生平和学术性资料，还是比较丰富的。

内外结合，持续访谈。口述史方面，采集小组通过全面检索陈先生的传记性资料和发表的论著，梳理出其学术成长的主线与脉络，并据此制定了详细的直接访谈提纲，列出 40 多个大问题和 100 多个求证细节，围绕家庭背景与爱好、求学经历与早期工作、农药安全使用标准研究、大学管理与出国学习、学术研究与国际讲坛等主题进行了六次集中的对话式的访谈。采访从 2012 年 10 月到 2013 年 1 月间进行，最终获得访谈影像 570 分钟。间接访谈也同步推进，并持续到 2013 年 7 月中旬结束，涵盖陈先生学术合作者（3 人）、同事（4 人）、家人（同辈 1 人、子辈 3 人）和弟子等（国内 1 人、国外 1 人、院士 1 人），多达 14 人次，形成间接访谈影像 465

分钟。采集所获得的陈先生的论文论著、可以共享的一大批档案材料以及累计1000多分钟的两类访谈口述史料等，为研究报告的写作创造了先决条件，提供了有力支撑。

采集成果

陈子元先生的学术成长资料颇丰，最终数字化提交的数据量是比较大的，这里仅就几个类型的资料略加说明和介绍。

1. 珍贵的学术笔记。陈先生的核农学科研工作，基于核技术领域并嫁接贯通于农药残毒、生态环境、作物遗传等多个领域，因而形成并保留了一大批涉及这些研究领域、极具学术价值和史料价值的学习笔记或研究笔记，大部分实物已经收录到浙大档案馆"名人档案"项目中，本次又新采集到了若干本整本笔记手稿，另外还有一定数量的论文修改稿手迹。作为中国工厂化无土栽培最早的科技人员，陈先生所收藏并已数字化提交的中国最早无土栽培材料之一《无土种植法浅说》，也是相当珍贵。

2. 比较齐备的论文专著。采集小组数字化提交的陈先生的论文和论著有《简明核农学应用手册》、《核农学手册》、《核农学》以及《陈子元核农学论文选集》（含论文一百一十多篇）；理学学士论文等。提供实物原件的有若干最早期的论文油印稿（含修改手迹）、若干早期代表性论文方格纸誊抄投刊留底稿等。

3. 类别全而多的老照片。陈先生的学术、教育以及国内外交流活动比较多，产生了多种类型的大量照片，而且许多都是老照片。其中，承载学术元素的比较多，比如开展农药残留研究以及农药安全使用标准协作研究时的科研活动照片，与谷超豪、张光斗、谈家桢院士的合影等；反映时代背景的也不少，比如国庆观礼时与新中国第一位女拖拉机手梁军的合影等。

4. 数量丰富的往来书信。除了本次采集到的若干实物信件外，采集小组数字化提交了陈先生多个时期的往来信件，特别是与国外学者或者出国访学人员等的通信信件，尽管应酬性的居多，但从中不难窥见改革开放以来中外学术交流的一个缩影和具体细节。当然，像国际原子能机构总干事通知陈子元教授当选 IAEA 科学顾问的信函、早期中国核农学科带头人徐冠仁院士祝贺陈子元教授当选学部委员（院士）的毛笔贺信等，毫无疑问都是独一无二的宝贵资料。

采集到的资料还包括：完整的个人档案材料——陈先生个人档案早已收集成形，数量丰富，均作数字化提交；代表性的传记类材料——谢鲁渤著、宁波出版社出版《陈子元传》一种，其文学性较强；陈先生本人的若干回忆文章；丰富的媒体报章报道——有关陈先生报道的剪报资料约70件，数字化提交；若干数量电视专题片——包括记录描写陈先生本人的共和国院士人物专题、浙江知名科学家人物专题、家庭录像等，均实物原件提交。

研究思路与写作框架

在本采集项目开始实施之前，可见的关于陈子元先生的传记性材料，主要有以下几类：

陈先生自己撰写的回顾文章。他从宏观上回顾自己学术活动历程的文章有两篇：《院士思维（卷一）》中的自述《选准方向，步步深入》，《陈子元核农学论文选集》中的自序《从事核农学科学研究40年的回顾》。在我们对其学术研究活动分期时，这两篇文章的帮助极大。另外，还有几篇他就个别阶段个别活动的忆叙文章。

新闻媒体报道陈先生的文章。这方面的报章比较多，但只涉及某些片断或局部，有些是重复的学术研究梗概，关联人生样态的文字相对较少。

已正规出版的人物传记作品。仅有一种，即谢鲁渤撰写、宁波出版社2004年10月出版的《陈子元传》。该传偏重文学性，基本事实可资参考。

有鉴于此，加之本次采集工作获得了大量有价值的直接访谈和间接访谈成果，我们设想传记写作中对材料的运用，既要注意利用已具存量，更要倚重现有增量。本传行文拟采取的一个策略是，适当直接引用传主之言，多以陈先生的回忆贯通脉络，或印证事实；同时，旁征博引，能用资料还原事实的地方尽量用资料说话，尽可能多地体现所言之人、所言之事的"原汁原味"，从而保持本色，形成特色。另外，由于可资利用的图片总量比较丰富，也应加强插图使用，力争图文并茂。

综观陈先生的学术经历，有两个比较突出的特点。首先，他的个人学术活动对应着一个学科——中国核农学的成长与发展，他是这个新兴交叉学科的重要开拓者和奠基人之一，他的名字出现在我国科学技术史册上。其次，他的职业活动始终没有离开学术研究但又不仅限于学术研究。他的人生经历丰富，除了单纯的学术研究以外，还担任过浙江农业大学副校长、校长，国际原子能机构科学顾问等职，以及众多的社会兼职，并且对每项兼职都很认真，尽心尽力做实事，也做成许多实事、好事。更为关键的是，在从事大学管理、农业教育工作的过程中，他的学术研究活动从未中断过，科学研究不但贯穿一生，而且辅之社会观察和国际视野的帮助，更是一步一步深入推进，不断朝前发展，取得了常人难以企及的成绩。

从科学史研究的角度而言，上述两个方面的特点，为"内外史结合"、"科教观勾连"等提供了逻辑观照、理性思考的相当空间。这也正是我们可以进行研究分析的一些重要维度。即，在叙述、再现陈先生个人学术成长历程的时候，如何透过学术个体的存续"见得"学科整体的发展？在解读、表征陈先生个人学术成长特点的时候，如何正确、精准地归因？科学无法孤独，陈先生的学术成长案例，告诉我们一个怎样的个体创造与科学、教育事业与科学乃至社会需求与科学的关系？

当然，如果这些问题及其思考分析可以形成"论"的话，那么一定是"论从史出"。"论"必须深藏在个人学术成长史背后。怎么样来建构再现陈先生的学术成长历程呢？我们设想：在本传写作结构上，拟采取纵向与横向相结合的总体思路。全书主体共分十章，相当于"史"，再加一个结语，相当于"论"。史论相对分离，又紧密结合，较好地实现"论从史出，史论结合"。具体写作安排如下。

第一章，重点写家庭环境，分析家庭特别是父亲对陈先生的影响，以及他对父母的感情和对弟弟妹妹的影响。第二章，重点写求学经历，反映陈先生年少时的一些思维特质和学习能力，以及所接受的教育熏陶、所具有的化学专长。第三章，重点写早期工作，揭示陈先生对教学工作的选择和对变换单位的态度，以及科教结合的初步尝试、与农结缘的历史契机。第二、第三章叙述的均是他在化学学科背景下的成长历程。前三章是第一条纵贯线——从出生，到求学，到工作。

从第四章开始的三章，是第二条纵贯线——核农学术研究发展历程：第四章，重点写开初阶段，衔命核农，白手起家；第五章，重点写转折阶段，凝炼方向，聚焦农药残毒研究；第六章，重点写提升阶段，引领学术，梳理学科。作为全书的重中之重，按照时序详细叙述陈先生各类核农学术研究活动的情况。

接下来的第七、八、九章，重点还原与陈先生核农学术人生若离若即的大农教育人生，这是一条纵横复合线。所谓横线，是指分别从大学管理、国际讲坛、社会兼职等三个横切面展开；所谓纵线，指这三大断面活动是按照时间的相对早晚而先后排序的，这与前六章从整体上"一脉相承"，形成一条最大的时间纵轴线，全其一生的人生成长史和学术成长史。

第十章，是相对单纯的第二条横线，即从其性格特点和人格魅力上，不受时限地选取事例切片，充分挖掘陈先生独特的个人气质、思想境界和精神面貌，展示他作为学术大家的精气神，进一步真实地活化、丰满他"这个人"。

结语部分，围绕陈先生核农学术研究实践的特点、归因与启示加以集中分析、重点总结，以期启迪智慧，示范后学。

第一章
勤奋爱国　家教身传

出　生

1924年10月5日，农历甲子年九月初七，一个男孩在上海斜土路一间普通民居出生了，恰逢午夜子时，这一年系甲子年，又是第一个儿子，父亲陈贤本就给他取名子元。而在"遗忠堂"仓基陈氏家谱中，他排行"俊"字辈，名字为：俊龙。

陈子元祖籍浙江鄞县（今宁波市鄞州区），系鄞州区茅山镇走马塘陈氏的后裔。走马塘是一座千年古村，祖先为陈氏，至今已传三十八代。陈氏一族以耕读起家、传家，求学为志，德行文学，

图 1-1　幼年陈子元（站立者。与二弟、三弟 1934 年在上海的合影）

门风极正，斑斑可考。陈氏祠堂"遗忠堂"位于走马塘老街的东面。

陈子元对祖父一辈没有太多的印象，深深影响着他的是父亲陈贤本的创业人生和家庭教育。关于祖父的记忆，都是父亲"转述"给陈子元的。

陈贤本在 1963 年"我的自述"中写道：

> 父亲陈宝顺（仁），是贫雇农。因被地主欺压，改做小贩。赶集市早出晚归，吞粗粮果腹充饥，养活二女三男。同母亲一生劳苦，知不识字之痛苦，送我到育德小学读书。[1]

陈子元的祖父陈宝顺（仁），原是贫雇农，为生计所迫，后来做了沿海城市宁波常见的卖鱼、虾的水产小商贩，成为典型的城市贫民。陈宝顺（仁）生育了五个孩子，前两个是女孩，后面三个是男孩，陈贤本是家里的第二个儿子，也是念书最用功的一个。家境贫寒，生活艰辛，两个女孩很小的时候就给人家当了童养媳，家里留下三个男孩念书。当时免不了有重男轻女的思想，父母亲深知没有文化的困苦，所以节衣缩食，让男孩子

图 1-2　陈子元的父亲陈贤本

们念书。而三个孩子都很争气，念书非常用功，特别是陈贤本。

陈贤本于 1900 年出生于鄞县，7 岁开始读小学，毕业时全县会考得了第一名。但由于家境困难，经济上很难支持他再念下去。于是，13 岁的陈贤本随同在上海谋生的远房亲戚李绥襄来到了上海。

当时到上海去的宁波人大多是经商的，而陈贤本心里想着的却是继续念书。陈贤本的父亲送儿子出去闯荡，一方面是想让孩子见见世面，学做生意；另一

---

[1]　陈贤本：我的自述。写于 1963 年 2 月，由孙善根记录。《宁波帮博物馆馆刊》，2012 年，第 3 期，第 38-40 页。

方面又期望孩子能有机会继续读书。

在李绥襄的帮助下，陈贤本最终来到上海一个水果行的同业公会开办的专门学校"华实学校"半工半读。在华实学校，陈贤本一面教书一面学习。他教那些比自己年龄更小的低年级学生，换取在公所的食宿费用，同时继续自己的学业。1917年，陈贤本"半教半读"完成了初中学业。眼看就要18岁了，再依靠家里支持攻读显然不是办法，于是他弃学从商，开始择业谋生。

旧上海的江湖不好闯荡，由于荐保乏人，接连奔波的陈贤本积蓄渐少而求职无门。无奈之下，只得临时沿街叫卖，作为权宜之计做起小商贩。每日过街走巷，买卖只是其一，其二是耳听眼观，寻找机会。半年之后的一天，陈贤本在南京路上的永安公司门口，看到了一则招考店员的启事。决定试试运气的他，成功考入永安公司木器部，当起了售货员。

根据工作需要，加上受到当时上海租界环境的影响，陈贤本开始自学英语，打下了不错的英文功底。因为工资少，三年后的1921年，他主动辞职。随即，凭着做店员时发奋自学的英文基础，他考上了位于江西路上的上海德律风公司——上海电话局的前身当收账员，并由此结识了一位瑞士籍的毛纺织工程师，开始了人生重要的转折。

德律风公司是一家外国人开设的电话公司，后来"发展"成为上海电话局。当时的上海，最早只有四位数字的电话号码，并且多是外国人做生意用的。电话也不是交费的，而是专门靠收账员上门收账。这对收账员的人选，提出了很高的要求。因为涉及金钱，首先人品要好，另外就是英语要过关。具体的人选，要通过"考试"才能最终确定下来。这样的考试自然很难，但是考上以后就会拿到比较高的待遇，也会增加更多的发展机遇。幸运的是，陈贤本一举考取了"很难考"的收账员。他一家一家找上门去收账，路跑得很辛苦，但是收入多了起来，有时候还能收到小费，逐渐有了一些积蓄。同时，接触的社会面广了，认识的人多了。遇到好客的，还会被让进门坐一坐，喝口水，聊聊天。

这期间，陈贤本碰到了一位从瑞士刚刚来到上海、专门做"骆驼绒"

的毛纺织工程师，名字叫做阿伦司白。当时，中国多是麻纺、棉纺，来自欧洲的精纺呢绒还是一个新鲜事物。一面是毛一面是棉的骆驼绒，让"上门收账"的陈贤本心生好奇。交往中，阿伦司白也发现陈贤本各个方面都很灵活，又是中国人，就经常有意无意地"点拨"他。

在永安公司工作时，陈贤本就多少知道一点精纺呢绒产品的事，那些华达呢、哔叽绒、直贡呢、骆驼绒什么的，听名字就知道都是洋货，当时国内还不能生产。在和阿伦司白的闲聊中，陈贤本感觉毛纺织技术其实并不太复杂，兴趣就更加浓厚了。一来二去，循序渐进，他"悟"出了这个行当中的一些道道。

收账、学艺，是一个逐渐、漫长的过程。在德律风电话公司的 4 年间，陈贤本完成了他人生的两件大事：1922 年遵从父命结了婚，妻子余照云是宁波镇海人；1924 年，陈家长子陈子元出生了。

陈贤本给自己的长子取名子元，这不仅是对一个新生命的祝愿，对陈氏家族未来的期待，也从一个侧面表明，他对自己的生计前程由艰难探求变得明朗乐观的心境。

国内首创骆驼绒

按照陈贤本父亲的意愿，是希望他婚后回到老家，一家人在一起，互相有个照应。20 世纪 20 年代初的中国并不太平，老人们不放心子女们在外漂泊是很自然的。但是，陈贤本还是坚持留在了上海。他从阿伦司白手里订来一架国外的毛纺机器，白天上班收账，晚上就对着外文资料自己调试洋机器，另起炉灶干一番事业的意图越来越明显。而他的父亲还以为儿子留在上海，只是舍不得德律风公司的饭碗呢。

"父亲说那时候，他白天要收账、工作，晚上一边调试机器，一边还要看着放在旁边的我。为什么还要父亲照顾我？因为当时家里生活很苦，我妈妈日夜还要为一些工厂做商品包装用的纸盒子，增加一点儿收入，补贴家用。"陈子元回忆说①。

陈子元出生后的第二年，陈贤本从德律风公司正式退职。1926年，退职后的次年，他终于靠自己的摸索把洋机器调试好了。紧接着，陈贤本和友人顾九如集资合伙，创办了一家毛纺企业，叫做"先达骆驼绒厂"。顾九如出大头，银元五千两，任经理。陈贤本投资银元五百两，钱虽少，但凭借从阿伦司白那里学来的毛纺织生产技术，担任了技师兼工务主任，继而升为协理。

先达骆驼绒厂是国内最早的骆驼绒厂。通过"先达"厂，陈贤本研制出了中国第一代骆驼绒，国产骆驼绒在百货业中逐渐享有盛誉。由此，陈贤本也开始了在上海实业界浮浮沉沉的曲折经历。

"宁波帮大部分都是做实业的，按照有关统计，基本上中国第一个想到实业的，特别是日用品，绝大多数都是宁波籍的人。像银行、钱庄、轮船，这是大的；小的呢，固本肥皂、灯泡、味精、墨水，包括呢绒，大多是在上海由宁波籍的人第一个做的。"说起父亲的实业创造，陈子元认为，应该在"宁波帮"这个群体中加以整体观察，才能更加准确地理解。

"沪地为宁商辐集之区"，"宁波帮"旅沪经商者不下数十万人，几乎活跃于传统和新式商业的所有行业之中，他们"足迹遍履全国、南洋、欧美各地，财富日增"。至20世纪二三十年代，宁波帮已演化为以宁波旅沪同乡会为组织核心，以民族资产阶级为主体的松散团体，成为"上海最主要的中国经济力量"②。在上海"十里洋场"这一当时中国最繁荣的商业舞台上，宁波帮在鱼盐粮糖业、南北货业、银楼业、中西药业、洋布西服业诸领域，创办了一大批延续至今的百年老店。

在旧上海，领风气之先的宁波帮率先经营洋布呢绒业。宁波人何宝林父子开设了上海最早经营呢绒的华商西洋布庄——列丰行。而轮到陈贤本，就已经不仅仅是"经营"了，而是"创造"。当时，国内还没有人生产骆驼绒，无前路可遵，就此办厂肯定能成功吗？顾九如不无顾虑。陈贤

① 除非另有特别说明，全书涉及陈子元直接引语的，均来源于：陈子元访谈，2012年10月23—30日或2013年1月10日，杭州。资料存于采集工程数据库。全书同，余注略。

② 小科布尔：《上海资本家与国民政府》。北京：中国社会科学出版社，1988年，第25页。

本却很有信心，他认为，路都是人走出来的，敢于抢先才好！

事实也的确如此。当时，"先达"厂生产的中国骆驼绒"独此一家"，经营不到三年盘得本利八万两。但是，因为股东之间争权夺利，1929年不得不"散伙分营"。

这是陈贤本实业路上的第一次挫折。随后，他和给"先达"供应毛绒原料的汇昌洋行老板杨嗣庆联手，另行集合毛绒业有经济实力的新股东，在岳州路新办"胜达呢绒厂"。杨嗣庆为事务经理，陈贤本担任工务经理，并出资一万两。这一次，是先成立铁工部，自造机器。当年，新厂正式开工生产。经营三年，一帆风顺。时至1931年，陈贤本等人创办的"胜达呢绒厂"，用进口毛纱织造精纺呢绒，成为上海最早生产精纺呢绒的毛织厂。

呢绒，又叫毛料，分为精纺呢绒和粗纺呢绒两大类，是对用各类羊毛、羊绒等织成的织物的泛称，通常用以制作礼服、西装、大衣等正规、高档的服装。上世纪30年代的中国，西装流行，精纺呢绒得到发展。1931年"九一八"事变发生之后，上海出品的"九一八"哔叽风行一时。1932年"一·二八"事变发生，胜达呢绒厂以"一·二八"为商标的华达呢、凡立丁等产品，因为顺应国人心理，产品虽初出茅庐，却很有销路，畅销于市。

行情虽好，但是命运不济。开厂三年后的1932年，因"交友不慎，为人受累"，陈贤本几乎倾家荡产，不得已"拔股退职，以息讼事"。

这是他遭遇的又一次更为严重的挫折。而这一年，已有三男一女的陈家，又添了第五个孩子。在已经非常懂事的长子陈子元的眼里，生意受挫、家境窘迫的父亲，面对着生活中最为暗淡的一段日子。陈子元每每翻阅父亲的自述，都会为这一段记载沉吟良久。他一向敬佩父亲的创业精神，从中更深知了一个道理：虽说路都是人走出来的，但行路之难却是非亲历者不知其艰辛。

1933年，离开"胜达"厂后的第二年，陈贤本受聘"达隆哔叽厂"，担任总工程师兼工务厂长，并"由董事会议拨公积名下红股三千元"作为其股东资格。"达隆"厂是杜月笙、王延松等人在宜昌街组织开办的一家新厂，杜月笙亲任监事长，王延松为董事长，经理由前"胜达"厂旧股东陆文韬出任。陈贤本的任职，正是来自陆文韬的介绍。

陈贤本深知"达隆"的聘任，看中的是自己的工程技术，而自己之所以接受，是出于该厂生产的哔叽、华达呢等产品是国货首创。作为一位爱国的实业家，他凡事喜欢争先，这一点，日后也给长子陈子元留下了深远影响。

然而，陈贤本在"达隆"厂未及一年，就因"意见不合"而引退辞职。这次引退辞职，背后还有另外一个原因。1932 年脱离"胜达"后，他就已经和刘文浩等人积极筹备开设"中国统一呢绒纺织厂"——先是在甘肃路设铁工厂制造应用机器，继而在杨树浦桥丹阳路自建厂房。1933 年，他从"达隆"引辞后，五万五千元股本起家的"中国统一呢绒纺织厂"正式开工营业，刘文浩为总经理，陈贤本担任经理，参股一万元。

"中国统一呢绒纺织厂"初建时气魄非凡，从该厂当时制作精良的一份呢绒彩色广告中可见一斑。该厂注册商标"龙虎"，广告的主画面就是上龙下虎，远处则是海平面上初升的半轮太阳，光芒四射。两侧的上下首题字，分别写着"谋毛织之大发展"、"开国产的新纪录"。产品介绍，包括宣称为"首先创造"的骆驼绒、哔叽绒，以及"最新发明"的华达呢、直贡呢，共计四种。

图 1-3　中国统一呢绒纺织厂广告（原为彩色）

然而，这个工厂从筹办之初就遭遇时局动荡，适逢 1932 年的"一·二八"淞沪战事。因"市面萧条，外汇暴涨，亏蚀甚巨"，仅仅过了三四年时间，合资人便无意再作经营，于 1936 年全盘推与陈贤本个人"独资"为业。独资以后，厂名里面加上了"本记"两字，叫作"中国统一本记"。

陈贤本独资"接盘"之时，旧上海骆驼绒工厂业黄金时代已经过去，转入行业衰败期。尤其是国内尚不能解决的原材料全部要依赖进口，工业命脉掌控在帝国主义手中，上海纺织工业为英商巴德温厂、美商海京厂、日商上海厂等外商所操纵，包销供应者获利较易，而生产者举步维艰。

所幸做事一向精打细算的陈贤本未雨绸缪，在英美原料商家已被纬纶、大得喜等同业大厂捷足先登的情况下，托了关系与日商岩井洋行接洽，转而由日本厂家加工包销化纺原料。所得原料除供应本厂外，多余的就以设在广东路的统一厂联号"公正公司"名义销售给同业。在夹缝求生、勉强支撑形势下，"中国统一本记"未及两年转亏为盈。直至1937年抗日战争爆发，爱国实业家陈贤本无意再与日商合作，厂房机械也被日商强租占用，统一厂遂宣告关闭停业。

1937年8月13日，抗日战争中第一场重要战役中国军队抗击侵华日军进攻上海的"八一三"淞沪会战打响。至1937年11月12日上海沦陷、会战结束，中国军民浴血苦战，粉碎了日本"三个月灭亡中国"的狂妄计划，并争取了时间，从上海等地迁出大批厂矿机器及战略物资，为坚持长期抗战起了重大作用。

随着上海沦陷，外白渡桥、杨树浦一带都被日本人占领了，陈贤本只好将家从杨树浦搬到太原路法租界。日商则强租占用了统一厂的厂房和机械，陈家搬出原材料堆置于建国西路331弄临时改建的仓库栈房内。

1937年前的十年间，除了专攻"毛纺"，陈贤本还曾经合股投资了其他行业，包括普爱习艺所、宝仁纸盒厂、新少年影片公司、中

图1-4 陈贤本与子女在中国统一呢绒厂（1933年，陈子元后排右一）

南袜厂、恒达百货号、新心水印板厂、中央原料物品实业社、上海冰结果公司等。而1937年开始的八年抗战期间，他除了参股曲阜路的大光明毛织厂合股领取股息红利外，基本上就不再做生意了。多口之家的生活，依靠股息红利和陆续卖出存货得以维持。但是存货并不是很好出手，由于上海沦陷，本地销路有限，而外埠又被日军经济封锁，海关不准出口，运输和销售都很困难。

图1-5　陈子元（右五）与弟妹们合影（上海太原路213号家门外，1960年摄）

抗战期间，陈贤本连任上海市呢绒工厂业同业公会主席之职，并以此身份在上海公共租界冒险主办难民收容所，救济平籴米，为难民供应吃住，并为抗日游击队募捐御冬寒衣，支援抗战前线。而自己家里，也住满了投奔而来的亲戚朋友，大家一起共度时艰。

1937年8月，一次他路过"上海大世界"门口，突遭日军飞机空袭，深受惊吓，心脏出现了问题。于是，这一时期除了办理公会会务之外，"对外一概行谢绝交接，避免诱惑，终日在家休养心脏病体"。

就在此时，陈贤本突然转向，重新开始入学读书。他回忆写道：

回忆过去，在工商业中历经风霜雨雪，尝遍甜酸苦辣，考虑将来不堪再受勾心斗角、大鱼吃小鱼之风浪，决意弃商就学，返归原路，下半世愿做教育工作者。于是进入大夏大学读书，补修功课。[①]

就这样，陈贤本的人生经历了一个"辍学从商到辍商从学"的轮回过程。他就读的是大夏大学法学系，学籍卡上显示的入学时间为"27年2月"，也就是1938年2月。非常有意思的是，三年后的1941年9月，他的长子陈子元中学毕业后也考入了大夏大学，就读于化学系。

其实，陈贤本"辍商就学"真正原因，是为了"谢绝交接，避免诱惑"，不为汪伪政府做事。这一点作为长子的陈子元心里，是再清楚不过了。

"他当时在社会上有地位，日本人还没进租界时汪伪政府就想把他请出来做事情，他不愿意。他的一些老朋友晚节不保，而他晚节保住了。他以近40岁的年龄去念书，实际上是隐居，是为了不为日本人做事。"

陈贤本在大夏大学并未修满学业，"毕业学分，尚未读满，旋即抗战胜利，日军投降"。

抗战胜利，似乎可以重拾已经久违的实业之路了。但是，"原望立见光明，谁料国民党反动派集团统治期间，政治腐败，通货膨胀"，陈贤本在自述中写道：

> 向民国政府接收机关声求发还机器，程序又被拖延了一年半之久。待至办清还产及承购机器手续时，已筋疲力尽，故将铁工机器租与大成电机厂应用，毛织机器租与大明毛织厂生产，自己等于失业。统一厂在公会仅为有名无实之会员，联号事务所之公正公司暂改营小范围水电工程。直至上海解放，中华人民共和国成立，为响应共产党和毛主席指示号召，民族资产阶级应与人民政府团结，在1949年11月间，将所有残余物资变卖，拼凑现金，与金家训二人合作，投资大明毛织厂扩大生产，金为经理。我虽名义上为总经理，因心脏病未愈，加血压高，经常不能到厂服务尽职，自觉甚是惭愧。至1955年政

---

① 陈贤本：我的自述。写于1963年2月，由孙善根记录。《宁波帮博物馆馆刊》，2012年，第3期，第38—40页。

府初步发动公私合营，我首先带头合并入天翔毛绒纺织厂，领取定额股息。”①

父亲是位爱国实业家

在陈子元眼里，父亲陈贤本是一位名副其实的爱国实业家。他说：“解放以后，你过去开过厂的，至少就说你是资本家，后来说是民族资本家，或者民族资产阶级。现在看来，我父亲不仅仅是一位实业家，而且是一位非常爱国的实业家。”

早在永安公司和德律风公司任职的时候，十八九岁的陈贤本就已经开始表现出明显的爱国倾向。他提倡国货，反对英美法日等帝国主义。另外，目睹军阀混战，国民党腐败，亦是非常之反感。他参加了一些青年爱国组织，不但倡导使用国货，最终还走上了创造国货的道路。

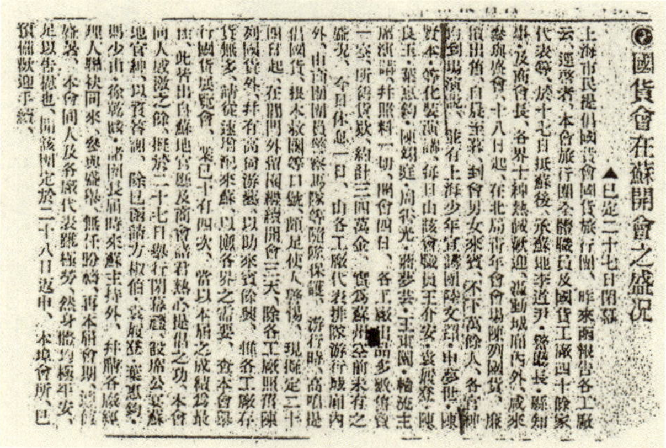
國貨會在蘇開會之盛况
▲已定二十七日閉幕

图 1–6 《申报》关于国货会的报道（1926 年 7 月 25 日第 14 版）

抗日战争爆发后，他放弃与日本人做生意而“辍商”，回避为汪伪政权做事而“就学”，同时积极组织和参与了一些爱国救亡活动。这一时期，尽管他自己实业不振、身体欠佳，但仍然积极发挥在行业里的影响力，在后方急抗战前线之所急，尽心筹措物资钱款。他在 1940 年题写的一纸募衣募款启示，饱含着爱国情怀：

① 陈贤本：我的自述。写于 1963 年 2 月，由孙善根记录。《宁波帮博物馆馆刊》，2012 年，第 3 期，第 38–40 页。

徵募寒衣捐啟

逕啟者涼秋已過嚴冬將屆前綫將士衝風冒雪浴血肉搏以期殺敵致果後方難胞號寒啼飢流離失所以致無家可歸悽慘孰甚昔漢卜式毀家抒難鄭弦高乘韋犒師終至轉危為安挽弱為強者良有以也所以本公會於本月六日開會以徵募寒衣捐為宗旨詎因人數不足開會未成而寒衣捐之募款尤為重要問題迫不容緩本主席再三思維另行設法想前次両地米荒以籌平糶承各廠方諸公熱忱愛國慷慨解囊樂輸巨款不勝欽佩今謹寒衣捐本主席擬編為松竹梅三項松字計數弍百元竹字計數壹百元梅字計數五拾元衆多益寡酌量相助以為整個民族存亡關頭全國民衆切身利害起見俾衆擎之易舉可集腋以成裘則挽續有資庶寒有衛庶不至專讓美於古人也為此函告

貴廠諸公 樂與贊成本主席有厚望焉是為啓

民國二十九年 月 日

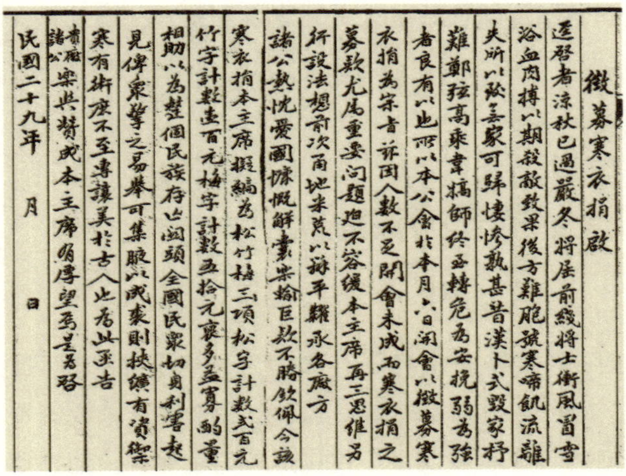

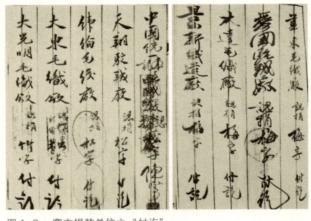

图 1–7 陈贤本所撰“征募寒衣捐启”

图 1–8 寒衣捐款单位之“付讫”

凉秋已过，严冬将至，前线将士，冲风冒雪，浴血肉搏，以期杀敌致果；后方难胞，号寒啼饥，流离失所，以致无家可归……昔汉卜式毁家抒[①]难，郑弦高乘韦犒师，终至转危为安、挽弱为强者良有以也，所以本公会于本月六日开会，以征募寒衣……兹因人数不足，开会未成……各厂方诸公热忱爱国，慷慨解囊，乐输巨款，不胜钦佩……本主席拟编为松竹梅三项，松字计数二百元，竹字计数一百元，梅字计数五十元……酌量相助，以为整个民族存亡关头全国民众切身利害起见……庶不至专让美于古人也。为此函告。

“我父亲始终有一种实业救国，或说经济救国的思想。”陈子元说，正是由于父亲的爱国、爱乡，在“文化大革命”时期，“由于他过去的一些表现，大家没有太为难他。家是抄的，但对他个人没有什么迫害。”

① 正字应为“纾”。

1975 年，陈贤本在走过不平凡的 75 个春秋后离世。他的一生，特别是从年轻时代就表现出来的勤奋、爱国的精神以及善良、诚孝的品格，对膝下十名子女影响巨大。

陈贤本夫妇信奉佛教，对人十分和善、坦诚。但对于反动、丑恶的东西，态度鲜明，嫉恶如仇。受其影响，子女们也是如此，在陈贤本二女儿陈珊妹的认识里，"大家都反对丑恶的东西"。陈子元、陈珊妹等对于儿时的回忆，还有非常深刻的一个"烙印"：脑海里经常出现小时候家里住满了逃难而来的亲戚朋友的场景。

抗战期间，陈贤本在外办起了难民营，家里则接纳了大批的逃难亲朋。陈珊妹回忆，"凡是有点联系的都从宁波来了，我们小孩都不认识，但是人很多，客堂间都睡满了人。"

父亲陈贤本是对陈子元一生影响最大的人。陈贤本的创业道路、实业经历、爱国情怀、家庭观念，给幼年的陈子元留下深刻的印象。他那种勤于学习知识、勇于抓住机遇、善于把握时机、不断开拓创新的精神气质，那种善良为人、勤恳做事、殷切爱国、敬孝长辈、教导子女的人生遵循，为陈子元的成长营造了良好的家庭环境条件，也成了陈子元终身学习仿效的典范。陈子元日后精研学术、儒雅做人，好学好奇、永争第一，大有作为而又为人谦和、豁达大度的良好品德和优秀表现，除了自身努力的因素，最大的"影响因子"就来自于父亲陈贤本。

陈子元的性格温文尔雅，这一点他自认为在很大程度上也受到了母亲的影响。陈子元的母亲是典型的家庭妇女，识字不多，为人忠厚，操持家务不辍，相夫教子一生。在陈子元的印象里，母亲总是把最好的东西拿给人家，吃饭的时候总是最晚的一个。

家里人多，光孩子就有十个，所以吃饭是分批进行的：第一桌是父亲陈贤本和念书的孩子，第二桌是小一点的孩子和其他人，最后才是母亲上桌。虽然有保姆，买菜还是她去。腰间的衣服总是破的，都是拎菜磨的。她对周围邻居非常好，搬进租界居住后，周围的邻居都用上海话叫她"老阿娘"。她对孩子，更多的是性格上面的一种影响。

"我性格上受到母亲的影响比较大，这些都是潜移默化的。"回忆起母亲，陈子元同样感念至深。

兄弟姐妹十人都读书

陈子元是家里的长子，他下面还有弟妹九人，陈贤本夫妇共育有七男三女。作为家长，陈贤本十分重视子女教育，子女们在其教导下，不乏教授、总工程师等，均在各自专业领域内卓有成就。

陈子元的二弟陈子良大学读的也是大夏大学，他是比陈子元稍微晚一些时间入校的土木工程系的学生。三弟读的是上海中医学院，新中国成立后去贵州工作。四妹陈珍珠新中国成立后支援西北，赴内蒙工作。五妹陈珊妹就读交大化学系，后来调整到复旦大学毕业并留校任教，1959 年因照顾爱人关系去了兰州中科院化物所，1984 年宁波大学成立时夫妇二人分别受聘宁波大学土木工程系主任、化学系主任。六弟、七弟也都是交大学生，前者毕业后在上海求新造船厂从事船体研制，获得过

图 1-9　陈贤本一家人（1946 年在上海，陈子元后排中）

图 1-10　家庭合影（1961 年元旦在上海，陈子元后排中）

图 1-11　全家福（1962 年上海，陈子元后排右四）

"国务院专家特殊贡献奖"；后者学习的是数学专业，在上海一所职业技术学校任教。八弟求学于武汉水运工程学院，毕业后在天津新港造船厂搞轮机研究。九妹 1967 年复旦大学化学系毕业后赴兰州化工厂工作，后到厦门一所中学任教。十弟上海大学中文专业毕业后做教师，后来担任中学校长。兄弟姐妹一门十人，全都受过高等教育，跨越 40 年代、50 年代、60 年代，在那个考上大学如同金榜题名的年月，实属罕见。

受父亲的教育理念影响，兄弟姐妹十人中没有一个是"做生意"的，都以念书求学为主，而且"一半以上"后来都到学校当了老师。现在，老二、老三、老四已经过世。

同样，受父亲的影响，兄弟姐妹家庭之间始终非常团结。说起这一点，陈子元和陈珊妹兄妹二人连说话时的口气都出奇的一致。

陈子元说："我们兄弟姐妹之间从来没有考虑什么家产问题，都是靠自力更生，因为我父亲就是自强不息嘛，就靠自己的努力。"

陈珊妹说："我们受父亲如何做一个德才兼备的人的思想的影响是很大的，而我们兄弟姐妹也受我大哥的影响。我们有很长一段时间生活在一起，到目前为止我们兄弟姐妹之间没有为什么事情吵过架，这么多的兄弟姐妹没有为遗产、钱啊什么吵架。谁家里有困难，大家都会主动帮助。"

陈子元、陈珊妹兄妹之间还有一段佳话。1993 年 2 月，兄妹二人分别当选了全国政协第八届委员会委员和第八届全国人民代表大会代表。陈子元是八届全国政协农林界 69 名委员之一，陈珊妹是八届全国人大浙江省 117 名代表之一。从此之后的五年时间里，每年的 3 月份兄妹二人都会在北京开会期间碰面。知道他们关系的，都说这实属难得。但两

图 1–12　1995 年 3 月陈子元（右）与陈珊妹赴京参加"两会"机场偶遇

人真正在一起深入交流的时间并不多。"两会"会议安排得很紧张，代表、委员们的驻地又不在一起，所以两人很少有机会碰到，在同一会场相遇，也只能匆匆聊上几句。

陈珊妹回忆说："主要是合在一起听'大报告'的时候，这个时候政协委员来旁听，他们在楼上，我们人大代表在大厅里面，所以很少能见面。小组讨论就更不在一起了，开完大会就要抓紧集合，坐车去赶后面的会议。"

政协会议一般比人大会议早两天开，陈子元往往是要提前进京的，所以来回路途上兄妹二人也难得凑在同一个航班上。不过，1995年3月的"两会"三次会议时，兄妹二人同机赴会，巧遇在杭州机场。发现这一"巧合"的一名浙江日报社的记者，为两人拍下一张一起候机的照片，留下了珍贵的历史记录。

"我们所有的兄弟姐妹之间关系都非常好。现在留下的七个人，大家经常在电脑上通过网络交流信息。我们的第二代、第三代，也都很好！都保持着良好的家教、家风。"说起这些，年届九旬的陈子元非常欣慰，并反复说一定要把这些优良传统一代代继承下去。

第二章
学海畅游　探求光明

小学的学习

童年时代的陈子元，可以说是父母省心的长子，弟妹们温和的长兄。

六岁的时候，1929 年 9 月，他被父亲送入私塾，开始接受儒家启蒙教育。八岁时进入公平路小学读一年级。此时，"九一八"事变发生，日本发动侵华战争，不久又挑起"一·二八"事变（"上海事变"）。1932 年 9 月，转入沪东公社（沪江大学附小）读初小二年级。

沪东公社是一所教会学校，常常要求学生利用周日参加一些教会活动，但是因为母亲信佛，不太愿意他去，陈子元也就顺从了。

在沪东公社读完初小，1935 年 9 月，陈子元转入正中小学开始就读高小五年级、六年级，并于 1937 年 7 月从正中小学毕业。

陈子元小学的学习一直很平顺，从未让父母为他的学习操过心。还在读初小时，他就已经有了两个弟弟和两个妹妹。一家人住在上海杨树浦丹阳路一间半门面的屋子里，上层是睡房，下层做客堂间，很拥挤，也很简朴。父亲的厂子就在隔壁，却很少有时间顾得上家里的事情。于是，读书之外，陈子元便帮助母亲照料弟妹。

从陈子元和两个弟弟小时候的一张合影上，可以寻觅出陈家当年的一丝生活迹象。照片上的三个孩子都穿着小西装，还结上了领带。可以看出，这个家庭对生活的向往是安详、平和与整洁。这样一种生活态度，后来也几乎影响了陈子元的整个一生。

图2-1　陈子元（中）三兄弟1934年在上海

两个弟弟出生之后，紧跟着是两个妹妹的降临。五妹陈珊妹从小受到比自己长十岁的陈子元很大的影响，对大哥小时候的印象也最深刻。在陈珊妹记忆中，陈子元小时候是得到父母特别宠爱的，"他是长子嘛，而且特别聪明，我母亲说他非常'皮'。宁波人说的'皮'，就是说脑子比较灵活。他会想到一些你想不到的东西，做一些让你哭笑不得的事情。我印象比较深的就是他非常有创造性，点子特别多。"

陈珊妹记得家中一楼客堂间里有一个小房间，是专供陈子元温习功课用的。上面的二楼就是父母的房间，而家里吃饭都是在父母房间里进行的。为了不让

图2-2　1937年上海正中小学毕业

人轻易打扰他，也为了喊他吃饭时不用专门跑下来，他就在棚顶上打洞，然后吊上一个铃铛，"楼板给他打通了，那完全是水泥板啊，他可以打洞！吃饭的时候，摇摇铃通知他一声就行了，这个在我印象当中是最深刻的。他非常聪明，而且动手能力很强，把家里好多东西都拆了，再装起来。"

陈子元自己回忆道："我小学学习成绩一般，但是脑筋动得多，会拆东西，比如说把留声机拆开来。这个时候比较好动好学，会设计，好奇心比较强。什么书都看看，比较欢喜数学，爱动脑筋，不懂的地方一定要把它弄明白。"

童年的陈子元也爱玩耍。家里兄弟姐妹多，就经常在一起分成两队"打架"，疯玩官兵捉强盗的游戏。但这样的快乐是短暂的，还在读初小三年级的陈子元就不得不开始"阅读"父亲的忧愁。大约是 1933 年，陈贤本的实业之路第二次滑入谷底。陈子元发觉，一向踌躇满志的父亲，忽然情绪低落了。

自懂事以来，在陈子元印象中，家里常常只有母亲一个人，父亲很忙，总是早出晚归。可是那些日子，父亲在家的时候多起来了，早起出门时磨磨蹭蹭的，似乎不太想走，晚上回来又独自关在房内，没有一点动静。一天夜里，陈子元睡醒了一觉起来，见父母的房门虚掩，还亮着灯，就悄悄下床前去探望。昏黄灯晕里的父亲吸着烟，背影很是苍凉。也许是感觉到了什么，父亲忽然起身走到门边，他看到了门外的儿子，儿子也看着他。交谈过几句后，父亲拉着他的手，送他回房去。他顺从地跟着父亲走，但心里却并不是太愿意。陈子元隐隐约约预感到，一定是发生了什么事。他感觉自己长大了，不再只是个孩子了，应该帮父亲分忧。然而父亲不说，他便不知道自己可以做些什么。直到后来，父亲通过自传揭晓答案以后，陈子元每每翻阅、回味至此，都会垂首沉思，难以平静。

同样是在 1933 年，一本新创刊的科普杂志走进了正在读初小三年级的陈子元的生活，他从此对科学产生了浓厚兴趣。后来的事实表明，科学兴趣是陈子元早年诸多兴趣爱好中"最大"的一个。从某种意义上说，他未来的科学家身份，冥冥之中是与这本小小的期刊读物联系在一起的。

这本期刊叫《科学画报》。该刊于 1933 年 8 月由中国科学社创办于上海，是我国历史最悠久的一本综合性科普期刊，当今的不少著名学者、教授、科学家，青少年时代都曾受到它的熏陶和启发。

从《科学画报》的创刊号开始，陈子元就让父亲给他订阅，阅读、留存坚持了多年。秉志、竺可桢、任鸿隽、赵元任、裘维裕、茅以升等都曾是该刊的特约撰稿人，陈子元由此认识了一大批知名科学家的名字。这本杂志给了少年陈子元最早的科学启蒙，唤醒了他身上的某种科学潜能。他从小学起直到工作以后还经常购买和阅读《十万个为什么》，以及历史、地理方面的一些书籍。

1937 年 7 月，陈子元从正中小学毕业。此时，"七七"卢沟桥事变发生，全国抗战开始。8 月 13 日，日本帝国主义为扩大侵华战争制造第二次"上海事变"，上海军民在淞沪奋起抗击，历时 3 个月。陈子元的童年时代随之结束。

在时局动荡不已、父亲在实业界浮浮沉沉的同时，陈子元完成了他小学阶段的课业学习。回想起来，他觉得自己不是一个特别用功的孩子，学习成绩也并非名列前茅。以他的悟性和理解能力，接受人生最初阶段的教育多少有些显得平淡。

不断转学和跳级的中学时期

按照父亲的意思，小学毕业的陈子元在暑假里来到自家附近的肇和中学补习，希望借此能考上一所好中学。但是，由于抗日战争爆发，每一个中国人都面临生死存亡的考验，整个上海处于动荡之中。受其影响，陈子元的中学生涯，不断地变换学校，几乎每一所学校都只读了一年。

1937 年 9 月，陈子元考进私立的中国中学，读初中一年级上学期。1938 年 2 月，由于学习上私立中国中学满足不了他的要求，他重新考进要求较高的和衷

图 2-3　1938 年跳级考进肇和
中学读初三

中学（原市立吴淞中学）续读初中一年级下学期的课程。暑期再到自家附近的肇和中学读初中二年级暑期班，并于9月以同等学力跳级考进该校读初中三年级。

1939年7月，在肇和中学初中毕业，继而考进全国有名的省立上海中学。这样，他的初中只读了两年，比平常学生少了一年。上海中学原址在闵行，后被日军占领，搬迁到上海市区法租界的菜市路，借用上海美术专科学校的校舍继续开课。在"美专"里，陈子元开始了省立上海中学理科高中一年级的学习生活（理科一乙班）。

1940年6月，省立上海中学因抗议汪伪发表亲日艳电，学生罢课，被恼羞成怒的当局下令解散（后改称私立沪新中学）。刚读了一年高中的陈子元，只能转学。9月，他以同等学力跳级考进私立光厦中学，读该校高三上学期的课程。同时，每周三次参加由德国驻华大使馆举办的德语培训班学习德文。该培训班旨在为即将成立的德国医学院挑选生源，陈子元有意大学学医。

图 2-4　1939 年上海肇和中学初中毕业

图 2-5　1940 年省立上海中学高中肄业

1941年6月后，他于光厦中学高中毕业。7月，因病未能参加德国医学院考试。9月，考入私立大夏大学化学系（上海分校）。学医未能如愿。

从上述初、高中的中学"履历表"看，动荡的生活并没有影响陈子元的学习，相反，为了适应各所学校，他对课业始终抱着一种展翅先飞的姿态，以至于每转一所学校，都会跳一级：在中国中学读完初一上、和衷中学读完初一下，转到肇和中学就直接读初三了；初中毕业考入省立上海中学读高一，学校被迫解散，接踵考入光厦中学，又跳级直接读高三了。不断地转学和不断地跳级，缩短了学习年限，初中、高中各两年，四年就完成了整个中学阶段的学习，但是学业依然扎实。

陈子元回忆说："念了初一之后，初二就不念了，因为初一时就把初二的数理化书自学了。自修的，看不懂怎么办呢？就去念附近的肇和中学初二的暑期学校，把不懂的东西补好，参加它的考试，考初三。到高一也是的，高一就把高二的高等代数和物理自学了。高中文理分开，当时的要求很严格。文科问题不大，地理、历史没什么问题，问题还是数理化，还是在暑假里面去念高二的补习课程，高一读完了就直接考私立的光厦中学的高三。要是念好一些的、要求严的私立学校困难就大了。所以初三、高三都是一般的私立学校，但也不能太差。念书要尽量早点毕业，家庭也困难。"

"念书要尽量早点毕业"，是陈子元自己拿的主意、定的策略。他说，这是"自己想的，也是父亲同意的"。由于父亲已经顾不及自己的学习，所以陈子元有足够的条件、也只能"自作主张"，自我设计具有自己特色的求学之路。从某种角度讲，这和父亲当年所走的实业之路，有着"似曾相识"的地方。

这个策略具体怎么实施呢？就是选择好一点儿、严一点儿的学校读初一和高一，打好基础、提前补习，然后相对容易地越级去考松一些的学校，来完成初三和高三学业。而这样的初三和高三学校，又不能太差，否则就很难考上比较好的高一和大学而达不到最终目的了。这看似多少有点"投机"的味道，实则充满了少年陈子元的智慧。其背后的动因，显而易见是一种"少年老成"的责任感。由于"家庭也困难"，他作为一个大家庭里的长子，觉得自己有责任有义务尽快完成学业。

而此时他要把握的，除了快，还要保证学习的质量。陈子元在《选准方向，步步深入》一文中是这样写的：

（父亲）勉励我们勤奋学习，获得一技之长，成为有益于社会的人，大则可以救国，小则可以谋生。我记得父亲的教导，努力学习。但是，开始时我学习不尽得法，看书做作业都图快，忽视质量。有一次老师对我说："写字，用笔写在纸上是最快的，可是一经风吹雨打火烧，字就全没了。用刀刻在木头上，时间费的多一些，风吹雨打就不怕了，但还怕火烧！如果用刀刻在石头上，花费时间更多，但连火烧也不怕了。这就是说，下多少功夫就有多少收获，做学问不能走取巧之路！"这番话牢牢印在我的脑海里。到高中毕业时我的成绩已跃居前列。[①]

在省立上海中学，陈子元也是参与"讨汪罢课"的学生之一，在那个年月，他的内心里同样涌动着一腔爱国热血。尽管年少的他面临时局的纷乱，在态度和立场的取舍上，感情的因素或许更多于理智。那时候，日本兵已经占领了外白渡桥、杨树浦一带，陈子元就读的学校比较分散，往返途中差不多都要经过占领区。让他觉得屈辱和愤怒的是，虽然在中国的土地上，每次却要被迫下车向日本兵敬礼。再有，就是父亲的工厂不久也被日本人占用了，事业和产业均遭受破坏，家里的生活明显变得艰难了。

经济状况大不如前，一家人在一起只能吃"很差很差"的大锅饭。此时开始上学的陈珊妹回忆说，"我上学都是中午带饭。假如不带饭，就拿一毛钱买一个罗宋面包当午饭吃。"而且，她中学时候的所有学费都是依靠助学金，还在高中阶段连续三年拿到了奖学金。

面对时艰，孩子们靠的是勤奋努力；而大人们，只能变卖剩下来的呢绒原料，以及租卖一些机器设备来维持基本的生活。然而，艰难生活中也时常出现温馨的一幕让陈子元感动不已。1940年冬天的一个夜晚，回到家的陈子元上了二楼。他看见父母房间的门虚掩着，按照惯例这个时候父亲是不会在家的，他想进屋去给母亲请个安。但是，走近房门时，他却步了。母亲已经拥被坐在了床上，正就着昏黄的灯光结绒线。虽然此时的母亲已经生育了7个子女，但看上去她还是那么年轻美丽、和善勤朴。

陈子元不想扰乱这份美丽祥和衬托的静谧，他很快去了自己的房间，取来相机。还在一心为孩子结绒线衫的母亲，没有察觉门外的镜头的关

---

① 陈子元：选准方向，步步深入。见：卢嘉锡等主编：《院士思维》（卷一）。合肥：安徽教育出版社，1998年，第338页。

图 2-6　陈子元母亲余照云结绒线等儿归家（陈子元 1940 年冬抓拍）

注。调好光圈、焦距，陈子元悄悄按下了快门。爱好摄影的陈子元刚刚起步，摄影技术算不上过硬，这一次拍不拍得好心里也没有太大的把握。直到照片洗印出来，他才大喜过望，没想到这张照片会如此的"光彩照人"。至少，在他眼里是最美的。

这是陈子元至今珍藏的唯一——幅自己的摄影作品，作品没有正式取名字，但叫做"上海的冬夜"或者"母亲"，都是切题、合适的。拍好之后，他曾把这张照片拿去参加了学校的一个比赛，而且获了奖。可以说，这是陈子元一生中凭借作品所获得的第一个奖项。许多年以后，早已放弃艺术爱好从事科学研究的他不断有研究课题和论文获奖，但是回忆起这幅获奖作品，他还是抑制不住内心的激动。他把这帧照片存放在自己电脑里，对他来说，这不是为了缅怀自己从前的摄影经历和成绩，对它的珍爱，更多的是因为照片的主角，他的母亲。

母亲余照云是宁波镇海人，一个聪慧灵秀的江南女子。她没进过一天学堂，将毕生辛劳全部交付给了家庭、丈夫和子女；她信佛，素斋念珠地祈愿，只为一家人的平安；她从不高声呵斥孩子，孩子们始终在她的关爱之中并环绕于她。母亲平和淡泊的性格，影响了陈子元一生。

　　摄影是陈子元中学阶段广泛的爱好之一，但是后来伴随他一生的并不是摄影本身，而是他对于照片、对于各类资料特别注意加以收集、保存的一种良好的习惯和爱好。比起那些不太在意资料保存的人来说，这几乎可以说是一种个人嗜好了。

　　进入中学阶段，功课明显多了起来。同时，由于机缘巧合，陈子元这一时期还发展起来了对音乐和美术的爱好：初中，喜欢听音乐；高中，迷上了画画。

　　初中阶段，陈子元念书"欢喜"理科类的数、理、化。初中一年级上学期，就读的中国中学令他"不能满足"，而他受益颇深的，是应尚能主讲的音乐欣赏课。

　　应尚能是中国最早研究、介绍欧洲传统声乐艺术的歌唱家之一。他和陈子元父亲的岁数差不多，也是宁波人，但出生在南京。20年代赴美留学后由工科转学声乐，30年代初回国，任上海国立音乐专科学校教授，并在沪举办过个人独唱音乐会，曲目以中外艺术歌曲为主，尤以演唱舒伯特的艺术歌曲见长，风格严谨朴实，声音丰满柔韧，富有抒情性。创作歌曲、合唱曲和练声曲等共计150多首，《浙江大学校歌》等即是他重要的曲作代表作。抗日战争爆发后，他一度主持教育部音乐教育委员会实验巡回合唱团，并历任国立音乐院、国立戏剧专科学校、国立社会教育学院教授。新中国成立后，先后任华东师范大学、北京艺术师范学院、中国音乐学院教授。

　　"那是1937年，应尚能当时很年轻，他利用晚上时间来中国中学教授我们怎样欣赏音乐，"陈子元回忆说，"受他影响，我欢喜上了听音乐。我唱是不会唱的，笨得很。但是欢喜听，特别是经典音乐、轻音乐和交响曲。"

　　到了高中一年级，由于上课是借用上海美专教室，与那些整天背一块画板到处写生的学生同一个校园进进出出，抬眼就能看见石膏头像、画稿习作，陈子元受其感染，又喜欢上了美术。人家在前面画，他就跟在后面画，不过，是悄悄地独自"乱画"。他回忆道："我这时画画蛮多的，都是自己乱画的，不像他们油画喽、国画喽，我欢喜画人物画并收藏画。"

陈子元的画画技能，后来在科学研究和教育管理工作中，发挥了一定的作用。他针对一些学术内容或某些思想认识简洁明了的"图解"，往往能够恰到好处、生动形象地说明问题。不错的"工笔"功底，就来自于此时的爱好。

陈子元对于艺术的爱好，延续到大学时代，尽管所学的是化学专业，但他还是选修了一些文科的课程，来自觉地强化"通识教育"，并最终使自己受益匪浅。艺术爱好，可以说是日后成为科学家的陈子元的知识结构中非常重要的一块内容。他说："从事自然科学的人，逻辑性强，逻辑思维由左脑主导。而搞艺术，包括音乐、美术的人，形象思维好，形象思维由右脑负责。逻辑思维、形象思维都要有，看问题的时候就会更加全面。"

大 夏 大 学

1924 年 7 月，在陈子元出生那年并早其三个月，由因学潮从厦门大学脱离出来的部分师生发起成立的一所综合性私立大学在上海创办诞生了。十八年后，当陈子元读大学的时候，他最终选择了这所与他同龄的大学，并以自己的求学和返校任教的早期工作经历，见证了它最终"演变"为新中国创办的第一所师范大学——华东师范大学的历史。

这所大学，就是大夏大学——陈子元的大学母校，华东师范大学的前身之一。大夏大学，曾被誉为"东方的哥伦比亚大学"，这里是陈子元学习成长、学术起步的第一块"土壤"，他作为一名学者的基本科学素质就是从这里奠基的。

上海是中国近代重要文化中心之一，教育发达，学校林立。开埠以后，西洋文化影响接踵而来，这里的教会学校领先于公立高等学校的创办近 20 年。当时华东有名的"六大学"，有五所为教会所办，其中上海就占了四所，包括震旦大学、圣约翰大学、沪江大学和东吴大学法学院。除了国立的和教会办的大学之外，还有不少著名的国人自办私立大学和专科学校。

大夏大学创始人之一、第三任校长欧元怀在忆述大夏大学校史时，分析了私立大学创办的客观成因：

> 旧中国的私立大学，除教会大学，如美国人办的燕京、圣约翰，法国人办的辅仁、震旦，德国人办的同济，以及热爱祖国、捐款兴学，如陈嘉庚先生创办的厦门大学外，其他私立大学，特别是上海的一般私立大学，类皆由于下列客观条件所促成：（1）反对原学校，另起炉灶，创立新校；（2）有政治理想或学术造就的人士，创办学校，扩大影响，培养人材；（3）失意文人政客，纠集党羽，开办学店，伺机活动；（4）私立大学学生，来自富裕家庭者居多，洋场十里，有吸引纨绔青年的魅力；（5）旧社会偏重资格，进了大学混张文凭，对个人进身有利；（6）私立大学招生录取标准较低，往往降格以求，收容考国立大学落第的学生；（7）国立大学受政潮影响，经常呈现混乱、停滞状态，私立大学一般比较稳定、扎实，对师生都不无吸引力。上述各种因素……可以说明上海有繁殖私立大学的土壤和气候，也反映了半殖民地、半封建年代所形成的上层建筑情况。[①]

在政治动荡的 20 世纪 20 年代，大学风潮此起彼伏，揣时投机的大学也如春芽怒发，层出不穷。在高潮时期，上海一地即设有四十四所大学。而在上海私立各大学中，复旦、大同、光华、大夏四校，号称为"四大金刚"。

大夏大学的创建同早年厦门大学学潮有不可分割的联系。由于学潮，有 300 多位教授和同学激于义愤，于 1924 年 6 月集体离开厦大，并组织代表团到上海请求前厦大教授王毓祥、傅式说、余泽兰、李拔峨、林天兰、吴毓腾、吕子芳、周学章，连同去职进沪的著名教授欧元怀等九人，为他们筹设新校。在欧元怀及离校学生团总代表施乃铸等人的筹备下，仅仅两

---

① 欧元怀：大夏大学校史纪要。见：《解放前上海的学校》，1987 年，第 148-149 页。

个月的时间，初名"大厦大学"的新校，便于9月20日借槟榔路（现胶州路）潘家花园举行了开学典礼，并在小沙渡路，即现在的西康路201号本部开课。学校后定名"大夏大学"，以志校史系由"厦大"嬗蜕而来，并寓"光大华夏"之意。

首任校长，是我国第一个在国外获得工学博士的化学家马君武。马君武长期帮助孙中山从事革命活动，极有声望，出任大夏大学校长后亲自讲授化学课程，并且完全义务而为，分文不取。继任校长是曾任交通部部长、贵州省长、上海交通大学校长等职的王伯群。创始人欧元怀，为第三任也是最后一任校长。欧元怀早年赴美留学，先后在美国西南大学文理学院和哥伦比亚大学学习，在哥大师范学院修习教育学科时为美国著名教育家杜威所赏识。回国后任厦门大学教育主任兼总务长，转而创办大夏大学。欧元怀一生致力于教育事业，因成绩显著，贡献杰出，美国西南大学曾赠予他荣誉博士学位。大夏大学则因其办学成效，加上欧元怀与哥大的渊源，而获享"东方的哥伦比亚大学"之美誉。

大夏大学建校初期设文、理、教、商、法五个学院及师范、体育、盐务三个专修科。在历届学生中，法、商、教三院及师专科人气比较发达，文理二院学生较少。教授包括马君武、周昌寿、邵力子、郭沫若、田汉、何炳松、李石岑、朱经农、程湘帆等名家。学校董事会的首任董事长由王伯群担任，虞洽卿、王志莘、杜月笙、孙科、吴铁城、许世英、孔祥熙、何应钦等人被先后添请为校董。当时炙手可热的杜月笙就曾屡次资助大夏，其盛况和办学实力，由此可见一斑。

欧元怀曾撰文回忆道：

学生的生活衣着，在上海各大学中也较朴素，对功课则勤奋认真。马君武教化学，周昌寿教物理，夏元瑮教现代物理，沈璿、何衍濬教数学，邵力子教新闻学，郭沫若教文学概论，田汉教喜剧概论，何炳松教西洋史，李石岑教人生哲学，朱经农教文化史，程湘帆教教育行政，均受学生欢迎。马君武住吴淞杨行镇，间或因火车误点迟到，学生们都齐集课堂等待。朱经农的课排在夜晚，有一天下大雪，朱因道阻迟到半小时，学生齐集等候，济济一堂，无一缺席。此时教授们对学生的好风尚，怀有好印象，故薪金虽薄，亦乐于执教。①

图2-7　1941年上海光厦中学高中毕业

图2-8　1941年考进上海大夏大学

大夏大学的硕学名师，凡不胜举。所培养的学生，亦是人才辈出。建校二十七年里，近二万名学生入校就读，毕业学成六千余人。培养成才的佼佼者中，包括一大批为国为民的有识之士和杰出的专家学者。前者，如熊映楚，曾是武汉农民运动的重要干部；雷荣璞、陈国柱，分别是广西、福建建党干部之一；吴良斌（亮平），最早翻译恩格斯著作《反杜林论》，新中国成立以后曾任中共中央党校顾问；周扬、叶公琦、郭大力、陈赓仪（殷云芳）等都在大夏大学学习。后者，如刘思职、陈子元（本书传主）、李瑞麟、胡和生等四位中科院或工程院院士，历史学家陈旭麓，翻译家戈宝权，儿童文学家陈伯吹，古典文学评论家王元化和青铜器专家马承源等。也有不少杰出的政治家、企业家和其他知识界人士。

1937年抗日战争开始，上海"八一三"事变后，大夏大学被迫内迁。先迁庐山，1938年再迁贵阳。最初与同为私立大学的复旦大学合并成立联合大学，一设庐山，以原复旦师生为主，称复旦大夏第一联合大学；一设贵阳，以原大夏师生为主，称第二联合大学。不

---

① 欧元怀：大夏大学校史纪要。见《解放前上海的学校》，1987年，第145页。

久，日军进犯江西，复旦再迁重庆北碚，大夏迁到贵阳，两校之间的联合解体。

上海、南京、九江、杭州相继沦陷后，大夏原有籍隶江南的一部分学生，因交通隔绝无法转往内地，至 1938 年 9 月，由留沪教授吴浩然及黔校派返的鲁继曾、邵家麟、王成组等，在南京西路重华新村组织大夏大学上海分校，一切措施均秉承黔校进行。1941 年入校的陈子元，就是在上海分校读书的。

1944 年冬，日军窜扰黔南，大夏大学三迁赤水。此时，王伯群校长因迁校劳累成疾，于同年 12 月逝世于重庆。董事长孙科在重庆召开校董会，推选贵州省教育厅长欧元怀为校长，王毓祥为副校长。直至 1946 年秋季，大夏大学总部复员返回上海原址，黔沪两地总、分校在原校址会师合并。

新中国成立后，1951 年夏季，华东教育部决定将大夏与光华两大学合并为华东师范大学。10 月，以大夏大学原址为校址，以私立大夏大学、光华大学的文、理科为基础，加上复旦、同济、沪江、东亚体专等学校的教育、动物、植物、音乐及体育等系合并而成的华东师范大学正式诞生。

大学：三年修满学分

1941 年 9 月，中学毕业后的陈子元考取了上海大夏大学。此时的大夏大学总部已经内迁至远在千里之外的黔地，留在沪地的部分是其上海分校。陈子元就在上海分校里开始了大学生活。

陈子元的"大夏大学学生学籍表"上显示，他的学号是 S8346，"在学资格"注为"正式生"。而同为该校学生的父亲陈贤本的学号则是 6470，其学籍表上少去"学生"两字，为"大夏大学学籍表"，表内没有"在学资格"项，但多出"体格检查"一栏。这可能是"正式生"和"在职生"用表的不同。

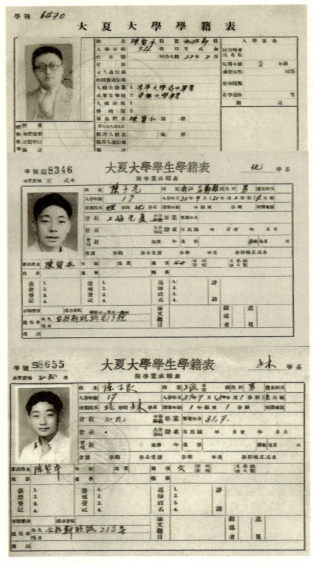

图2-9　陈贤本、陈子元、陈子良父子三人大夏大学学籍表

陈子元的学号前的"S"①，表示的就是大夏大学为避战祸而内迁后留在上海的分部"上海分校"。陈贤本是先期于1938年2月入学的，所以学号前就没有"S"。

大夏大学采取的是学分制，也招收在职学生。陈子元的父亲陈贤本，即是以在职学生的身份"入学"读书的。而陈子元进入大夏大学则是正式报考的。他的弟弟陈子良晚他一年也考进了大夏大学，攻读理学院的土木系，学号S8655。像这样从父子到校友，三人同校读书，实乃机缘所致。

对于专业和学校的选择，按照陈子元自己的想法，最初是想学医的，当时可选择的路径有三：一是读设在德国人办的医院里的德国医学院，二是读法国学派的震旦大学，三是读英美学派的圣·约翰大

_____

① S为上海"上"字拼音的首字母。

学。三者择其一，陈子元倾向于德国医学院。为此，他还做了准备，在光厦中学上了一年由德国使馆布拉特·施耐德授课的德语补习班。但德国医学院的考试时间是在他高三毕业前，不巧又恰逢身体患病，严重的胃病使他寝食难安，错过了机会。等到8月间，身体恢复时，可供选择的学

图2-10　陈子元（后排右一）与大夏大学老师张伟如（前排右二）及同学合影

校有限，中意的更少，就报考了大夏和大同两所学校。报大夏可与父亲同校，同时报大同，则是为保险起见。结果，两所学校都录取了他。遗憾的是这两所学校都没有医学专业。父亲对他说，若是一定学医，那就明年再考吧。

陈子元学医的目的，其实是想掌握一门技术。技术不光是医学一项，学不了医还可以考虑别的，他表示，不要等明年了，读化学也行。他觉得，学医固然能够治病救人，可是与人们日常生活密切相关的牙膏、肥皂、汽油、橡胶等，都离不开化学，当时国家贫困落后，市面上这些日用品也大多是洋货，学习化学，研制自己的国产日用品，对国家发展有利。就这样，陈子元最终选择了大夏大学化学系。而当时，大夏大学最有名的就是教育系和化学系。

陈子元回忆说："上海分校办在静安寺路，原来虞洽卿的公馆里面。他人走掉了，公馆很大，二层、三层就作大夏大学的校舍。当时大学里一部分学生是有职业的，业余时间来读书，我们一批年轻的是专门来念大学的，所以课程安排是选课制，早晨、下午、晚上都有课可选。学校是综合

性的，一年级时的公共课合在一起上，文、理、法、商都合在一起，英文、中国通史也是公共课，还有高等数学，都是要学习的。”

他在《院士思维》中写道：

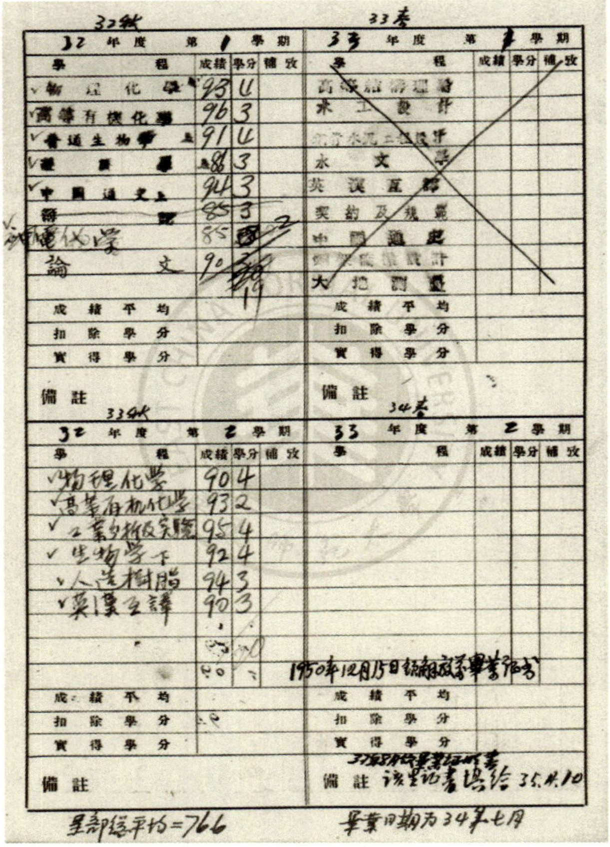
32秋

32 年度 第 1 學期			
學程	成績	學分	補考
物理化學	93	4	
高等有機化學	96	3	
普通生物學 上	91	4	
[illegible]	88	3	
中國通史 上	94	3	
簿記	85	3	
電化學	85	2	
論文	90		
成績平均			
扣除學分			
實得學分			
備註			

33春

33 年度 第 [illegible] 學期			
學程	成績	學分	補考
[illegible]			
成績平均			
扣除學分			
實得學分			
備註			

33秋

32 年度 第 2 學期			
學程	成績	學分	補考
物理化學	90	4	
高等有机化學	93	2	
工業分析及實驗	95	4	
生物學 下	92	4	
人造樹脂	94	3	
英漢互譯	90	3	
成績平均			
扣除學分			
實得學分			
備註			

34春

33 年度 第 2 學期			
學程	成績	學分	補考
成績平均			
扣除學分			
實得學分			
備註			

1950年12月15日[illegible]

備註 [illegible] 35.4.10

全部總平均=76.6

畢業日期為34年七月

图 2–11　陈子元大夏大学学籍表（部分）

1941 年秋，我考入上海大夏大学化学系，展现在我面前的是一个全新的世界。一些学识渊博、功底深厚、学风严谨的名教授深入浅出地为我们讲授深奥的哲理。图书馆丰富的藏书使我爱不释手，我常常如饥似渴地沉浸于其中。渐渐地，我对化学学科产生了浓厚的兴趣。①

那时的化学系几乎都是不分专业的，从基本的化学知识开始，有机化学、无机化学、生物化学、分析化学、工业化学和化学工程等，凡是与化学有关的，什么都教，什么都学。当时的一门课，差不多就是现在的一个专业。不仅仅学理论，连制药一类的应用课程也要学，功课排得满满的。

按学校规定，学生每学期须修满 18 个学分，一年 36 个学分，4 年在

① 陈子元：选准方向，步步深入。见：《院士思维》（卷一）。合肥：安徽教育出版社，1998 年，第 338 页。

校期间修满 144 个学分，成绩合格方可毕业。而陈子元往往一个学期都能够修到二十几个学分，再加上暑期班修课，最终，"四年大学课程三年就完成毕业了"。

他是怎么做到的呢？就是除学期内的必修课之外，他再多修一门课，并且利用暑假的时间，短期选修人文社会学科方面的课程，以及部分专业课程，甚至自己感兴趣的土木工程课程。

他回忆说："私立学校每个学期念 18 个学分为标准，如果有不及格，下个学期就只能修 15 个学分，要补课。而你念得好，都是九十多分，就可以修 21 个学分，甚至 22 个学分。我当时的学习成绩比较好，第一个学期修了 18 个学分，第二个学期就修二十几个了。还有暑假我也在念，暑假可以念 9 个学分，一年级暑假、二年级暑假，再加上平时的，三年就念够学分毕业了。"

那时候的陈子元，思维敏捷，精力充沛，在静安寺路重华新村（原虞洽卿公馆）的校园里，他夹着书本来去匆匆的形象，给老师和同学们留下了深刻的印象。他在大学阶段刻苦用功，学习成绩优秀，化学成绩尤佳，考试总在前一二名。

"学业成绩表"显示，他第一学年的成绩平均大约 70 分，略显不够适应。但是到了第二学年、第三学年，包括暑期的修读，成绩迅速提升，各个学期 90 分以上的课程成绩比比皆是。比如，1942 学年第二学期、1943学年第一学期（第二学期未有记载）、1944 学年第一学期各科成绩如下（括弧中的数字为所获学分）：

表 2-1　学业成绩表

1942 学年第二学期民国 32 春	1943 学年第一学期民国 32 秋	1944 学年第一学期民国 33 秋
有机化学 – 中 95（5）	物理化学 – 上 93（4）	物理化学 – 下 90（4）
有机化学 – 下 95（3）	高等有机化学 – 上 96（3）	高等有机化学 – 下 93（2）
工业化学 90（3）	普通生物学 – 上 91（4）	普通生物学 – 下 92（4）
定量分析 85（6）	经济学 – 上 86（3）	工业分析及实验 95（4）
德文 – 下 87（3）	中国通史 – 上 94（3）	人造树脂 94（3）
应用电化学 85（2）	英汉互译 90（3）	
	论文 90（3）	

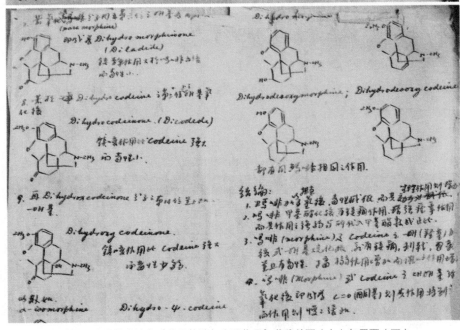

图 2-12　陈子元大学毕业论文《化学构造与生理作用》草稿首页（上）与尾页（下）

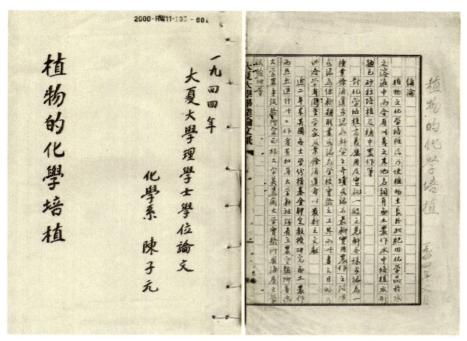

图 2-13　陈子元与人合写另一篇大学毕业论文《植物的化学栽培》封面（左）与首页（右）
（笔迹为陈子元所写）

这一期间，每个学期的课程平均分均超过 90 分，分别达到 90.4 分、90.7 分和 92.3 分；每个学期取得的学分均超过 20 学分，分别为 20 学分、22 学分和 20 学分。

1944 年 7 月，陈子元修满规定的 144 个学分，并在理学院院长邵家麟教授的指导下，与郑富源、鲁明等同学共同完成毕业论文《化学构造与生理作用》及《植物的化学培植》，提前大学毕业，同时获得上海大夏大学理学院化学系理学士学位。同年 9 月，经化学系教授李博达老师介绍，陈子元进入从事蔬菜无土栽培的四维化学农场，担任化学师，开始自己的第一份工作。

在大夏大学三年求学期间，这里的人和事，这里的师长乃至同学，无时无刻不影响着陈子元的成长。在众多师长当中，邵家麟和李博达这两位先生对他产生较大影响，一直令他满怀敬重。

邵家麟当时是大夏大学理学院院长，也是 1932 年成立"中国化学会"

时的组织发起者之一。他指导了陈子元的毕业论文，并且非常器重陈子元，希望他毕业后能够留校任教。李博达也是大夏大学的校友，毕业后在上海一家电化厂任工程师及厂长，后兼在母校化学系教书，对陈子元的培养与人生发展起到了较大作用。后来，李博达调到厦门大学工作，1956 年又从厦大调到浙江大学化学系，执教化学工程，曾担任过浙大基础部主任。

化学系是当时大夏大学的优势学科。在该系就读过的学生中，后来有两人——刘思职和陈子元，成为中国科学院院士，有两人——李瑞麟和刘伯里[1]，成为中国工程院院士。

陈子元的大学学习，以及所选择的化学专业，直接影响了弟弟妹妹们。二弟陈子良跟着他报考了大夏大学，五妹、九妹则受其影响选择了化学专业。

陈珊妹回忆起自己 1951 年报考大学时的情形：

> 我大哥在大夏大学念的是化学系，到后来我也念化学系，我的妹妹也念化学系。我们考大学是联考，联考以后填志愿我报的是交大化学系。复试面考的时候，一位教授还特别问了我，他说你的分数物理比化学还高，你为什么还念化学呢？我说我就喜欢化学。为什么喜欢化学呢？当时在家里，因为我比大哥要小十岁，我们这些小的就老跟着前面的哥哥们，他们干什么我们就干什么。大哥的同学殷云芳、龚华峰他们经常到我们家来，在附近的空地上种东西，种番茄，种玉米，还有做肥皂、牙膏、墨水等。我就跟着他们一起，他们做肥皂，我也跟着做肥皂。大哥后来在化学系里工作了，我觉得这个专业蛮有趣的，也就报了交大化学系。我妹妹看着我考化学系，她也去考复旦化学系。我们就受他的影响，觉得很有趣，跟着他学。[2]

---

[1] 李瑞麟 1950 年毕业于大夏大学化学系；刘伯里 1950 年 9 月就读大夏大学化学系，1953 年 7 月自华东师范大学化学系毕业。李瑞麟和刘佰里在大夏大学化学系就读时，陈子元曾为任课教师。

[2] 陈珊妹访谈，2013 年 4 月 19 日，宁波。资料存于采集工程数据库。

陈珊妹提到的"做肥皂"，是陈子元和殷云芳、龚华峰等几名要好的大学同学的"社会实践"活动之一，也是陈子元发明创造力的延伸。这种肥皂是一种药水肥皂，成本只是市面肥皂的1/10，原料来自他和同学们到寺庙里"收"来的蜡烛残体。在陈珊妹眼里，这简直就像做游戏一样好玩，所以也吸引、影响了她的兴趣。

　　而大学时期，陈子元也继续受到父亲一贯的教育与影响。在陈子元大学前后那几年，父子之间时常谈论哲学方面的话题，尤其中国古典哲学中的一些名篇，父亲要求陈子元能够背诵下来。父亲经常"灌输"的理念，概括起来，就是诚以待人、勤以做事、精以治学。陈子元说："父亲讲，做人要诚，诚信待人，不管你怎么样，我诚心待你了。做事要勤，就是要勤奋。另外一个，做学问要精。就是要求做到三个字，诚、勤、精。"

　　这三个字让陈子元很早就弄明白了勤奋、机遇、智慧三要素在成功道路上所扮演的重要角色，并持之以恒地身体力行。对传统美德与内在修养的遵循和重视，让他养成了广学勤思、外纳内省的良好修养习惯，形成了多才而少缺的完美人品。他在日后科研工作中能够兼备传统与创新，游刃于科研与管理，服众于上下，行走于中外，无不与此相关。

　　重视国学传统和内在修养，这从陈子元写字说话中都能体现出来。他写字，一笔一画，眉清目秀，明朗峻立；他说话，和颜悦色，轻柔温婉，永远都是一种探讨、商量的语气。

　　做了浙江农业大学校长以后，他曾表述过这样一些观点：

　　　　在我读大学的那个时代，国文是很重视的，几乎可以说是一个学生的文化底子。除了阅读、写作等国学基础知识，连应用文都要很好地掌握。可是，我们现在有少数一些的大学生，中文素质太差了，论写字，填个表都勉为其难；论说话，也表达不够清楚。

　　另一个注重"自我修养"的方面是强身健体，对自己的身体负责。大学期间，他经常去校外健身房锻炼胸肌、背肌。

参加进步学生活动

大学期间的陈子元，不仅勤奋学习，也热心社会活动。他对日本帝国主义的侵略、对国民党的腐败、对旧社会的黑暗感到非常愤恨和不平，期待着抗战胜利和新生活的到来。努力学习之余，他不知不觉融入到了进步学生组织即党的外围组织所开展的爱国救亡活动之中。

大夏大学因学潮而创建，其学运的光荣传统源远流长。建校不久，学生中就建立了中国共产党和中国共产主义青年团合一的党团支部。总部内迁后，留沪的重华新村校部重新调入党员再建党支部。1940年至1941年间，又先后充实了一批党员力量。陈子元进校的时候，日后与他成为密友的党员殷云芳（后改名陈赓仪）等也刚刚进入大夏大学上海分校。1941年底，太平洋战争爆发，日军占领租界，上海全部沦陷，革命斗争进入环境更为艰苦的阶段。贯彻党的"勤学、勤业、交朋友"的方针，在上海市学联的组织领导下，大夏大学各系党员根据本系专业及党员的个人特长，想方设法创造条件建立群众性的组织，特别是建立与各院系专业相结合的群众组织。《上海大夏大学学生运动简史》（1924—1945）记载：

> 1942年春，理学院党员殷云芳和陈子元、袁忠衍等一批同学开设了复华化工厂，制造肥皂、糖果等。土木系党员竺宜伟和龚于娟、高桂馥等同志开设了文明书店。①

这一时期，陈子元的另一名要好同学龚华峰（后改名于峰）也加入了党组织，成为中共党员。当然，殷云芳、龚华峰等人当时的地下党员身份，是不为陈子元所知道的。

关于当时的情况，陈子元自己也写过一份回忆材料《我与大夏——记

---

① 大夏大学学运史征集小组：《上海大夏大学学生运动简史（1924—1945）》。见：《青春的步伐——中共上海市教育系统党史文集之一》，第51页。

1942—1943 年往事》①，文中提到了"诚正工艺社"和"文心书店"的创办情况：

　　1942 年 3 月间，理学院土木系殷云芳同学（当时为地下党员，以后改名为陈赓仪）经常邀请土木系和化学系中一部分同学到他家里一起讨论功课，谈谈一些时事，唱唱歌，搞搞游戏等，这样不仅使大家感到在一起活动非常愉快，更重要的是使大家思想感情更加融洽了。后来，大家感到经常在同学家里集合活动不方便，于是就转移到我家对面一座仓库的空屋里（在福履里路，现在为建国西路）活动。为了丰富我们活动的内容，同学们集资建立一个简易的化学实验室，并取名为"诚正工艺社"，自产自销来制造肥皂、牙膏、墨水等一些化工日用品。销售后的钱，除了一部分购买原材料外，多余下来的都留作搞活动之用。现在能记起的同学除殷云芳和我之外，还有龚华峰（后改名于峰）、许诚开（后改名许海涛）、费定国、肖泗祥、沈锦霖、刘家桂、袁忠衍、李大钧等。诚正工艺社的活动，一直延续到 1942 年 10 月以后，在这半年多的时间里，不仅增强了同学相互之间的友谊和感情，更重要的是提供了同学们关心社会形势国家大事接受共产党进步思想熏陶的条件。

　　诚正工艺社结束后，龚华峰和我等又与一些同学集资在胶州路附近一条弄堂的石库门民房的一楼，办起一个制造花生巧克力糖的作坊，自产自销。主要使同学们有一个集合的机会。但不久因不能维持而停办。

　　1943 年殷云芳又邀我和许诚开，在福熙路（现为延安中路）九星大戏院对面的一间街面房，办起了一家收购和出售旧书、杂志的书店——文心书店。平时请一些课后有空的同学值班管店。经营有余的钱，资助经济困难的同学。记得当时参加工作的还有竺宜伟和龚华峰之姐龚于娟等同学。这个书店只维持了几个月，后因受到敌伪军警的

────────────

　　①　大夏大学建校 80 周年纪念文集《大夏，大夏》中刊用时标题为《"诚正工艺社"和"文心书店"——记 1942—1943 年往事》。

查封而停办。曾听说，文心书店可能是地下党利用买卖旧书为掩护，进行秘密资料和情报的交换。有人告发，但在查封调查中，没有发现任何破绽而不了了之。

当时，陈子元把诚正工艺社的活动事务记在一本练习簿上。这本练习簿保留至今，成为重要的"历史见证"之一。在当时的群众组织名称上，陈子元的回忆与大夏大学学运简史的记载稍有出入，但是从参与人员、具体情况等信息来看，不难发现，"诚正工艺社"应该就是"复华化工厂"，"文心书店"则即是"文明书店"。作为重要的当事人之一，他指出，这应该是党史记载有误。

1998 年 8 月，于峰根据自己一生的经历，写下了长篇回忆录《艰辛的脚步》，文中的一段相关记载进一步佐证了这一事实：

> 在课余时间，于峰与殷云芳同志分别组织化学系、土木系的同学参与了肥皂、糖果、月饼等试制活动。参与的同学除每人拿出一份基金外，陈子元同志提供了大仓库作为试验场所，殷云芳同志花钱购买化工原料，袁忠衍同志负责试制糖果、月饼，于峰同志负责试制肥皂等等。通过这些活动进一步将同学团结在党组织的周围。

在这些活动中，党员同学的身份都是秘而不宣的，所搞的活动也都是悄悄地团结、教育进步青年和群众，进而条件成熟时发展党员。陈子元都是本着"学习"的目的才参与到这些组织中去的：参加诚正工艺社，是为了可以做实验；合办文心书店，是因为自己喜欢读书，对其他同学则可以提供勤工俭学的帮助。他回忆说："殷云芳、许诚开和我三个人家庭算是好的，另几个同学家里都比较困难，我们就帮助他们勤工俭学，值班赚来的钱都给他们。殷云芳、许诚开不在乎钱，我也不在乎钱。我在乎的是好的书，有好的我就买下来。"

而当时在学生地下党员的眼里，他们是"知道"陈子元这个人的。陈子元反对帝国主义的侵略和国民党的腐败，具有明显的进步倾向，是一个可以团结的对象。同时，他又"不问政治"，党的外围组织吸引他参加活动可以利用这一点作为掩护或挡箭牌，不容易引起怀疑。蒙在鼓里的陈子元，后来了解、明白了更多当时的情况："学校里面有两批人，一批人一方面外面工作，一方面学校里念书。另一批人一边念书，一边利用学生这个身份干地下工作。特别是读商科的，做地下工作的比较多。"

抗战胜利之际，由于地下党员身份暴露，殷云芳等一些同学先后离开上海前往延安、苏北解放区。有意思的是，在陈子元毕业工作一年多重返学校任教时，有一位原先就读大夏大学土木工程系的毕业学生，出于专门做地下活动需要，回校继续读书作掩护，转而攻读化学系，于是便成了陈子元门下的学生。

陈子元和殷云芳、龚华峰、许诚开等人的关系非常好，属于同学加朋友，背后再加上"亲密战友"。殷云芳、许诚开都是土木系的学生，也都比陈子元大两岁。在陈子元的印象里，许诚开思想进步，做事非常认真。抗战胜利以后，许诚开担任了上海交通大学的教务长。

殷云芳是上海人，在大夏大学期间就是中共党员，还担任上海学生团体联合会副主席、大夏大学党支部书记。后来改名为陈赓仪，新中国成立之后历任水利部专家工作室主任、密云水库修建总指挥部副总指挥、水利部副部长、中国三峡工程开发总公司筹建处主任等职务。

龚华峰后来走上革命道路，改名于峰，从事党的兵工事业，成为我国著名的"火药专家"，曾先后荣获全国科学大会奖和中国兵器工业总公司颁发的"特殊荣誉奖状及奖章"。

在大夏大学读书之余的进步学生活动中，留给陈子元印象最深的，首属殷云芳和龚华峰二人。这三个人的友谊，一直保持了近 60 年。2000 年 6 月，陈子元去北京开会，和离休后在北京定居的殷、龚二人见面，合拍了一张照片。照片上映现的虽然是三个老人，却无沧桑之感，神情笑貌依旧给人一种"恰同学少年，风华正茂"的自信和坚韧。

陈子元非常感激两位学长，正是他们的引导和帮助，奠定了他对党的最早认识，更从他们身上，学到了许多可贵的、受用不尽的精神和品质。概括起来，就是爱国、进步、友爱、助弱。

回忆大夏大学求学往事，他坦诚地写道：

> 这段时间并不长，但对我的世界观、人生观和政治观来说，影响极大。尤其是 1942 年至 1943 年的短短两年间，经常与一些进步同学、有的是地下党员接触，他们为我以后的人生道路奠定了正确的政治方向……对我的政治思想的影响极大，特别是对新中国成立后靠拢组织，争取入党，产生了积极的动力。[①]

在大夏大学求学期间参加的课外活动，是陈子元最初的社会实践。他从一开始就没有把对科学技术的学习仅仅停留在理论上，而是更注重、更热衷所学知识的实际应用。而在知识的实际应用过程中，他喜欢做实验，反复实验中取得的每一点成果，又都更加刺激了他的学习兴趣。这对他打好化学功底以及后来开拓核农学研究，有着重大的影响和重要的意义。

他在《院士思维》中写道：

> 我也十分注意理论联系实际，学以致用。我与同学们一起利用课余时间，用学到的化学知识和技能试制一些市场上紧缺的日用化学品和化工原料。这样，我对化学理论的钻研和实际应用的兴趣更大了。[②]

---

① 陈子元："诚正工艺社"和"文心书店"——记 1942—1943 年往事。见：大夏大学建校 80 周年文集《大夏，大夏》。大夏大学校友会内部刊印，2004 年，第 93 页。

② 陈子元：选准方向，步步深入。见:《院士思维》（卷一）。合肥：安徽教育出版社，1998 年，第 338 页。

中国工厂化无土栽培第一人

由于提前修满了学分，1944 年 7 月，作为大夏大学第 19 届毕业生，陈子元早于同时入学的同学一年毕业。毕业纪念本上，一段同学赠言耐人寻味：

陈君子元，浙之鄞县人，为人正直勤勉，在本校专攻化学，孜孜终日，大有发愤忘食之概，日后为我国化学界放一异彩，君

图 3-1　1944 年上海大夏大学理学院化学系毕业获理学士学位

其一人也，际此劳燕分飞之日，谨录数语，以验异日。

　　毕业时，陈子元才刚满20岁。多口之家正处在困难拮据之中，出国深造难以想象，安心地找一份踏实顺意的工作成为当务之急。毕业前夕，时任理学院院长的邵家麟教授找到陈子元，告诉他说，学校打算让他留校任教。

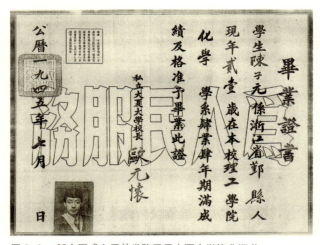

图3-2　新中国成立后补发陈子元大夏大学毕业证书

　　大夏大学历年新招的学生中，能够读到毕业的，仅有半数左右。什么缘故呢？根据校长欧元怀的解释，首先，有些青年因缴纳不起学费而中途休学。其次，是学校的教学设备不能满足求知欲望而转学他校，甚至有些青年，不惜先在大夏读一两年，然后再考国立大学作为新生。再次，也还有一些因为基础较差，而学校要求较严，自己跟不上，只好退学。而得以最终毕业的青年，转身又要面对"毕业即失业"。无论是私立大学、国立大学或留学归国的积学之士，在当时条件下，都难逃毕业即失业的命运。欧元怀因此指出，所谓"毕业即失业"，与其说是某一校的教学效果，不如说是社会政治经济的反映。

　　实际上，大夏大学毕业生因有数千毕业同学的相互支援和学校行政与老师们的积极介绍，出路问题尚不算严重。至于获得了就业机会，能否学得其用，人尽其才，则另当别论。

　　在这样的时代背景之下，陈子元的留校任教机会，实属得之不易。但是，大夏大学总部当时远在内地，正处于"西南三迁"之境，上海分校作为其一股，教职非常有限，虽然学校有意留才任教，但一时尚无法安排陈子元的位置。留校不成的消息，是一向比较欣赏、很是喜欢陈子元的化学系李博达老师转达的。同时，李老师也已经为陈子元考虑了一条出路：一家农场，那儿正在研究蔬菜无土栽培技术，这在国内还是第一家。

无土栽培？这不正是自己当时的研究对象吗！陈子元的眼前一亮。他与同学共同撰写的毕业论文《植物的化学培植》，写的就是无土栽培。这样一份工作，可谓既熟悉又陌生，他爽快地答应了。

就这样，毕业当年9月，陈子元进入位于上海虹桥路万国公墓附近的"四维化学农场"（Safeway Chemical Farm），担任化学技师。这是中国最早开展无土栽培商业化经营的农场。

20世纪30—40年代，上海已是亚洲最大的都市之一，其中有大片"租界"，聚居着外国人和抗战爆发后国内来沪避难的富豪，生活西化，畸形繁华。这就需要适应高层人士生活的消费品，加上当时上海的科学技术已比较发达，人才聚集，在这样的历史背景下，曾留学英国的建筑师、企业家张四维创办了该农场。农场建有二千平方米的砖木结构玻璃温室，冬季燃煤加温。无土栽培设施及技术从国外引进，采用基质栽培方式，栽培床为10条水泥槽，栽培基质为煤渣，营养液循环供给。主要生产番茄和少量的黄瓜、西瓜，产品以纸盒小包装销往市场，主供西餐馆，深受欢迎。无土栽培的技术人员原来都是外国人，营养液配方、实验方法等全由外国人掌握，技术是保密的。1942年吉美罐头食品公司总经理顾炳元投资继办四维化学农场，聘用植物生理学家、匈牙利籍犹太人乔治·蔡古（George Czako）为总技师，并雇用两名俄

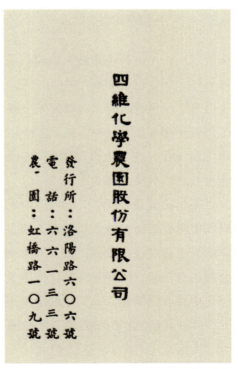

四维化学農園股份有限公司

發行所：洛陽路六○六號
電話：六六一三三號
農園：虹橋路一○九號

图3-3　四维化学农场地址信息

图 3-4 陈子元收藏的我国无土种植早期材料

籍技师，主要生产无籽番茄。此时人手不多，技术、生产和管理均由蔡古一人负责。

陈子元是进入该农场工作的第一位中国技术人员，在蔡古的指导下开始无土栽培技术生产。至今，陈子元手上还保留着一本厚厚的1944—1945年从事产业化无土栽培研究的工作笔记，以及1941年由上海的中国化学工业社印行的中国最早无土栽培书籍《无土种植法浅说》。资料显示，1929年美国加州大学格里克（Giricke）教授在实验室中应用营养液栽培番茄成功，但是一直到40年代，第二次世界大战以后，无土栽培才被大规模应用于蔬菜生产。40年代初期，上海的科技界和大学生已经了解一些关于无土栽培的知识。陈子元在大学时代对此也展开了一定的研究，可以说无土栽培是他最早的研究领域。

五十多年后的1997年，追溯中国无土栽培历史的上海农科院园艺所研究员王化，在《上海蔬菜》第一期撰文称："陈子元是我国第一位从事无土栽培的科技人员。"[1]

王化研究员1947年毕业于中央大学园艺系，50年代初曾在浙江省农科所工作，后至上海农科院园艺所，几十年来从事蔬菜科研工作，包括多年的无土栽培技术研究。1993年7月，在杭参加"国际无土栽培学术讨论会筹备会"时，陈子元向王化提供了自己掌握的中国早期无土栽培的一些历史史料。同年8月，王化就中国无土栽培历史的有关细节致信请教陈子元，并在其后几年的细致研究中得出了上述结论。

---

① 王化：中国蔬菜无土栽培发展历史的初步探讨。《上海蔬菜》，1997年，第1期，11-12页。

他在 1993 年给陈子元的信中写道：

> 请原谅我冒昧地写这封信打扰你，我写这信的目的，是想请你帮助我弄清楚有关我国最早进行无土栽培的历史。……
>
> 《中国蔬菜》杂志无土栽培专辑（1992 年增刊）第 7 页载："中国无土栽培在生产上应用是从 1941 年开始的。由浙江农业大学教授陈子元于当时的华侨农场在上海进行……"
>
> 我们在编写上海科研志（待刊中）时曾经写过"三十年代上海的四维农场已进行蔬菜无土栽培"。不知先生所参加过的"华侨农场"是否即四维农场？如果是别的农场请告该农场名称。
>
> 关于该"华侨农场"无土栽培的概况可否略告。……我想我们这样年龄的人应该有责任弄清楚一些历史上的事实。

王化的研究追溯，最终厘清了中国无土栽培历史，也还原了陈子元最初在上海四维化学农场工作时的情景。

华侨农场，的确就是四维化学农场。带着李博达老师写的推荐信，陈子元先找到了顾炳元，再按他的指点来到了位于虹桥路万国公墓附近的四维化学农场，见到了看门老头，蔡古，以及另外雇作机械和电工技师的两名白俄小伙子。匈牙利人蔡古一开始并没有对陈子元表现出特别的热情，随便指点了几句就忙别的去了，留下陈子元一个人在农场里转悠。砖木结构的玻璃温室，用做栽培床的水泥槽，循环供应的营养液和挂在枝头的无籽番茄，这一切引起了他的兴趣。他也很快熟悉了无土栽培技术的应用流程，因为学的就是化学，又曾研究过"植物的化学培植"，对营养液的配方一看就能明白。因此，没过几天工夫，蔡古就对他刮目相看了。

陈子元也渐渐了解了蔡古。这个匈牙利籍植物生理学家一直从事无土栽培研究，"二战"爆发，德国占领了匈牙利，他不堪迫害，逃到了印度，希望能在那里把自己的研究产业化、商品化。不能如愿后转来中国，遂与从事罐头食品业的吉美罐头食品公司谋合，由后者投资，筹办了以无土栽培无籽番茄为主的四维化学农园股份有限公司，也就是上海四维化学农场。

　　陈子元对四维化学农场的印象很好，那是他最早接触的自动化生产单位，无土栽培的设施都是自主设计的，两个白俄小伙子操作电器、机械，技术上的营养液分析配制等均由蔡古自己来做，但是不久，也让陈子元配制了。因为懂化学，陈子元不仅掌握技术快，而且在研究方面也颇有见解，与蔡古很谈得来，深得蔡古的欣赏、器重，成了其得力助手。乃至农场停办后，蔡古把自己一向保密的番茄不同生育期所需养分的公式和无土栽培营养液的配方，全部留给了陈子元。

　　上海四维化学农场是 1945 年 5 月停业的，停业原因有二：一个是市面萧条，一个是蔡古的离开。蔡古为什么要走，陈子元一直不明就里。不过，顾炳元后来想重开农场，又找到了蔡古。蔡列出 8 个条件，譬如要从美国航空进口番茄种子，温室要新建，要保证有多少煤、多少木头，月薪不低于 60 美元，每周只能来两次，等等。其中的第 7 条耐人寻味：温室操作，必须由陈子元来管理！由于有意恢复四维化学农场，顾炳元也打算让陈子元再跟蔡古一段时间，以后可以在其帮助下由自己来直接管理农场。可惜最终没谈成，未能如愿。

　　农场停办后，陈子元转而去了顾炳元的吉美罐头食品公司，任化学工程师。但是，只待了半年多一点儿的时间，到 1946 年 2 月间就辞职告退了。因为 1945 年抗战胜利后，考虑到流亡总部回迁上海继续办学将出现学生人数骤增、师资力量告缺，大夏大学化学系希望陈子元能够回校任教。而陈子元也更愿意做教师，于是在离校一年半后，去职重返大夏大学执教。

　　关于陈子元的这段历史，在《中国蔬菜无土栽培发展历史的初步探讨》一文中，王化这样评价：

　　　　现任浙江农业大学土化系教授的陈子元先生，当时也曾任该场（指上海四维化学农场）的青年技师，所以陈子元教授可以说是中国第一位从事无土栽培的科技人员。

　　对此，陈子元自己怎么看呢？他本人认为：对无土栽培的科学研究，恐怕国内在上世纪30年代就有学者进行试验了，王化先生所指的无土栽培，可能是大规模工厂化生产农场的无土栽培。陈子元只承认，"商业化无土栽培技术我是中国第一个人"。

陈子元一生秉持谦虚、严谨、客观的科学态度，特别是涉及自己学术上的提法或评价，他都尽量力求准确、真实，绝不夸大。此一见解，可见一斑。

回到大夏大学任教

1946年2月，陈子元回到大夏大学。此时，距离秋季大夏大学校本部从贵阳复员返沪还有一段时间，他先去接手了日本人占领的华东师大原址上的华中矿业株式会社的实验室和实验工厂。接着，正式开始了为期3年的化学系助教生涯，直至1949年升为讲师。

期间，陈子元主要是给系主任陈景琪教授的"分析化学"课程当助教。同时，系里其他许多教授所讲授的课程，他也都担任过助教。譬如，张伟如先生的"工业化学分析"、李博达先生的"化学工程"、赖其芳先生的"陶学概论"等课程，他都先后为之承担了学生辅导、带学生实验、批改作业等工作。这一方面在于他人缘好，容易合作，教授们都愿意找他；另一方面则是他学业根底扎实，一般的课程都能拿得起来。他也很喜欢和学生相处，虽然自己只有二十二三岁，学生中有不少人的年龄比他还大，但观其业绩、知其底细者，都恭恭敬敬地尊称他为"陈先生"。六十多年后他开心地说："做老师的时候，我上课太年轻了，学生都比我老，所以我留了胡子，穿长袍留胡子。"

对于陈子元，复员后的大夏大学既熟悉又陌生，复校重建工作也是新鲜而艰苦的。尽管从内地迁回来的老师和学生几乎都没有接触过，但是他的助理教学工作却是渐入佳境："助教第一年要做些实务工作的。过去教务处职员很少，开学注册、登记、安排课程等都是我们助教去做的。助

图 3-5　陈子元（左）在大夏大学理学院与化学系主任陈景琪教授合影（1946 年）

教还要去购买仪器设备，管理仪器设备和化学药品。第二年你就可以批改实验报告了。到第三年，参加答辩也好，改本子也好，都是自己独立完成，教授不来的。教授为什么不来？因为他自己很忙，新中国成立前做教授至少要教两三门课，还要在外面兼职。"

那个年代，工资薪水很低，受生计所迫，兼职成为谋生的常态。不但像陈子元这样的助教需要兼职，讲师乃至教授也都得兼职为生。为了个人生计，以及充实锻炼，算上兼职，陈子元当时的"工作"至少有三份："一方面教书，主要是在学校里。还有公务员的工作，到上海商品检验局兼职，因为张伟如先生是上海商品检验局化学检验处处长，他的主要工作在商品检验局，也到学校里兼职，我做他的助教。反过来，我也去他那里兼职。还有一个职务，一名商学院的校友开了一个维他富汽水厂，有些化学问题请我去做技术顾问。"

"汽水、味精，这些都是食品化学。为什么他们都找我呢？我书看得多。而对我来讲，书上的东西跟实际的不一样，所以我去也不仅仅是为了钱。他们做了试验，要创造一个新的产品，我就出出主意。对我来讲，是自己增长了实践知识。我兴趣很广，喜欢挑战。我有这个习惯——什么事情不懂就挑战。"

回忆起往事，陈子元反复强调自己的"挑战"个性。在这个时期，包括后来升任讲师、晋升教授、成为院士，与其说他是一名老师，倒不如说他是一位孜孜以求、永远在学习、永远在吸收、永远在实践的学生更为贴切。纵观他的学术人生，其实也就是这样炼成的。

陈子元很喜欢教师这个职业，他觉得，教书育人、钻研学问，再也没有比这个更合适自己的事情。这也成为他做好这一工作的重要原

图 3-6　1946 年在大夏大学理学院

因和动力。而在一直关心他的师长们的眼里，年纪轻、学识高、修养好的陈子元应该、也能够考取留学或出国进修深造。大夏大学胜利复员后，学校不但让他回校任教，而且也准备进一步送他出国培养。他是学校的推荐人选，理学院邵家麟院长想让他到美国密歇根州立大学化学系深造。学校的推荐已经启动了，密歇根州立大学方面也回了信。信中说，适逢"二战"刚刚结束，一切均以本国退伍军人安排优先，暂时不能提供助学金，并且人要住在帐篷里。陈子元深知学无止境的道理，出国深造可以增强学识、充实自己，机会非常难得，他不想错过。但是，有限的家庭条件使得能否获得助学金支持成为决定选择的关键。他的预期里，也是奔着有助学金去的。此时，他已经有九个弟妹，而且大多在读书，父亲早已不再经营生意，他是家里唯一挣薪水的，家庭经济的拮据可想而知。"我当时犹豫再三，最后还是决定不去了。这个时候我已经教书挣钱了，就没去。"

如果当时陈子元真的去海外留学，那么，他作为一位著名化学家的概率将大大提高，也极有可能与核农学开拓者角色失之交臂。如此说来，陈

图 3-7　陈子元一家三口 1949 年 10 月在上海

图 3-8　陈子元与长子 1950 年在上海

子元未能去海外留学对于中国核农学确是一大幸事了。

回到大夏大学从事助教工作不久，陈子元迎来个人生活中的一件大事。1947年，他与同学的妹妹、学医的李秀珍结为百年之好。这桩婚姻说来很平常，夫人李秀珍是原本就熟悉的。早在大夏化学系读书的时候，陈子元和同班同学李大钧成了好友。李家本是徐州人，抗战中避难来了上海。李的父亲原在徐州做过图书馆馆长，到上海定居后改行做了教师。陈家和李家住得很近，两家的孩子又是同学，关系向来处得很好。李秀珍是李大钧的妹妹，其时正在同德医学院读书，遇到化学上的问题，常常会向陈子元请教，一来二往，两人便有了感情。陈子元从大夏大学毕业时，李秀珍还在同德医学院念书，等到陈子元在四维化学农场和吉美罐头食品厂转了一圈重返大夏大学后，双方家长都认为两人已相处多年，感情一直很好，就把婚事给办了。

此时，正处于新中国成立前夕，明媚的春光普照着大地，学生们的欢欣鼓舞溢于言表，进步学生先于社会的风尚早早飞出了校园。工作之余，陈子元也时常参加进步学生为迎接解放而举行的活动。从民族资产阶级家庭在国民党统治时期生存艰难的切身感受中，从他和地下党的接触中，他产生了对新中国的迫切向往。

隆隆的炮声镇夜响彻。不知不觉中，陈子元伏案备课时的灯光格外明亮了，进军脚步在似睡未睡的夜梦中越来越近。1949年5月4日，上海解放了。

这天清晨，走出家门去学校的时候，陈子元看见了满街的军装，看见了夜宿街头后正在打扫路面的解放军。学校暂时停课了，他加入师生们迎接解放的活动行列，举着小旗走上了街头。一代人的新生活，整个国家的新生活，就要开始了。

随之而来的，每个人的新生活也即将开始。这是什么样的新生活呢？对陈子元来说，两点印象记忆难忘。

一是1949年9月，在新中国宣告成立前夕，陈子元升任大夏大学化学系讲师，正式走上讲坛，开始讲授"分析化学"、"无机制备"、"工业分析"等课程。从此，他的教学生涯有了崭新平台。

二是两年之后的1951年10月，在全国高等学校院系大调整前夕，大夏大学与光华大学等高校合并，组建了新中国成立后第一所师范大学——上海华东师范大学。从此，自己的母校也有了全新追求。

50年代的高等学校院系大调整，许多高校的学科和人才均有进有出，几乎所有大学之间都因此有了千丝万缕的联系。许多人的命运也为之而改变，包括陈子元在内。

在华东师大成立前，沪上高校几乎都有自己的教育系，国家成立该校的理由是"缺乏为了培养中学师资的高等院校"。新中国中学教师的缺口至少100万人，小学教师的缺口至少50万人。华东师大教育系就是整合大夏大学、光华大学、复旦大学教育学科的力量成立起来的。1952年，圣约翰大学、沪江大学、大同大学、震旦大学四校教育系又并入华东师大，

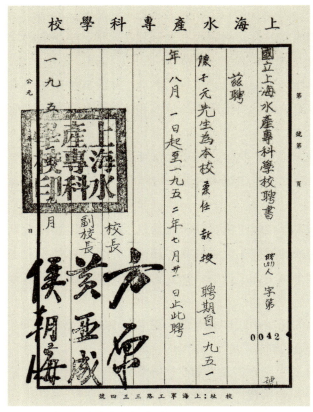

图3-9 任国立上海水产专科学校兼职教授一年（1951年）

从而完成了沪上高校教育学科的最大集中。与此同时，华东师大理科各系力量也不断加强。而调出的理科力量则主要在化学系，该系有多位专长应用研究的教师，如邵家麟、陈子元等人，先后被调往华东化工学院（现华东理工大学）、苏南蚕丝专科学校等学校。

1951年8月，在华东师大组建前夕，陈子元被国立上海水产专科学校聘为兼任教授，为期一年（1951年8月1日至1952年7月30日）。这一兼聘，是当时"思想改造"运动的间接产物，也可以说是教育力量调整前的某种紊乱与调适。上海水产专科学校这一兼职教授职位，之前是由大夏大学化学系主任陈景琪先生就任的。新中国成立前，学校教材都是国外教材，讲课全部采用英文。新中国成立后一律改用中文，结果陈景琪先生"许多化学学名用中文讲不熟练"。讲英语就说他崇洋媚外，要思想改造。于是，陈子元被他推荐替任兼职教授工作。

这所学校，最早的名称是国立吴淞水产专科学校，陈子元前往任兼职教授的时候，叫作国立上海水产专科学校。后来又改为上海水产学院、上海水产大学，就是现在的上海海洋大学。

华东师大成立不久，正值全国范围内的土地改革运动如火如荼地展开，学校要抽调一部分师生参加。学校公布的名单里没有陈子元，因为留校学生教学需要，学校让他留校上课。一部分教师抽走了，留下的自然要多担当一些教学任务，那一个学期，他每天的课程都被安排得满满当当。

在苏南蚕丝专科学校

1952 年的夏天，就在学校放暑假前，华东师范大学化学系系主任夏炎教授把陈子元找了去，在问了问教学方面的情况后挑明了话题：有个苏南蚕丝专科学校，归华东高教局管辖，现在师资力量单薄，想从华东师大调一些教师去，学校要求系里去一个人。条件是，必须是教授或副教授。系里起先考虑的是汪教授，只是家里、本人都有些具体困难，提出来能不能换个人去。既然是支援，总得给他们一个好的、强的。说陈子元年轻，专业又好，虽然目前还是个讲师，但按水平和工作能力，早已经够格了，可以以副教授的身份过去。问陈子元怎么样看？

夏炎主任的一番话，有工作精神的传达，也有真切情感的交流，陈子元知道系里的决定和师长的考虑，应该是慎重的，周全的。

对于苏南蚕丝专科学校，陈子元之前没有听说过。而对于系里的安排，他首先看重的不是提升副教授的机会，从能力上讲自己已经做过上海水产专科学校的兼职教授了，而且年纪还轻。在他的潜意识里，主要有两点：一是没有特殊原因，首先要尊重组织上的安排；二是如果有机会，他也想给自己的教学打开另一扇门窗。

他一向喜欢搞新东西，像父亲一样，有很强的好奇心。从这个角度说来，这次变动的机会是让他动心的。但是现在不是原先年轻的时候，他需要考虑家里有妻有小的实际。此时，他已结婚五六年，家里已经有了三个孩子，妻子李秀珍新中国成立后又复学，在上海第二医学院（现上海第二医科大学）继续未竟的学业。孩子们很小，妻子学习很忙，家里的困难显而易见。陈子元心里，本想这样回答：好吧，我先回去和家里人商量一下。可是，对着夏炎主任说出来的，却莫名其妙地只有前半句的两个字："好吧。"

他自己也不清楚，当时怎么会这么快就作出了肯定的答复。如果按照所想的那样把话说全，结果有两个：去，或是不去。可是不知怎么，后半句没有说出来，"好吧"就只有一个答应去的意思了。回家后，陈子元把这事告诉了妻子，征求她的意见，但没有说起他自己当时的回答。李秀珍没有马上表态。有意思的是，她最后说的一句话，也只是两个字：去吧。

交谈中她问起学校在哪里，陈子元说：在浒墅关，苏州的浒墅关。李秀珍从未听说过这个地方，陈子元加上一个"苏州的"定语她才有了点概念。对于丈夫要去苏州，要说家里没有难处，那是假话，但是她了解丈夫，从说起这次调派的语气和情绪就能感觉到他心里的想法了。事后，李秀珍问过陈子元，回家来之前，你是不是已经答应系里了？陈子元说，我只说好吧，还没有决定。她笑了，你都说了好吧，怎么是还没有决定呢。

那个岁月里的青年知识分子，都有一种听从党的召唤、服从组织安排、为新中国的建设贡献力量的基本觉悟，陈子元如此，李秀珍也如此。随着妻子一句"去吧"，陈子元离开华东师大去苏南的事情，就这样波澜不惊地决定下来了。

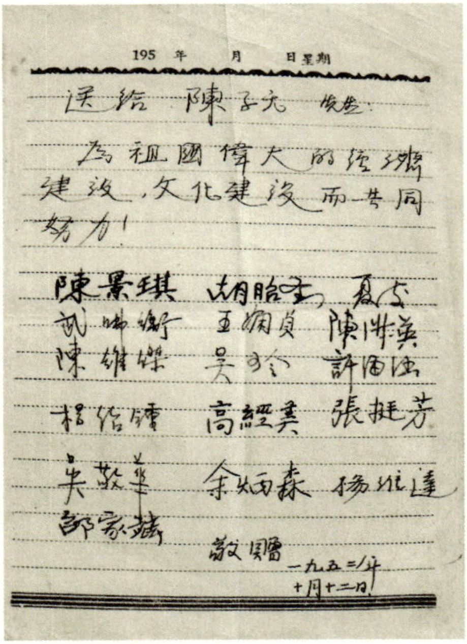

这个决定小小地"修改"了一笔他的工作履历：1952年9月，华东高教局下达调令，调陈子元由华东师大支援苏州苏南蚕丝专科学校，任该校化学教研组组长、副教授。

"当时做副教授没有四五十岁不行，六十岁的副教授也很多的，我比较年轻。1952年我升副教授的时候，只有29岁。这是组织对我的信任，我自己也很珍惜。"

图3-10 华东师大化学系众多老师为陈子元赴苏南任教赠言、签名

苏州蚕丝专科学校是一所历史悠久的老高校，最早可追溯到 1897 年的浙江蚕学馆。其前身是史量才先生 1903 年创办的私立上海女子蚕业学堂。1911 年改为公立，迁址于姑苏城外阳山之麓、运河之滨的吴县浒墅关镇，定名为江苏省立女子蚕业学校（简称"女蚕校"）。1923 年，在女蚕校校内成立蚕种试验部及蚕业推广部（后改为蚕丝推广部）；次年该推广部脱离女蚕校，改名为高级蚕丝科职业学校，设高级养蚕科（中专），1930 年增设高级制丝科，1935 年兼办制丝专修科（大专）；1936 年该专修科改称江苏省立制丝专科学校；1937 年增设养蚕专科，又改名江苏省立蚕丝专科学校。至此，同一校址上发展出了省立女子蚕业学校和省立蚕丝专科学校两所学校。1937 年抗战爆发后，女蚕校暂时停办，次年复办并在沪开办分校。1939 年两校校本部迁四川乐山。1941 年，女蚕校沪分校停办。1945 年抗战胜利后，偏居四川的两校迁回浒墅关原址复校。新中国成立后，两校合并，称苏南蚕丝专科学校，附设中专部。1953 年，经过院系调整，大专部分并入浙江农学院蚕桑系，仅留中专。几经更迭后于 1958 年恢复大专，与中专并存，改名为苏州蚕桑专科学校。1962 年中专停办，仅办大专。1995 年，苏州蚕桑专科学校并入苏州大学。

从 1918 年起，郑辟疆开始担任"女蚕校"校长，其夫人为著名社会学家费孝通先生之姐费达生女士。费达生早年于"女蚕校"毕业后赴日本学习缫丝，回国后进校工作，指导、帮助当地农民用新法养蚕缫丝，后与郑辟疆校长结为夫妇。她后来也曾担任过"女蚕校"校长，且在其任上开办丝织专业，开始招收男生。

到了浒墅关，了解到苏南蚕专历史，陈子元不禁肃然起敬。学校分为蚕科和丝科两大类，培养过许多人才，在业界是相当有知名度的。在这所学校的大专部，陈子元开始以副教授的身份讲授有机化学课程，同时担任化学教研组组长。教学之余，他还走入生产实践，研制成功深受蚕农欢迎的蚕具、蚕卵消毒液速测法，帮助蚕农解决了实际问题。课堂内外、课上课下，他兢兢业业，工作做得踏实而富有开拓性。美中不足的是，时间太过短暂了，还不足一年就发生了蚕专并校的变故。

浒墅关虽地处苏州郊区，却是一座历史名镇。传说康熙皇帝当年念了白字，说成了"许墅关"，所以镇名虽写作"浒墅关"，但这里的人们说到它时都传承皇口，叫作"许墅关"。陈子元也是这样，每次说到都是"许墅关"，但心里清楚它是"浒墅关"。

浒墅关镇上的苏南蚕专校园不算大，视野却很开阔，一眼望去满目阡陌桑林。陈子元来到蚕专后，每天早起，都会推开宿舍窗户伫立远望，感受一番乡间的勃勃生机。学校周边的环境，常使他想起四维化学农场，那里农作物的开花结果至今留有亲近感，只是农场的面积不大，没有这里浩荡，而且农场从事的是无土栽培，没有田野的气息。

蚕专学生大多来自农村，淳朴好学，风气很好，对陈子元这样一位来自大上海的教授级教师，尤其仰慕和敬重。也不知是学生们听课特别认真感染了自己，还是此地不同于别处，他对这里的一切也都很有好感，有一种特别的吸引力，教学上也是顺顺当当。

他往往是星期一早上从上海赶过来，星期六晚上返回，一周五六天都住在学校里。学生们很用功，非常刻苦。这让陈子元很受感动，晚上夜自修时就主动去辅导，师生关系和感情处得很好。

学校在郊外，除了上课，闲暇时没有太多的地方可以走动。陈子元是个闲不住的人，就开始学习起与自己的专业毫不相干的种桑、养蚕、缫丝等方面的知识。蚕专教学注重实践，常去附近村庄走访农户、考察蚕房、了解养蚕，到丝厂参观缫丝。只要有时间，陈子元都会和学生们一起去，一方面接触农村实际生活，一方面深化蚕桑知识学习。教学之余，他边学边干，做了一件当地蚕农非常欢迎的事。

养蚕是一门学问，江浙一带的蚕农在长期的实践中摸索出了一套套行之有效的方法，譬如温度控制、添桑时间、蚕房消毒等，但是一些涉及科学的细节，蚕农们就不那么容易掌握了。拿蚕房消毒来说，他们使用的消毒剂是自配的漂白粉溶液，但成分比例常常配不准，低了，不能有效杀灭蚕房病毒；高了，则会殃及蚕苗。

陈子元把蚕农们的需求记在了心里，在学校实验室反复配制漂白粉溶液，想寻找出测定有效氯的简易方法。对他来说，这不是一项复杂的工作，自己不仅有化学实验的基本功，而且在四维农场也已经有过了配制无土栽培营养液和测定有效成分的实际操作。然而，这一回他要做的不只是配制出最合适的消毒液，更要紧的是能设计出一种快速测试方法，而且要简单，易于掌握，适合蚕农学习、应用。

"我研究的结果，就是用试纸根据颜色变化进行配比。"陈子元回忆说，经过努力简易测试法搞成了，简便实用，精准管用，深受蚕农们的欢迎。他在《院士思维》中这样写道：

> 我研制出简易的漂白粉溶液中有效氯的测定法，在农村得到广泛应用，受到广大蚕农的欢迎。打这以后，我逐渐形成了从实际工作和生产实践中发现问题，从理论上进行思考，寻求解决途径的科学思维方法。我不满足于已有的知识和现成的结论，喜欢追根问底、反复推敲，形成自己的见解，争取闯出一条新路。①

在浒墅关的这一年，他的感情也发生了变化："对我来说那一年收获是很大的。我过去是在城市里长大的，一直在上海，家庭也比较好，不知道农村是什么样子的。一到农村，看到这里的情况和勤劳朴实的农民，初步建立了一个基础，对农村、农民、农业的认识和感情就从这里开始了。"

选择浙江农学院

因全国高等学校院系调整需要，1953 年 8 月，华东高教局决定苏南蚕丝专科学校并入浙江农学院（浙江农业大学前身，现浙江大学）。9 月，而立之年的陈子元在苏南蚕丝专科学校任教 11 个月后转到浙江农学院化学教研组任主任、副教授。

这一次的院系调整，陈子元当时可以回上海，到华东纺织工学院（现

---

① 陈子元：选准方向，步步深入。见：《院士思维》（卷一）。合肥：安徽教育出版社，1998 年，第 339 页。

东华大学）任教，也可以随师生前往浙江，"两头都可以走"。他原本也想选择华东纺织工学院，这样可以和家人、父母在一起，但最终还是随蚕专师生到了浙江。为何舍近求远，最终选择浙江农学院呢？主要是三个方面的原因促成的。

第一，苏南蚕专大部分师生到了浙江农学院，师生们都希望陈子元到浙江。尽管在蚕专多说也就一年时间，但他已经建立起来了深厚的感情，"对农业的感情，同事、师生之间的感情，大家都来了"影响并最终决定了他的选择。

第二，"浙江大学的地位也要考虑的"，浙江农学院刚从浙江大学分出来，其蚕科实力全国第一，比一般大学要好，"自己可以在这个学校里面有发展"。当时，浙江大学的教授"工科以外就数农科教授最多，而农科里面又是蚕桑系教授最多"。相比之下，陈子元内心更向往、更想去这样的学校。

第三，当时浙江农学院化学教研组主任顾学民，因爱人关系调往厦门大学工作，化学教研组出现了人员空缺。尽管陈子元可以选择去上海的华东纺织工学院，但是客观上，有着化学专长的他最适合去补浙江农学院化学口子上的这个"缺"。这是临时"冒"出来的一个实际情况，也是组织上的意思。他的初衷遂发生了变化。

陈子元讲授的有机化学和分析化学是公共课目，因此去哪个学校理论上是一样的。选择纺织工学院的想法只为一点，那就是可以返回上海。毕竟家庭、父母都在那里，自己也一直在那儿生活，既然可以自主选择，他当然是希望回到上海。最初，他也这样告诉妻子李秀珍的。半途变卦，又要转而去浙江了，他心里非常不安，怕家人想不通。对自己此后又不能顾及到家庭，更是满怀内疚。结果，李秀珍倒是想得比他还要明白：你不用考虑家里，我就当你还在苏南就是了。

当时的浙江农学院，是早一年刚从浙江大学农学院分建而成的高校。

浙江大学原本是一所综合性大学，历史上早就设有农业学科。1910年，浙江农业教员养成所成立，标志着近代浙江农业科技教育的发端。1912年，养成所改名为浙江中等农业学堂，之后又依次更名为浙江省立甲种农业学校、浙江公立农业专门学校。1927 年浙江公立农业专门学校改组为国立第三中山大学劳农学院，后改称国立浙江大学农学院。自此开始，农业学科就在浙江大学的大家庭中不断发展。1952 年在全国性大学院系调整中，农学院从浙江大学分出，单独成立了浙江农学院。1960 年重组为浙江农业大学。1998 年"四校合并"，农业学科重新汇聚到新的浙江大学的旗帜下。

从 1953 年调入浙江工作开始，陈子元就与浙江农学院、浙江农业大学乃至浙江大学结下了一生的情缘：他的核农学术研究从这里起航，他的教育管理实践在这里扎根。

2007 年浙江大学出版社出版的由邹先定主编、陈子元院士题写书名的《浙江大学农业与生物技术学院院史（1910—2006）》，记载了当时学校变动和陈子元加盟的一段历史背景：

> 1951 年 11 月，根据教育部在北京召开的全国工学院院长会议精神，全国高等学校进行了院系调整，浙江大学改办成多科性工业大学，原所属其他学院分别独立建院、合并或停办。1952 年 7 月，教育部在北京召开全国农学院院长会议，讨论了高等农业教育的方针和任务，提出了农林院校的调整方案和专业设置草案。9 月 18 日，院系调整方案下达，浙江大学农学院单独成立为浙江农学院，隶属华东局文教部领导，系科设置调整为：将森林系并入在哈尔滨的东北农学院，畜牧兽医系、农业化学系并入南京农学院，农业经济系并入北京农业大学，四系学生及部分教师随之调往有关学校或机构；安徽大学、金陵大学、南京大学三校园艺系师生并入浙江农学院。10 月 1 日，浙江农学院组建就绪正式宣布成立。学校下设农学系（农学专业和果树蔬菜专业）、蚕桑系（蚕桑专业）、植物保护系（植物保护专业）3 个学系 4 个专业，并成立学制两年的茶叶专修科。随着当年年底华东局文教部、浙江省委组织部对院长、书记的任命和 1953 年 3 月院务委员会成立，院系调整工作基本结束，在校学生 379 人。此后，1953 年 8 月，江苏浒墅关苏南蚕丝专科学校养蚕、制丝科师生并入浙江农学院，在蚕桑系暂设制丝、养蚕两个专修科；福建农学院植物病虫害系师生并

入浙江农学院植物保护系。1954年华中农学院茶叶专修科部分教师并入浙江农学院茶叶专修科。根据浙江省农业发展需要，1955年初浙江农学院恢复了园艺系，设果树蔬菜专业，并将茶叶专修科改为学制四年的茶叶系（茶叶专业）。1956年秋恢复土壤农业化学系，设土壤农业化学专业，并在农学系增设农业生产机械化专业，当年还与农业部合作成立种子研究室。从1957年开始浙江农学院接受浙江省政府和国家农业部双重领导，在校学生1240人，在职员工669人，其中教师194人。①

院史记载显示，当时，苏南蚕专学生进入了学院蚕桑系暂设的制丝专修科和养蚕专修科。对于陈子元，由于最适宜他去的农业化学系并入了南京农学院，他便进入农学系任副教授，同时担任化学教研组主任。他回忆道："我来的时候，比我岁数大的、岁数小的，都是老浙大的人。学校了解到我的身份和过去一些教学情况，就让我做主任。化学教研组七八个人开课，重点是有机化学，其他化学类课程都要开，我是主任，别人开不出来的课你得开出来。好在我在大夏大学锻炼过了，教的课目比较多，开课不成问题。"

进校以后，陈子元先后承担了普通化学、有机化学和分析化学3门课的教学工作。与此同时，全院上下掀起了学习苏联农业科学理论

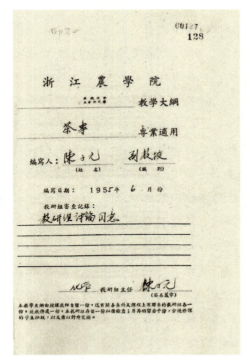

图3–11　所编无机及分析化学教材（1955年）

① 邹先定：《浙江大学农业与生物技术学院院史（1910—2006）》。杭州：浙江大学出版社，2007年，第40–41页。

的热潮。他组织教研组教师协作进行教学改革，学习苏联经验，利用业余时间设计制造一些模型、图表、示范实验用具等来提高教学效果。由于在教材、教具创新建设中不断取得的显著成绩，获得1955年的浙江省先进生产（工作）者称号。同期获奖的，还有浙江大学研究双水内冷的郑光华教授，以及浙江农学院的祝汝佐教授等。

图 3-12　所获 1955 年省先进生产（工作）者奖状

图 3-13　陈子元（站立者）获 1955 年省先进生产（工作）者后回校座谈

执教过程中，他努力学习农业专业知识，拓宽知识面，把化学和农业科学结合起来。他给有 200 多名学生的大班上课，每周 8 个学时，另加两个学时的实验课。由于备课认真，学识渊博，授课深受学生欢迎。时逢全国首次推行高校班主任试点工作，他还担任了农学 55（3）班的班主任。他"请"入学成绩优秀的福建籍学生薛紫华担任班长，薛紫华后来留校任教，对这段"班长"经历铭记难忘。她在 2013 年 9 月 28 日出版的《环球老来乐》增刊上专门写了一篇回忆文章《我大学的班主任陈子元院士》：

光阴似箭，58 年前我第一次离开远方的家——福州，跨进浙江农学院的校门，开始了人生新的旅程。最令我难忘的是第一次见到陈子元老师，我们农学55-3班的班主任。他中等偏高的身材，穿戴整齐，风度翩翩，显得十分帅气。说话时经常露出亲切随和的微笑，他是那样的平易近人。他找我谈话是说服我担任班长，说是学校按入学考试的成绩定的，我虽然心里有些为难，但还是服从了。我在班上实际年龄偏小，虽上了大学我还像中学生那样贪玩，不用功，也不太懂事，自己感到没有当好班长，但在班主任陈老师的鼓励和指导下，也有了这样一段班长经历。以致在多年后仍有同学叫我"老班长"，我深有愧意。

陈子元班主任教我们化学课，同时他也是校化学教研室主任。他的智慧与谦和给我留下深刻的印象，课堂上他总是谆谆教导我们如何适应大学生活，提高学业成绩。但不怎么用功的我在化学课程笔试时成绩总是不佳，口试时在陈老师循循善诱的启发开导下，成绩还是得到不错的弥补。他教学科研非常忙碌，但始终不忘班主任工作，有时还利用节假日带上夫人小孩，带领我们班一起游西湖，和我们沟通谈心，引导我们用心灵去感受大自然的美。在游玩中，他的言行举止不知不觉地感染着学生们。至今我还珍藏着1956年春在玉皇山上陈老师全家和全班同学合影的黑白照片，以及在我校和平岛合影的黑白照片。陈老师思路清晰、思维敏捷，在他的带领下，新事物总会出现。记得在我三年级时，他在我校创建全国最早的同位素实验室之一，后扩建改称为核农所，尚属全国领先。……毕业后，我有幸和陈老师在同一校园里，能常常遇见他，他已是我们的校长，但仍然无微不至地关心、牵挂着我们班上的同学，给同学们聚会出谋划策，每次聚会他都会在百忙中挤出时间参加，他是大家心目中深为爱戴和尊敬的班主任。[①]

教学之外，陈子元积极与人联合开展富有实用价值的研究。进校当年，他就与蚕桑系教师合作制备耐酸蚕卵纸，用柿漆代替日本进口耐酸纸获得成功。次年，他又从物理化学角度以荧光灯照射法，辅助蚕桑系教授

---

① 薛紫华：我大学的班主任陈子元院士。杭州：《环球老来乐》，2013年9月28日，第50—51页。

解决蚕茧品质高效便捷鉴定难题，项目获得了奖励。

由于教学、科研工作已在浙江农学院稳定下来，1954 年，陈子元的妻子李秀珍从上海调到杭州工作，一家人从此定居杭州，父母则继续留在上海生活。

时间很快到了 1956 年，中国现代科学技术发展史上具有里程碑意义的年份。是年 1 月 14 日至 20 日，党中央在北京召开全国知识分子问题会议，中共中央书记处书记周恩来代表党中央作了《关于知识分子问题的报告》，向全党和全国人民发出"向现代科学进军"的号召。随后，国家制定出第一个发展科学技术的长远规划《1956 年至 1967 年科学技术发展远景规划》①，中国科技事业进入了一个有计划的蓬勃发展新阶段。

在知识分子问题会议上，周恩来指出："在社会主义时代，比以前任何时代都更加需要充分地提高生产技术，更加需要充分地发展科学和利用科学知识。""科学是关系我们的国防、经济

图 3-14　柿漆在养蚕上的用途论文封面

图 3-15　陈子元一家五口人在杭州（1956 年 10 月摄）

----

① 简称"12 年规划"或"十二年规划"。

和文化各方面的有决定性的因素。"① 他说："社会主义建设，除了必须依靠工人阶级和广大农民的积极劳动以外，还必须依靠知识分子的积极劳动，也就是说，必须依靠体力劳动和脑力劳动的密切合作，依靠工人、农民、知识分子的兄弟联盟。"我国知识分子的绝大部分"已经成为国家工作人员，已经为社会主义服务，已经是工人阶级的一部分"。向科学进军，需要尊重人才，怎样做呢？他指出：第一，应该改善对于他们的使用和安排；第二，应该给他们以应有的信任和支持；第三，应该给他们以必要的工作条件和适当的待遇。

在科技和人才更加受到重视的背景下，1956 年 9 月，浙江农学院恢复成立土壤农业化学系，学校任命陈子元担任土壤农业化学系副主任，同时化学教研组并入该系，陈子元兼任化学教研组主任，继续组织并参与讲授生物化学等课程。同年，浙江农学院开始招收研究生，胡萃、俞惠时等 3 名本校植保、蚕桑专业的本科毕业的教师，师从陈子元进修生物化学课程。

这一时期，陈子元的思想认识、政治觉悟也得到了进一步的提高，并实现了重要突破。

入　党

陈子元的入党意愿由来已久，很早就向党组织提出了加入中国共产党的申请。1956 年 2 月 9 日，他的愿望成真，浙江农学院教师党支部大会一致表决通过，经过上级党委批准，身为农学系副教授的陈子元因"经过党的长期培养教育，在各项社会改革运动及经常的教学工作中一贯积极努力"而光荣地加入了中国共产党。

"新中国成立前我参加过学生运动，新中国成立后说是小资产阶级，我就觉得没希望了，当时就做党外布尔什维克。入党申请老早打了，一直

---

① 《周恩来选集》下卷。人民出版社 1997 年，第 159、181 页。

到 1956 年 1 月份党中央开知识分子工作会议，周总理说了一句话——知识分子也是工人阶级的一部分，所以解禁了，我 2 月 9 日就入了党。"他回忆道。

在浙江农学院，陈子元是第一个入党的高级知识分子。学校认为这既是他个人的光荣，也体现了党对知识分子的政策，因此党支部大会特别邀请 11 位教授、副教授参加会议，为他举行了隆重的入党仪式。当年 4 月 28 日出刊、总第 39 期的《浙江农学院》院报以"陈子元副教授入党"为题，在头版头条刊登了这一消息：

> 我院教师党支部于 2 月 9 日召开了支部大会，讨论和审查农学系副教授陈子元和蚕桑系助教冯家新的申请入党问题。支部大会还邀请了祝汝佐、陈鸿逵、陈士怡、林汝瑶等 11 位教授、副教授参加会议。由于该两同志在新中国成立后经过党的长期培养教育，在各项社会改革运动及经常的教学工作中一贯积极努力，拥护党的各项政策措施，政治觉悟有了很大的提高，支部大会一致通过他们入党。现在已得到上级党委的批准。到会的党外人士不但为他们两人提出了极其宝贵的意见，而且有的还表示了自己争取入党的决心。
>
> 支部大会最后由党委书记金孟加同志讲话。他指出了知识分子在国家社会主义建设事业中的历史作用及他们几年来思想状况的根本变化后，指示党支部应克服右倾保守思想，在他们当中积极慎重地发展党员。他也勉励到会的教师要有追求真理的勇气，以自己献身于伟大的社会主义事业的决心，克服一切个人主义的想法，主动地向党靠拢，争取党的审查，积极地争取早日加入到党内来，为伟大的共产主义事业不屈不挠地奋斗到底。

这一期院报第二版，还以"共产党是先进科学家的光荣归宿"为通栏大标题开辟了"党的生活"专版，并同步刊登了陈子元撰写的文章《为共产主义事业贡献出我的一切力量》。在这篇文章里，时年 33 岁的陈子元全面客观地回顾了自己多年以来，寻求加入中国共产党的心路历程，充分表达了做好教学育人、科学研究工作争当一名"先进科学家"的人生抱负与志向。所说所言出于内心，发自肺腑，今日读来，老一辈科学家坦诚、真挚的情怀跃然纸上，颇为感人。摘录部分内容如下：

图 3-16　入党后发表在院报上的思想认识文章（1956 年 4 月）

在伟大的社会主义革命和社会主义建设高潮的日子里，我光荣地被批准参加了伟大的中国共产党，成为一个工人阶级先锋战士，实现了我一生最崇高的愿望。这完全是党对我长期教导和培养的结果，也是同志们经常对我督促和帮助的结果。

新中国成立之前，我一直在上海大夏大学教书，那时候我是一个"埋头业务，自鸣清高"的教育工作者。工作的目的也只是为了个人的名利和家庭的生活。虽然对当时国民党反动统治的残暴，对旧社会的黑暗感到非常愤恨和不平，对学生的罢课内心也很支持，但是我对共产党、对革命事业却缺乏认识，所以当时我没有投入革命斗争的洪流中去，而是一个旁观者。

新中国成立以后，我看到了共产党的正确领导，看到了不断出现的新气象和奇迹：旧社会遗留下来的经济创伤迅速恢复，物价稳定，人民生活安定，国家正在实现第一个五年计划；祖国的国际地位迅速提高。同时我参加了几次社会改革运动，对党逐步有了认识……从此我内心滋长了争取参加共产党的愿望。但又想到自己出身于资产阶级的家庭，社会关系复杂，又缺乏实际革命斗争的锻炼和考验，在思想上、作风上还存在着缺点，对照共产党员标准八项条件还差得太多了，因此不敢向党提出申请。

……后来我在浙江农学院参加了党在过渡时期总路线的学习，更进一步认识到共产党的正确、伟大。同时看到了国家的美好远景，也领会到教育工作在国家建设中的作用，明确了自己责任的重大。从这时候起，我就考虑如何把教学工作做好，进一步提高教学质量。于是我学习了苏联采用形象化的教育来辅助课本教育不足的先进经验，利用业余时间来制造一些模型、图表、示范实验用具等。

事实一次又一次地教育和启发了我，每一次都引起我申请入党的愿望。但一想到自己提出来后批不准，别人知道了会说我自不量力，面子上不好看，我就想还是做个党外布尔什维克吧，亦可以在党的领导下为社会主义建设服务。这种思想，蕴藏了好几年。在这些日子里，我也找了些"怎样做一个共产党员"、"论共产党员的修养"、"论党"等书籍在家里看看，有时也侧面地去打听一下申请入党的手续和过程，但是始终没有勇气向党提出来。

一直到1954年下半年，在和党委一个同志的谈话中，我吐露了蕴藏在内心数年的愿望和顾虑。当时他一方面指出我要求进步的正确一面，同时也指出了我对争取入党的不正确看法和顾虑……我终于在1954年年底提出了入党申请……

现在，我的伟大的理想终于在党的培养和教育下实现了，可是我还只是具备一名候补党员的起码条件，离开党和人民对党员的要求还差得很远。但是我有信心在党的领导和培养、同志们的督促和帮助下，努力地以党员标准八项条件来锻炼提高，使自己成为一个优秀的共产党员……我庄严地向党提出保证：我愿为人类最理想、最美好的共产主义事业贡献出一切力量。[①]

就在入党的这一年，由于身兼新成立的土壤农业化学系副主任和化学

---

① 陈子元：为共产主义事业贡献出我的一切力量。见：1956 年 4 月 28 日出刊的《浙江农学院》院报。

教研组组长双职，陈子元不仅要上课，还要从事行政管理事务，工作比以往更加繁忙了。尽管如此，他还是经常抽出时间去旁听系里另外一些专业课，以扩大自己的知识面。他始终牢记许下的诺言，从小事做起，从每时每刻开始。

加入中国共产党，对于陈子元日后的人生发展意义重大，这不仅实现了他个人思想政治进步的飞跃，而且对其学术生涯的奠定铸就有重要作用。此后开展的核农学研究，在当时环境下是严格保密的，只有"又红又专"的最合适的人选，才有机会进入和胜任这个尖端、重要的研究领域。

尤其难得的是，在历史的时光岁月中，陈子元兑现了他年青时代所承诺的每一点："经常地开展自我批评"，他内省外修，一生儒雅；"团结周围同志发挥集体力量"，他主持组织全国性科研大协作，攻关成果上升为农药安全使用国家标准；"改进教学，提高质量，培养新生力量"，他既教书又治校；"克服一切困难，加强科学研究工作，在自己一定的科学领域内，迅速地追赶上世界科学技术水平"，他开拓了中国核农学，并当选国际原子能机构科学咨询（顾问）委员会委员，登上了世界学术大舞台。

到农村办学

随着党员身份的转变，陈子元的教学思维和工作视野比原来更为开阔了。他跳出了原先的"单纯业务观点"，"看到了国家的美好远景，也领会到教育工作在国家建设中的作用，明确了自己责任的重大"。他更为深切地认识、预感到了科学研究工作的重要性，打算"加强科学研究工作"，把它作为自己重要的努力方向之一。

作为党员代表，1957年3月24日，陈子元参加了在浙江省人民大会堂召开的报告会，听取周恩来总理作"国内外形势及正确处理人民内部矛盾问题"的报告。4月，他兼任浙江农学院土壤农业化学系党支部副书记，

图 3-17　农学院化学教研组全体教师（1956 年 4 月摄，陈子元居后排右一）

图 3-18　陈子元在农学院给学生上有机化学课（1956 年 10 月摄）

开始参与系里的部分党务工作。

1956 年 4 月下旬，毛泽东同志明确提出"百花齐放、百家争鸣"的"双百"方针为发展科学文化工作的基本方针，科学家们欢欣鼓舞。这种解放思想的宽松环境，持续到次年上半年发生了彻底变化。1957 年 4 月 27 日，党中央发布关于"整风运动"的指示，要求全党检查"脱离群众、脱离实际的官僚主义、宗派主义和主观主义"，鼓励广大知识分子建言献策，对中国共产党的各级领导工作提意见。党外人士畅所欲言后，所提意见越来越尖锐。6 月 8 日，党中央发出《关于组织力量准备反击右派分子进攻的指示》，人民日报社配发了社论《这是为什么？》，于是整风结束，"反右"开始。接下来的一两年间，国民经济建设乃至党的教育方针等也都出现了一些前所未有的新情况。

从 1953 年开始我国进入第一个"五年计划"经济建设时期，到 1957 年年底完成，社会主义工业化的初步基础得以建立。但是，整个"一五"时期，农业生产跟不上工业生产的步伐，某种程度上忽视了农业的发展。毛泽东在《论十大关系》中指出，尽管我国在"一五"建设中，在工农业关系上"没有犯原则性的错误"，但是，由于急于要把中国由一个农业国变为工业国，由于受苏联经济发展模式的影响，"一五"建设中也还存在着对农业的重视和安排不够的缺点。此时的整个国民经济建设，正处在一个承上启下的历史关口，国民经济重要比例关系面临着调整，教育、科技、人才等工作的思路也随之发生了变化。毛泽东在 1957 年指出："我们的教育方针，应该使受教育者，在德育、智育、体育几方面都得到发展，成为有社会主义觉悟的，有文化的劳动者"。1958 年，他又指出："教育必须为无产阶级政治服务，教育必须同生产劳动相结合"。1958 年，在"大跃进"开始之年，全国教育战线开展了一场以"勤工俭学"、"教育与生产劳动相结合"为中心的教育革命。浙江农学院的师生也在其列，首批下乡师生 220 人于 1958 年 1 月分赴黄岩、天台、绍兴等地参加生产劳动。

1958 年 8 月 17 日党中央在北戴河召开政治局扩大会议，毛泽东在讲话中谈到"苏联农业大学的毕业生不愿下乡"问题时说：农业大学办在城里不是见鬼吗？农业大学要统统搬到乡下去①。毛泽东讲话之后，中央下发《关于改进农、林大专院校教育的指示》，全国农林院校下放农村劳动锻炼两年，所有大、中城市举办的农、林大专院校，一律迁往农村或林区举办。

9月22日，浙江农学院根据中央和省委指示，决定从下半年起停学两年，除一年级学生和一部分教职工在校参加劳动外，其余人员全部下放参加农业生产劳动，按照农村体制编制成若干大队，分赴余姚、金华、瑞安、黄岩、嘉兴、衢县等六县区。陈子元担任金华大队队长，于10月初"下乡办学"。金华大队部安在一个叫湖头的乡村，下面还有几个中队，分别设在金华地区的其他乡镇。

陈子元是个随遇而安的人，他并不在乎生活环境，无论人在哪儿，都能快速进入工作状态，适应性很强。他和一名高年级学生一起，住在一个农村干部家里。他们一个好学，一个愿教，不在课堂，一样传授知识。这名学生后来成了浙江衢县的科协主席。

按照浙江农学院"打给"浙江省委的《关于师生下乡参加农业生产劳动的请示报告》，下乡办学为期两年，打算每一年里，"每人需有200天左右的时间参加农业生产劳动"，"60天左右的时间参加科学研究或其他技术改革的活动"，"70至100天时间搞教学工作（包括政治课程）"。但由于师生有劳动、科学研究和教学的任务，"不可能参加公社和民兵的全部活动，所以必须向公社社员和民兵组织说清楚，并作适当安排"。

刚下乡时师生都以为学校就这么搬到了农村，要无限期地在乡镇待下去了，但实际上，这种状况前后只持续了一年时间。第二年5月，首批下放到黄岩的师生返校。此后，各地下放劳动的师生也陆续返校。

教育是一门科学，办学需要很多条件，农村并不具备。而且更为重要的是，要让种田人掌握科学，而不是让学校成为生产队。因当时各种因素影响，中央指示、决定下发后，高校和高校所在的地方政府并没有真正按指示去落实。除了山东农业大学迁址到泰安之外，全国其他的农业院校没

① 人民出版社1967年12月出版的《毛主席论教育革命》一书中记为："农业大学办在城里不是见鬼吗？农业大学要统统搬到农村去。"

有一所搬到农村去办，也没有一所林业院校搬到林区去办。农林类高校同其他类高校一样，仅仅是下放劳动锻炼而已。

陈子元不是本校第一批下放的，也不是最后一批返回的。1958 年 10 月下去，不到 11 月他就离乡返校了，因为接到了一项十分紧急、万分重要的"新任务"。新任务以"浙江省委令"的形式下达，紧急到人必须马上返回学校，重要到具体内容必须人回来之后才能告诉。

这项新任务，陈子元压根儿不曾想到。回想起来，却是他科学研究工作的一个崭新的起点——时年 35 岁的他将初次接触、进入原子能和平利用研究领域，从化学研究向原子能农业应用研究换步转身，为倡导核农学术风气之先"作序"，为日后大有作为"开篇"。

第四章
衔命核农　白手起家

领　　命

　　紧急"应召"回校的陈子元，走进院长金孟加的办公室。一席谈话，情况和任务明白了，担子也随之压了下来：中国和苏联根据双方协定将于11月份开始在上海等地联合举办苏联和平利用原子能科学技术展览会及专家讲习班，以苏联专家工作组负责人、苏联同位素生产局局长彼·斯·萨维茨基为首的16位专家进行讲学，其中数位是苏联国家科学院院士，规模和级别都相当高。浙江省委要求物色绝对合适的人选参加上海的学习，陈子元是成员之一，并作为浙江农学院学员的带队。

　　随着1945年美国在日本广岛引爆人类第一颗原子弹，核武器已为世界和国人所知。但十多年之后的我国国民经济建设时期，原子能和平利用技术却并不为很多人了解，尽管它已列入国家《1956年至1967年科学技术发展远景规划》，并高居"今后十二年内科学研究重点"12个项目的首位。

　　全国原子能和平利用上海讲习班任务下达之后，浙江省委常委、浙江大学党委书记兼校长周荣鑫高度重视，立即进行了人选研究。最终，浙江省委决定，由本省的四所主要高校浙江大学、杭州大学、浙江农学院和浙江医学院，选拔一批青年教师组队赴沪学习。此后，周荣鑫一直重视原子能和平利用技术在浙江的普及、发展，为浙江在该领域走在前列起到了积极的作用。他于1958年4月至1962年3月担任浙江大学校长，同时负责浙江省的高等教育工作。周荣鑫后来赴北京任职，先后担任过教育部副部长、国务院副秘书长、秘书长、教育部部长等职。

金孟加院长也深知任务的重要和艰巨。他急调陈子元返校，并进一步组织抽调合适人选。和平利用原子能作为一项尖端技术，当时对从事这项研究的参训人员的要求相当高，不仅需要业务能力强，政治上也必须绝对可靠。经过层层选拔，除了化学专业背景的陈子元，另有分别来自化学、数学、农学、植保、畜牧、土化等专业的七人进入本校学员名单，并由陈子元担任学习小组领队。

原子能技术，后来改称原子核技术或者核技术，包括两大类别：一类是核潜艇、核电站等动力核技术；一类是非动力核技术。当时的中国，除核动力利用研究外，其他的核技术都刚刚起步，可以说是百"废"待兴。

20世纪30年代与40年代的核科学技术只是出于军事目的，重在研制和发展核武器。1942年12月，美国在曼哈顿建立了第一座核反应堆，实现了链式核裂变反应，人类大规模应用核能的序幕由此拉开。1945年，美国在日本广岛爆炸了第一颗原子弹，使实验核物理学从科学研究走向工程技术化。

第二次世界大战以后，随着和平时代的到来，用于军事目的的核技术开始向民用转化，民用核技术应用研究与开发得到了逐步加强。1955年8月，联合国在瑞士日内瓦召开了第一次和平利用原子能的国际会议。1957年10月，联合国所属的独立机构、在核能和平利用领域最具有权威性的政府间的国际组织——"国际原子能机构（IAEA）"正式宣告成立。IAEA的成立加速并扩大了原子能的和平利用力度，对世界和平、人类进步与社会繁荣做出了卓越贡献。

20世纪50年代，在苏联，已经"很难找出不利用原子能去解决各种科学和实际问题的知识范畴和国民经济部门"。同时，苏联的科学家"全面地参与了和平利用原子能方面的各种科学技术的国际合作活动"。在履行互助合作协定的过程中，苏联将多种实验性的反应堆、基本粒子加速器（回旋加速器）提供给中国、罗马尼亚、波兰、民主德国等国家。1956年至1957年间，约有600多位外国专家赴苏进行原子能方面的实习或学习，近200位外国学者参加了在苏召开的五次科学会议，450多名苏联学者则参加了在各国举行的15次会议并作了报告。

为了交流经验、展览成绩和指出和平利用原子能的道路，苏联在19个国家举办了和平利用原子能巡回展览会，吸引了450万人参观。该巡回展览会在1956年6月首次来到中国北京展出两个月之后，于1958年11月份再次来到中国上海举办，并同步举办苏联和平利用原子能专家讲习班。

我国政府非常重视这次展览会和专家讲习班。讲习班由国家科学技术委员会与苏联方面联合主办，钱三强担任顾问，从全国各地组织"精兵强将"投入学习。各地计划选派而来的数百名专业人员，从11月开始，纷纷汇聚上海。陈子元的上海之行，就这样"应运而生"了。

对于原子能和平利用，陈子元并没有太多感性的认识，但一件事接下来了，打算去做了，就要把它认认真真地全力做好，这是他一贯的行动自觉。更何况，这是一项完全崭新的工作，对喜欢探索新鲜事物的陈子元而言，可以说正中下怀。

1958年12月1日，包括陈子元在内的来自浙江大学、杭州大学、浙江农学院和浙江医学院等四所浙江高校的近20名专业教师，以及参会工作人员合计67人奔赴上海。半个月后的12月17日下午2时，为期两个月的"苏联和平利用原子能科学技术展览会[①]及专家讲习班"正式开幕。

展览会办公室于1958年12月19日编写的"苏联和平利用原子能科学技术展览会工作简报"第14期[②]，记载了展览会开幕式盛况以及次日的参观、学习情况：

---

① 中文简称"原展"。
② 现已解密，下同。

图 4-1　1958 年 12 月陈子元（后左三）与浙江农学院党委书记金孟加（后右三）等在上海展览馆原子能和平利用展览会合影

一、苏联和平利用原子能科学技术展览会按原定计划于十七日下午二时在中苏友好大厦① 西部大厅前广场隆重地举行了开幕仪式。参加开幕典礼的有中外来宾三千余人，其中有正在上海开会的聂荣臻副总理和国家科学技术委员会副主任范长江同志以及有关省市的书记、部长、科委主任和有关局长等负责同志。苏联驻我国大使馆文化参赞苏达里柯夫也特地从北京赶来参加了开幕仪式。下午三时余开幕仪式举行完毕，全体来宾相继入场参观，随后，一部分来宾观看了原子能科学电影……

二、十八日，展览会第一天对外开放参观人数八千余，情况热烈，秩序正常，一般观众大部分对这个展览会情绪很高，同位素在生物学和农业上的应用、"列宁"号原子破冰船、铀矿物和铀矿石普查和勘探放射性矿石的仪器、同位素在医学上的应用几个馆，观众兴趣比较大，都拥满了人。

……

---

①　中苏友好大厦即上海展览馆，1958 年建成投入使用。甫一建成举办的就是苏联和平利用原子能科学技术展览会。

六、展览会开幕后，学习活动日益频繁，有时七八个专业组同时举行讲座，讲课场所已不敷应用，我们最近与上海市卫生学校洽商，拨借能容100—200人的课堂三所，能容60—70人的课堂若干所，经略予清洁正^①理后即可交学委会应用。

在上海的学习

根据中央指示的"普及与提高并举"和"边展、边学、边干"方针，展览和讲习，也就是普及与提高这两项工作，分别由展出委员会和学习委员会领导并密切配合。依托展览会，对广大群众普及原子能科学技术的通俗知识，打破原子能科学的神秘观念，引起群众的兴趣；通过专家讲习班，对一部分科

图4-2 1958年上海CCCP展（原展）手册封面封底

技工作者和相关专业学生进行培训，尤其在同位素应用方面，除了学习还有一部分实践操作，希望由此迅速推动我国在这方面的研究，并广泛地为各种生产服务。

根据展览会办公室当年的"工作简报"、"总结"等材料记载，展览会的内容安排，即展览会的"目次"如下：

1. 序言部分
2. 原子能和国际合作
3. 联合核子研究所

---

① 正字应为"整"。

4. 热核研究

5. 苏联原子能力学的发展

6. "列宁"号原子破冰船

7. 铀矿物和铀矿石普查和勘探放射性矿石的仪器

8. 核燃料和结构材料

9. 防护技术

10. 辐射化学

11. 同位素和辐射线在生物学和农业上的应用

12. 辐射和遗传

13. 同位素和辐射线在医学上的应用

14. 同位素生产

15. 放射性同位素在技术上的应用

　　以上内容，共划分为九馆十二部分具体展出。展品分为三个批次运抵上海，第一批次 60 箱，第二批次 184 件共计 34 吨，这两个批次展品开幕之际即行展出。第三批次 14 箱展品迟迟不到，于 1959 年 2 月 2 日才抵沪布展。负责接运的苏联专家乌尔茹姆采夫曾开玩笑说："现在看来，等待这批展品，我们很着急，你们也很着急，就是展品本身不着急，以致一直不来。"

　　这是中央在地方举办的全国性的专业展览，即使面向广大群众展出，机密性要求仍然很严格，组织方曾专门研究过加强保密教育，杜绝工作人员和学习人员遗失临时工作证、出入证、笔记本等问题。参观分为专业参观以及群众参观两部分进行。每天早上八到十点为专业参观时间，后来觉得时间太短，又放宽为每日半天供专业参观。"原展办"在其编写的最后一期工作简报（第 23 期）中，统计了总体参观情况：

　　　　展览会在展出的两个月中，每天都有近万工人、农民、部队官兵、相关干部、医务工作者、学生、科技人员来参观；前来参观的观众已逾 55 万 5 千人。其中有 5 万余观众是特地从吉林、辽宁、北京、东北、安徽、江西、福建、浙江等省市赶过来参观的。

总体学习情况则是：

　　来展览会参加专业学习的人员，除西藏和青海二省以外，有全国26个省市的科学研究单位、高等学校、工厂，一千二百余名科学研究人员、教师、工程师等。专家在沪期间，以国际主义诲人不倦的精神，为我国学员作了大型学术报告15次、小型学术讲座79次，计有32900余人次参加、旁听了专家的报告和讲座。在此期间，展览会还举办了放射性辐射测量训练班，前后三期共培训学员300余人。

讲习班分设10个专业组开展学习交流。包括：（1）热核反应加速器组；（2）发电站反应堆组；（3）地质勘探组；（4）同位素在工业上应用组；（5）同位素在医学上应用组；（6）同位素在生物上应用组；（7）同位素在农业上应用组；（8）仪器仪表仿造组；（9）放射化学同位素制造组；（10）防护技术组。除了专业学习、参观，在苏联专家指导和允许下，固定学习人员还开展了小型试验、测绘仿造等研究活动。

苏联16名专家原定在上海授课一个月左右，发现效果不错，就主动提出延长辅导时间。尽管中方亦有此意，但后来恰逢苏联国内也要举办相关展览，这批苏联专家便无法多做停留。在上海讲习整一个月后，部分专家赴广州做了几场报告，然后于1月26日起陆续启程返国，讲习活动就此全部结束。为了进一步满足一般观众的参观要求，外省的专业参观活动于一月底先行结束，面向一般观众的展览最终持续到2月17日结束。在上海站整整展出两个月后，展览部分又先后"移师"广州、成都两地各举办了两个月又一周，于1959年6月底全部闭展。至此，苏联"原展"结束了本次在中国连续六个多月的"行程"，展品返回苏联。

中央档案馆可查的一份"苏联和平利用原子能科学技术展览会展出和学习情况的简要统计"材料，还原了这段后来鲜有公开传播的历史：

1. 展出时间，共6个多月：上海二个月；广州、成都各二个月又一周。

2. 参观人数，共134万人次：上海55万人次，广州39万人次，成都40万人次……

3. 各种专业训练班学员，共2800人：上海1200人，广州800人，成都800人。

4. 报告会和座谈会，共190多次，听众13万3千人。

5. 电影4700场，观众280万人次：上海900多场，59万人次……

6. 书刊宣传品，共10种，23万3千份……

7. 仿制仪器：上海45种，已成；广州42种，已成和将成的31种；成都40多种，已成和将成的21种。

8. 展出工作人员，共约1000人，其中讲解员约400人。

"原展"普及、介绍了核子物理学的许多基本问题，在一定程度上打破了人们原先持有的原子能技术高不可攀的神秘观点。有观众感慨地说："现在我觉得科学处处地方有，人人都好搞科学。"

在上海举办的专家讲习班，是整个交流学习活动的重头戏。通过学术报告、现场操作和实习，学习人员"大大提高了业务水平与理论知识，并且还仿造了一定数量的精密器械和仪器"。讲习班"培养了一批掌握原子能科学技术的队伍，这批队伍将成为我国猛攻尖端科学的一支新生力量"。作为其中的佼佼者，陈子元就是从此起步走上了研究探索原子能和平利用技术的道路，并最终开辟出一片广阔天地——通过让核技术接地气，开拓了中国核农学。

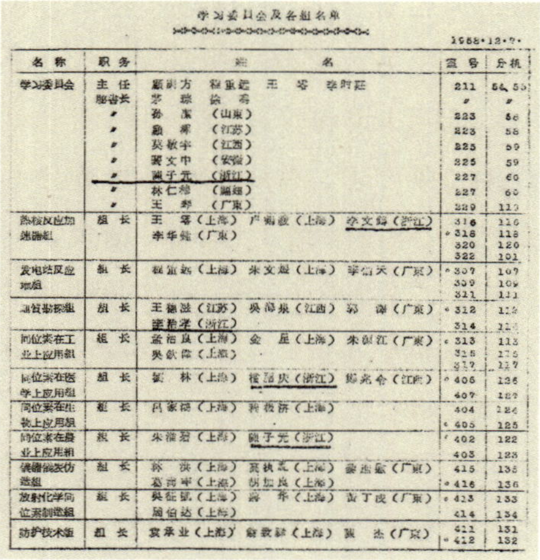

陈子元回忆，当时，在中苏友谊馆内的一个个房间里，划分成十

图4-3　专家讲习班学习委员会及各组名单

个专业组分头进行的讲习班每天都上课，每个专业组，先讲授核物理、生物学基础知识，接着重点讲习本专业领域的知识，以及防护方面的知识等。讲授后，学员之间再进行讨论、交流。讲授的同时，提供有关仪器设备的参观和使用，有些组的学员还异地开展了实验。

十个专业组中，陈子元在"同位素在农业上应用组"，并担任该组组长之一。同时，他还是整个讲习班学习委员会秘书长之一，并负责本省学员学习中的组织联络工作，自身学习的同时承担"上情下达、下情上传"的任务。

除了陈子元所在的"同位素在农业上应用组"，浙江省的其他学员分别在"热核反应加速器组"、"地质勘探组"和"同位素在医学上应用组"学习，并且分别由浙江大学李文铸、浙江地质局李治孝、浙江医学院楼福庆担任各组本省组长。当时的一张讲习班"学习委员会及各组名单"，陈子元至今完好无损地保留着。

短短两个月的时间里，陈子元重新做了一回学生，如饥似渴地投入学习，从新知识、新思维到新技术，从听课、查资料到实验操作，每一件事、每一个环节都做得一丝不苟。化学背景出身的他对于原子、放射线、同位素等概念和基本知识并不陌生，但对于核技术的具体应用却是门外汉。通过学习，他比较全面地了解了核素与核辐射技术在育种、栽培、植保、土壤、肥料、化学等方面的应用思路及方法，并在苏联专家的指导下在上海枫林路上海中国科学院实验所，做了两三个小实验。

讲习班集中的学习和交流，还使他对中国国内核技术应用及研究蓄势待发的现状有了深入了解和切身感受。

"在二十世纪的前半期中，科学技术上最伟大的成就，是原子能的发现和利用。原子能的和平利用大大地扩大了动力的来源。原子能利用的发展，也附带地给我们送来了一种极有用的科学研究和生产技术的工具——大量的多种多样的放射性同位素。它可以使我们看见从前所看不见的，测出从前所测不出的事物。在医疗上、农艺上、工艺上还有许多用途。因此，放射性同位素是今后在科学和技术进展中不可缺少的东西。"这是1956年我国"12年科技规划"对最新前沿技术的一个基本认识和准确判断。

规划纲要把"原子能"列为今后十二年内十二项研究重点之首：

1. 原子能的和平利用。

2. 无线电电子学中的新技术（指超高频技术、半导体技术、电子计算机、电子仪器和遥远控制）。

3. 喷气技术。

4. 生产过程自动化和精密仪器。

5. 石油及其他特别缺乏的资源的勘探，矿物原料基地的探寻和确定。

6. 结合我国资源情况建立合金系统并寻求新的冶金过程。

7. 综合利用燃料，发展重有机合成。

8. 新型动力机械和大型机械。

9. 黄河、长江综合开发的重大科学技术问题。

10. 农业的化学化、机械化、电气化的重大科学问题。

11. 危害我国人民健康最大的几种主要疾病的防治和消灭。

12. 自然科学中若干重要的基本理论问题。

1895 年，德国物理学家威廉·康德拉·伦琴发现 X 射线。1896 年，法国物理学家 A.H. 贝可勒尔发现铀的放射性。从此，人类第一次观察到原子核的变化现象。迄今为止，人类发现整个地球乃至宇宙的一切自然物质，是由 103 种天然元素（不含人造元素）组成的。在 103 种天然元素中，有一类元素具有放射性特点，被称为放射性元素（放射性核素）。科学家们的发现证明，放射性物质的辐射比 X 射线具有更强大的穿透力。这些核素的原子核不稳定，在自然界的自然状态下能够自发地从原子核内部放出粒子或者射线，同时释放出能量。这一过程叫做放射性衰变，也就是核衰变。就目前的测试水平，可以认为放射性核素的衰变速率在任何物理化学条件下都是恒定的。在天然放射性核素中，放射能量最大的是铀、钍和镭，其次有钾 -40、铷和铯。在宇宙自然界，这六种天然放射性元素具有本底存在性。

同位素是指具有相同原子序数的同一化学元素的两种或多种核素，在元素周期表上占有同一位置，化学行为几乎相同，但是原子质量或质量数不同（原子核内质子数目相同，中子数目不同），从而其质谱行为、放射性转变和物理性质[①]有所差异。19世纪末人类先发现了放射性同位素，随后又发现了天然存在的稳定同位素，并测定了同位素的丰度。同位素有的是天然存在的，有的可以人工制造。许多同位素有着重要的用途，例如碳−12是作为确定原子量标准的原子；两种H原子是制造氢弹的材料；铀−235是制造原子弹的材料和核反应堆的原料。同位素示踪法广泛应用于科学研究、工农业生产和医疗技术。它被认为是继显微镜之后，生命科学工作者的又一强有力的工具。国际原子能机构（IAEA）曾在一份公报中指出：从对技术影响的广度而言，可能只有现代电子学和数据处理才能与同位素相比。

"中国科学院第一次和平利用原子能会议[②]文献"，收录了一份较早深入介绍"放射性同位素应用"知识的权威材料：

放射性同位素应用是一门新的科学技术，它的发展是和放射性同位素制备技术的发展分不开的。放射性物质的发展过程为先有天然放射性，其后有用加速器和中子源产生的人造放射性，再后有用反应堆产生的人造放射性，最后有聚变产物的放射性。放射性同位素的应用是和这四个阶段放射性同位素的产生能力相适应的。

放射性同位素应用的面非常广，但总的说起来不外是射线的应用和示踪原子的应用两大类。

按照使用性质的不同，"射线的应用"可以分为射线的直接利用、辐射效应的应用、放射性仪表和仪器应用等三种。

放射性同位素的化学性质和它的稳定同位素的性质并无什么区别，但它能放射出这一种或那一种容易被仪器探测到的射线（α射线、β射线、γ射线、内转换电子和X射线等），这就使得它无形

---

① 主要表现在质量上，如熔点、沸点。

② 该会议1960年5月召开。

中带上了一种特殊标记。因此，当小量的放射性同位素与大量的稳定同位素混和一起时，可以通过对于射线的测量，测出稳定物质在某一变化过程、运动过程、生长过程、相互作用过程中的变动情况，这就是示踪原子应用的原理。示踪原子的技术在很早的时候就已被采用。示踪原子的应用可归纳成下列的几种典型方法：跟踪法、定比法、稀释法、指示剂法、放射性分析法和自射线照相法等。[1]

早在 1927 年，科学家保罗·缪勒尔在德国柏林举行的第三届国际遗传会议上论述了 X 射线能使果蝇发生突变，并认为诱发突变将在植物改良上发挥重要作用。一年后，斯达特勒报道了 X 射线对玉米和大麦的诱变结果，证实了缪勒尔的预言，从此开启了核素与核辐射技术的农业应用。

核技术农业应用（核农学）是一门高度交叉和综合的学科。它以原子核科学、数学、物理学、化学、生物学和农业科学等基础科学和电子技术与理化分析技术为支柱，以示踪动力学和辐射生物学为其基础理论，以同位素、核辐射测量、辐射防护为基本技术方法，通过核素示踪、核辐射、核分析等途径应用于农业科学和农业产业。

在我国，随着"12 年科技规划"的执行、实施，从 1956 年开始，核素与核辐射技术逐步深入地应用于中国农业科学研究和农业生产过程。1956 年，徐冠仁放弃在美国明尼苏达大学的研究工作和优越生活条件，携眷回国投身中国核农学初创事业。在他的努力下，1957 年 9 月，我国第一个原子能农业应用研究机构——中国农业科学院原子能利用研究室诞生。在党中央"大家办原子能科学"方针指导下，1958 年，中国科学院在北京连续举办"同位素训练班"，国家科委则在上海主办由苏联专家主讲的全国"原子能和平利用讲习班"，共同推进全国范围内的原子能及核农技术应用学习与研究。正当徐冠仁初步奠定"辐照育种应用"半壁江山之时，小他十岁的陈子元开始进入核技术应用领域，并于日后白手起家开拓出"核素示踪研究"半边天，二人合力扛鼎核农学的两根擎天柱，成为"一

---

① 中国科学院原子核科学委员会同位素应用委员会：放射性同位素应用在国内外的发展概况。见《中国科学院第一次和平利用原子能会议文献》，内部材料，1960 年 5 月。

南一北"两位领军人物。所以，在中国核农学领域素有"北徐南陈"（北有徐冠仁，南有陈子元）之说。

当然，当时正在上海学习的陈子元是无法"预知"未来的。当时的他，只感觉到学习意义非常重大，而学习时间非常紧张。加之原子能研究方面的活动有保密规定，他在沪期间竟没能抽出时间回家探望父母和兄弟姐妹，而是全身心地"沉浸"在学习之中。

陈子元的勤奋和钻研精神给苏联专家们留下了很深的印象，他们喜欢这位年轻的中国学者，欣赏他的理解和感悟能力。陈子元提出的问题，常常不需要做逐字逐句的解释，只要稍微一点拨他就能理解或自行找出答案。因此，他们之间的讲授和学习大多是探讨式的。50年代农学院停办英语只开俄语的环境"熏陶"，也在语言上帮了大忙，学习期间他完全可以直接阅读俄文文献。

同位素方面的学习是整个讲习班学习的一个重点，而同位素组专家叶·叶·库尔施是最晚一个到沪的专家，不过由于苏联专家工作组负责人萨维茨基本人也是同位素专家，所以这方面的布展和讲授工作都没有受到影响，反倒有所加强。

同位素组的"最后一课"，是在1959年1月12日上的。这天上午，库尔施讲完课后对翻译曾淑兰说："我发现中国同志有一个很好的特点：一个问题不懂就一直提，

图4-4　陈子元（左一）与谢洛肖夫（右一）的合影

直到全懂为止。这是很好的性格，过去我以为是个别同志这样（指在苏的中国留学生），而现在我发现，几乎每个同志都如此。"讲习班结束后，另一名苏联专家谢洛肖夫，把自己的著作专门赠送给陈子元，留作纪念。陈子元的上海"学习之旅"，就此告一段落。由于陈子元已经开始介入浙江农学院放射性同位素实验室创建工作，工作"不等人"，他当天就返回了杭州。

在苏联专家整体离沪前举行的座谈会上，苏联驻中国大使馆秘书沙罗申表示，今后工作中有什么困难，大使馆将尽量设法帮助解决，苏联方面有可能在获得放射源方面予以方便，希望今后能固定已建立的联系，互派人员参加这一门科学的讨论、研究和交换技术情报。但是，由于不久之后中苏关系剧变，陈子元同苏联专家此别后，竟再也没有见过面。

为期两个月的"原展"，特别是期间一个月的"原讲"班学习，是陈子元人生的转折点，他从化学研究转向原子能农业应用研究，开始了全新的耕耘。结业后，他受命组建了全国高等农业院校第一所放射性同位素实验室（核农所的前身），成为中国将核技术应用于农业和生态环境保护领域的先驱之一。自此，他一直工作在核技术在农业和环境科学中应用的第一线，开拓、成就了中国核农学的伟大梦想。

核农学在浙江农学院的开展

在陈子元参加上海苏联专家讲习班的前夕，浙江农学院已经开始积极筹建同位素实验室。为了跟上"原能"发展形势，院长金孟加抓住时机派员外出学习进修：1958 年暑期，派出物理教研组青年教师方锡涛赴北京，参加中国科学院原子能研究所（现为中国原子能科学院）举办的"同位素训练班"学习；同年 10 月，又派出农学、植保专业两位青年教师丁元树和沈守江参加该班学习。与此同时，结业的方锡涛返回学校，带回重要信息：全国农口一些单位，根据同位素试验的特殊要求，已在原有实验室的基础上进行改造并开展相关研究工作。金孟加当即表示，不要改建，要按照放射性同位素的特殊要求新建一座实验室。

实验室很快选址，设计建筑面积240平方米，1958年底动工建设。在参加过同位素训练班的教师帮助指导下，基础建筑根据放射性操作的特殊

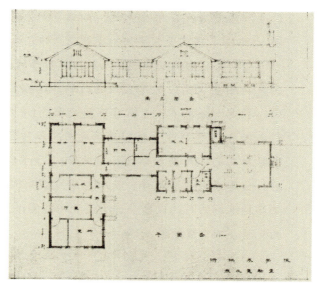

图4-5 按照苏联标准建造的同位素实验室的平面图及南立面图

要求安排。例如，放射性实验室的水龙头开关不能用手，而改用脚踏式；排风系统要求高于实验室5米以上；为便于清洗，地板需要铺橡胶片，等等。

新筹建的浙江农学院同位素实验室，由学院院长金孟加兼任主任，陈子元任副主任，主持日常工作。作为政治任务，其基建速度非常快，仅仅五个月，便于1959年3月中旬全面完工。实验室完全按照苏联模式建设，与陈子元他们学习到的技术相吻合。

根据专业要求，放射性同位素应用工作，需要创造至少三个方面的条件才能得以进行：

（1）射源供应。要应用放射性同位素，首先必须要有放射性同位素。已经发现的放射性同位素虽然多达1200种，但是其中大部分半衰期太短或太长（放射性比度太低），并无实际使用价值。半衰期合适，可以加以实际应用的放射性同位素不到200种，其中比较常用的又不过50种左右，容易制备而又用的最多的约为20—30种。放射源的供应工作，除了同位素的生产之外，还牵涉到放射源的分装，标记化合物的制备以及放射源的运输、贮藏等一系列的问题。常用的放射性同

位素有的是从反应堆生产的，如钴 -60、碳 -14、锶 -90、铯 -137、碘 -131 等，有的是需要用加速器生产的，如钠 -22、锰 -54 等。

（2）仪器的供应与研究试制。放射性同位素应用，如果没有配备必需的测量仪器，也是无法进行的。这些仪器，由于应用的目的不同，种类十分繁多。大概有下列几类：1）供测量放射性强度用的各种定标器；2）供测量放射性强度用的各种弱电流测量装置；3）供安全防护用的各种剂量率仪和剂量仪；4）安装成套的放射性仪表和仪器，如厚度计、液面计、核辐射发电器、测井仪、探伤仪等；5）供某些特殊目的用的仪器，如测能量用的能谱分析器，测微弱放射性用的反符合测量装置等。

（3）安全防护。包括：1）对于从事放射性同位素工作的人员，传授正确的安全防护知识和合乎防护要求的放射性操作方法；2）提供合乎防护要求的工作场所；3）放射性污物、污水的合理处理。[①]

实验室基建工作加紧推进的同时，在陈子元的指导、主持下，开始选购有关的仪器设备。由于中苏关系恶化和国际封锁，只能面向国内采购或自己动手制作，可谓困难重重。当时在国内，放射性检测仪器仅有重庆市无线电厂生产的"64 进位"的定标器，先选购了 2 台，后来校内办培训班又置 6 台，接着购进由复旦大学生产的"10 进位"性能较好的定标器。防护用的铅室、铅防护屏等设施就由自己设计，找有关单位加工。后来，又购进了铅玻璃与有机玻璃等防护用品。一些特殊的实验用具，就都由自己动手制作。放射性测量所用的计数器，当时为军用物资，无法从民用科研渠道购得，成为前进道路上的一只"拦路虎"。

金孟加得知后，亲笔给中国科学院领导写了一封信。陈子元带着信来到北京，找到时任中国科学院党组书记兼主持日常工作的副院长张劲夫同志，反复陈述浙江农学院开辟原子能在农业中应用研究新领域的紧迫性，请求支援。精诚所至，金石为开。在中国科学院和张劲夫同志的支持下，

---

① 中国科学院原子核科学委员会同位素应用委员会：放射性同位素应用在国内外的发展概况。见《中国科学院第一次和平利用原子能会议文献》，内部材料，1960 年 5 月。

陈子元最终从北京带回来两只放射性检测所必需的"盖革计数管"。至此，实验工作可以启动了，国内农业教育系统首座新建的放射性同位素实验室步入运行轨道。

开创阶段的工作极为艰苦，修建实验室、添置设备仪器、购运放射源，一切都得"自力更生"。作为实验条件之一的"同位素"需要长途跋涉地从北京购运，《风雨同舟，锦绣前程——浙江大学原子核农业科学研究所 50 周年纪实》[①] 一书中就以此为例反映、说明了创业时的艰苦：

当时所有同位素单一由北京供应（有的还得向国外订货），而且得自己去北京购置。由于货物特殊，开头只能"铁路货运"，陈传群就当过"押运员"，携同位素随货车运至杭州；稍后可以随客车携带。1959 年底，实验室最早的小钴源，是由在北京参加完同位素培训班返

图 4-6　1959 年 5 月在浙江农学院同位素实验室测量放射性样品

---

① 该书由华跃进、谢学民编写，研究出版社 2008 年出版。

杭的徐俊良、谢学民去 401 所购得放在铅桶内，上加以防护，两人抬扛进火车，放座位下，经两昼夜抵杭。后改由飞机运输，所内多位老职工都曾多次往返北京购置过同位素。

这是 1959 年春夏之交，陈子元迎来最忙碌的一段时间：教学事务、实验研究、为即将举办的同位素应用培训班组织编写教材，多重奏、快节奏的工作，充分演绎着他核农研究起步时的紧凑。

1959 年暑假前，下乡的农学院师生陆续返回到学校。听说学校要举办首期"同位素农业应用培训班"，各系选拔出骨干教师参加学习。学校对参加培训的人员政治上要求很高，要经过党委的严格审查，必须又专又红，所以能够参加的人都有一种光荣感。

培训班利用暑假、寒假办了两期，每期一个月左右，由陈子元等人编写了约 40 万字的《同位素农业应用知识》作为配套教材。参加者积极性十分高涨，但是私下里议论起放射性辐射问题，许多人还是心生忐忑，担心健康和生命会受到影响。

这一点陈子元倒是没有太大顾虑，通过上海的培训和进一步查阅资料，他知道只要防护措施得当，从事原子能研究的安全性是完全有保障的。美国的研究机构曾经把所有职业的事故死亡率分列为 10 类，其中的第一类是采矿和化工等，而核电工作者却和教师、商业服务人员放在一

图 4-7 1959 年 10 月接待来校访问苏联专家（陈子元左三）

起，属于最后一类。

话虽这么说，他心里也知道，单是理论上的解释，并不能完全打消大家的顾虑。因此，无论是在培训班上，还是在实验室里，凡是遇到需要实验，他都亲自上手，理由是自己在上海讲习班上实践过，程序熟悉，知道怎样防护。他还开玩笑似地说道，如果在原子辐射环境里工作真的会影响生育，你们都还很年轻，那就让我一个人来，反正我已经有子女了，不怕！实际上，那时候的防护设备并不太齐全，风险性还是挺大的，陈子元只能在实验时尽量做到距离远一些，操作时间短一些，以最基本的自我保护来减少放射性辐射的危害。

30余名教师参加了培训班，其中不仅包括许多青年教师，一些老教授如李曙轩等也参加了学习培训。这为全校开展核素示踪与核辐射技术农业应用的教学和科研打下了基础，一支专兼结合的科研队伍初步建立起来。在陈子元的组织、指导下，全校师生开展核技术农业应用研究的热情高涨，辐射育种、作物速长、肥料增效、家禽饲养，多项研究遍地开花，上报的研究课题达23项。

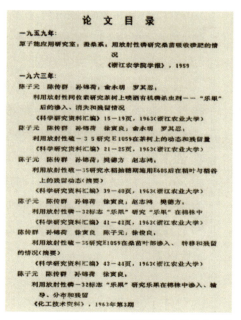

图4-8　陈子元早期核农学论文目录

陈子元本人根据化学背景专长，主要利用放射性同位素磷-32标记物，进行施肥及植物生理方面的研究。1959年6月，他赴天津参加了"全国射线探测仪器技术经验交流会"，11月又赴北京参加由国务院召开的"高等学校科研工作会议"。同期，他在《浙江农学院学报》第4卷第1期发表了《用放射性磷研究桑苗吸收磷肥的情况》、《大蒜鳞茎形成期间放射性磷的运转与分布》等研究论文。

培育健壮的桑苗是发展蚕桑的环节之一，而要培育出粗壮的桑苗需要正确、合理地施肥。陈子元等人通过示踪原子的方法来探讨桑苗各部分吸收磷肥的情况，以及磷在桑苗植株内分布的情况，以供在培育桑苗中施肥作参考，研究成果写成了论文《用放射性磷研究桑苗吸收磷肥的情况》。论文在分别介绍了"实验方法"以及"实验结果"之后给出了研究"小结"：

（一）桑苗不仅根能吸收磷肥，而且叶片也可渗入磷肥，但在吸收的量上，根部吸收能力要比叶片强。不同部位的叶片，磷肥的渗入量也不同，幼嫩的叶片比老叶渗入的速度要快得多。桑苗叶部能渗入磷肥，这为进行桑苗的根外追肥提供了根据。

（二）磷在桑苗体内的分布，大部分集中在茎干内（占吸入量的52.49%—79.58%）；其次是叶片（占13.68%—29.15%）；根部较少（占6.61%—18.36%）。

（三）不同施磷的方法，影响到植物体中磷的分布。根部施磷区的叶片含磷量（13.68%）和根的含磷量（6.61%）比叶片施磷区的叶片含量（27.05%—29.15%）和根的含量（10.56%—18.36%）为低；但在茎中则相反即根部施磷区（79.58%）大于叶部施磷区（62.23%—52.49%）。在顶部第二叶施磷的植株，叶片中的含磷量绝大部分集中在顶部嫩叶中，比中部和下部叶片中含磷要多6倍，而在下部老叶施磷的植株，叶片中的含磷量上部叶与中、下部叶之间相差不大，只在1倍以下。[①]

这是陈子元最早公开发表的核农学研究论文，是他和同位素实验室同事们，利用核素示踪技术研究农业生产实际问题的"开篇"之作，被放在浙江教育出版社1998年出版的《陈子元核农学论文选集》的首篇。

同位素实验室建立后随之开展了用 ^{32}P 研究磷素营养在水稻、小麦、棉花、油菜、豆类、大蒜、桑树等农作物上的运转与分布，用 ^{14}C、^{35}S 等同位素研究施用农药对作物增产的关系，并着手开展辐射育种研究，研究

---

① 陈子元：用放射性磷研究桑苗吸收磷肥的情况。见：《陈子元核农学论文选集》。杭州：浙江教育出版社，1998年，第5页。

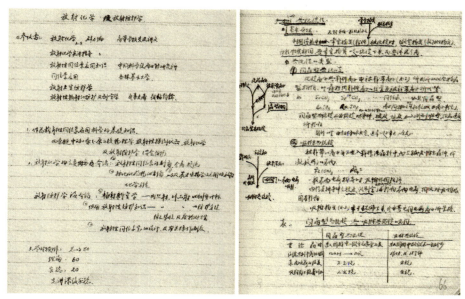

图4-9　陈子元60年代教学（左）与研究（右）笔记

成果相继在全国原子能和平利用大会上交流和在相关的全国性学术刊物及《浙江农学院学报》上发表。

　　与此同时，"核农"教学工作也齐头并进，1958年浙江农学院创建生物物理学（农）学科。1960年3月，浙江农学院和浙江农业科学研究所等合并，成立浙江农业大学和浙江省农业科学研究院，并于7月份新建农业物理系（所）、原子能农业利用研究所。对核农科技人才的培养，从"专业"或"课程"规模上升到了"系"的规模，领先于全国其他高校。重新建设的农业物理系和研究所，党委、行政一套班子，陈子元担任系副主任、研究所副所长。

　　农业物理系下设数学、物理学、气象学、电子学、生物物理教研组及同位素、农业气象研究室等七个组室以及基础课部。当年暑期，该系从农学、植保、茶学、园艺、农机等系抽调部分优秀大三学生，组成了生物物理专业58级、59级两个年级，同时，又招收了60级新生，学制五年（理科）。1961年7月，生物物理专业改为农业生物物理专业，由全国统一高考录取招收了61级五年制学生32名（理科）。当时对该专业人员的政治要求很高，对学生也曾一度作为"机密"专业要求来录取。所学课程也都是保密的，不许叫课目名称，只以代号称之。

生源解决了，最主要的困难是缺乏教师：七个组室中，生物物理学、电子学两个专业没有专业出身的教师。按照学校决定，陈子元从园艺、畜牧、农学、土化、农机、茶学、植保等各专业，选拔抽调几十名三、四年级学生进入有关教研组工作，并派出少数人去外地进修，比如把侯仁良派到自己的母校华东师大进修放射生物学，多数则采取边工作边进修的方式提高。

这一时期，学校和系里交给他的主要任务，是迅速把年轻人带出来。系里开设的课程很多，比如放射化学、放射生物学、核物理、光生物学、放射性测量、超声波应用，等等。其中，他自己担任了放射化学和同位素示踪技术等课目的教学任务。他讲课深入浅出，理论联系实际，令人难忘。课后，经常到学生宿舍了解学生学习情况，解疑答惑，鼓励青年学生又红又专地健康成长。与此同时，他投入大量时间精力辅导年轻教师的教学课目。这批多半还是大四学生的"小"老师们，一般是两个人负责一门课程，陈子元的通常做法是在他们备课时给予具体的指导，然后听他们试讲，认定合格后方可登上讲台。经过对几届学生的讲课实践，这批"小"老师也各自编写出了相应的教材。院史记载：

> 当时编写的教材有《原子核物理学》、《放射化学》、《放射化学实验》、《无线电电子学》、《放射生物学》、《生物物理学》、《光物理学》、《生物物理仪器与技术》、《同位素示踪法在农业上的应用》、《示踪原子农业应用实验》等，达数百万字。其中有的教材如陈子元编写的《放射化学》在国内具有较高水平；谢学民还参与由沈阳农学院主编的全国农业院校的交流教材《生物物理学》的编写工作。[1]

时至 1963 年前后，全国核农学教学热退潮，一些学校设置的农业生物

---

[1] 邹先定：《浙江大学农业与生物技术学院院史（1910—2006）》。杭州：浙江大学出版社，2007 年，第 212 页。

物理专业或课程开始相继下马。贯彻国家制定的"调整、巩固、充实、提高"八字方针，1965 年 7 月，中共浙江省委决定：浙江农业大学和浙江农业科学研究院不再合二为一，而是分别建制，教学编制人员归浙江农业大学，科研编制人员归浙江省农业科学院并建立原子能利用研究室。所幸，同位素实验室仍旧留在了浙江农业大学。之所以能够留在偏重"教学"一边的浙江农业大学，一是经过数年的努力，实验室的条件和设备已初具规模；二是研究课题具有实际应用价值和可操作性；三是作为主要课题带头人的陈子元离不开教学岗位。

1965 年 9 月，浙江农业大学进行专业设置调整，正式撤销农业物理系，暂停招生；保留农业生物物理教研室并划归农学系领导；农业生物物理 61 级学生转读于农学系。陈子元则回到原来的土壤化学系，任该系副主任。

农业物理系招收五年制农业生物物理专业本科生共四届，计 141 人，前后存在了四年的时间，虽然是仓促草创，因条件所限并不完善，但是它在中国核农学萌芽时期所起的作用和取得的成绩，是不容忽视的。

第五章
凝炼方向　大道豁然

聚焦农药残留

随着同位素实验室和农业物理系的创建，浙江农学院成为全国原子能农业利用研究、教学的重镇之一。但是，20 世纪 50 年代中国原子能和平利用技术发展（核技术应用），既受到国际环境的"催生"和"钳制"，也经受着复杂的国内形势的影响。1958 年开始的"大跃进"，一定程度上促进了核技术在农业上应用在中国的发展，而 1959 年至 1961 年三年困难时期的到来，又在很大程度上反向抑制了核农学已经雀动而起的发展势头。

全国核农学教学热退潮了，浙江农学院（浙江农业大学）的核农技术应用研究也陷入了"彷徨"境地。尽管研究课题遍地开花，初有成果，但是许多项目小试验可以，进入大试验却并不成功，在农业生产上的作用一时间无法发挥出来。经过研究获得了一些具有学术、理论价值的资料，而要解决生产上存在的实际问题，仍有较大差距。

那时候的同位素实验室，在许多人看来，几乎就是最高科技的象征，能够参与其间更是感到庆幸。但遗憾的是，人们在科研领域里也一样不切实际地期待着"大跃进"，以为奇迹会在一夜之间出现。两年以后，当这种奇迹没有出现时，许多人的热情慢慢地冷却了，有些教师担心自身专业的发展，纷纷退回到了各自原来的教学单位。同位素实验室的门庭，一时冷落了。

但是，此时的陈子元热情不减，依旧早出晚归，继续做着实验。他深知古人所说"靡不有初，鲜克有终"的道理，认定同位素实验室不是结束了，而是刚刚开始。针对研究何去何从，他作为"家长"，做了冷静的思考，认识到必须充分考虑同位素科研工作的特点，找出对促进农业生产有价值的研究课题。

1961 年 7 月，党中央决定自力更生，组织力量，突破原子能技术。在国家突破原子能技术、酝酿新的科技规划的时代背景下，陈子元此时一方面联合其他科技人员向国家提出了原子能农业利用八项重点研究项目，一方面又从国家科技发展轨迹特别是突破原子能技术的策略中汲取经验。所受到的启发有两点：第一，国家的原子能总体发展形势也是不尽如人意的，需要头脑冷静，客观看待，从长计议；第二，作为行动，有必要"缩短战线，集中力量"，加强协作，从而实现突破。

结合国内情况，经过反复思考、斟酌，陈子元作出了一个重要决定：走出实验室，下乡去，通过调查研究找出对促进农业生产有价值的研究课题，突破核农技术研究。

这一年夏秋之间，陈子元又一次"下乡"了。他回忆说："还是要解决生产方面存在的问题。浙江省的农业是比较发达的，到嘉兴、金华这里一看，化学农药中毒的很多，有的作物施了药以后叶子死了，施药不小心人的皮肤受到损害的

图 5-1　1962 年的陈子元

也很多。到农村一调查，农业生产上的问题就抓住了，我们就把研究聚焦在化学农药上面。当时也没人给你项目，都是靠自己，通过调查研究发现问题。以后能有发展，也就是这个时候把目标找准了，方向找对了。"

在和同事们总结经验并深入调查研究的过程中，陈子元收获了两个方面的重要认识：一个是进一步廓清了核农技术的内涵与外延，对那些实用而有潜力的技术，比如辐射育种、辐射灭菌等有了更深刻的认识，进一步形成了"一主两翼"思想；另一个，发现并明确了今后一个时期个人研究的主攻方向，也就是突破口——利用放射性同位素标记农药，研究作物和土壤中的农药残留问题。

所谓"一主两翼"，是指核技术在农业上应用的发展当中应该坚持的原则。"一主"就是以核农技术为主，"两翼"一翼为核素示踪技术，另一翼为辐射育种技术。示踪技术和辐射技术是核农技术的两大主构技术，其中核辐射技术所涵盖的辐射育种和辐射灭菌等应用技术，都是很实用的技术。一次性医疗用品、方便食品、中草药甚至文物等，都可以通过辐照进行消毒或灭菌杀虫，利用电离辐射杀灭病原体，使其蛋白发生光解、变性，致其死亡。辐射育种则是生物遗传育种的一种方法，利用电离辐射处理生物，以诱发突变，从中选出优良的变异个体，通过一系列育种程序，培育出新品种。

在核辐射应用上，经过两年摸索，发现低剂量能刺激作物生长发育，但效果不稳定，无实用意义；高剂量引起变异，能培育新品种。由此，明确以辐射育种为主要研究方向。

通过实践和实际调查把握了核辐射技术与农业的最佳"结合点"之后，陈子元等人积极推进辐射育种应用研究等所需的实验室条件建设。1962 年，利用浙江省科委划拨的一笔专项经费建造了放射源辐照室，包括钴 -60 照射室（钴室）和 X 射线室两部分。钴室落成后，很快开展了各种农作物种子和农产品的辐射应用研究。辐射育种需要多代筛选，周期比较长，为了提高育种试验的速率，还在一年可以多季生产的海南岛建立了"南繁基地"。

在自己更侧重的核素示踪研究方面，通过与同事们的多次调查研究，陈子元了解到中国农业生产中广泛使用化学农药以后，虽然减轻了病虫害损失，对农业的增产起到重要作用，但是大量使用农药导致残留农药对农作物及其产品造成污染，直接影响到人畜的安全。他敏锐地意识到，这是一个值得关注的重大现实问题，正是科学研究的突破口所在。

此时，一直关注国际学术前沿资讯的他在外文资料阅读中得知，一位叫蕾切尔·卡逊（Rachel Carson）的美国人写作出版了一本反映 DDT 杀虫剂危害问题的书《寂静的春天》（*SILENT SPRING*）[①]，在美国引起了不小的反响。尽管当时无法看到书作的具体内容，但是这让他更加隐隐约约地觉得，农药残留研究应该很有前途，不容小觑。

他以农药残留研究为突破口也有学科方面的战略考虑："北方的徐冠仁先生，1956 年回国后在中国农科院原子能所搞核农学研究，可以说当时是这个学科的带头人。他起步比我早，主要以辐射育种方面的研究为主，核素示踪方面也搞。我们实验室两个方面也都搞，考虑到他的重点是辐射育种，我们就打算把重心放在核素示踪方面，并且把农药残留与防治作为重点。"

要解决农产品人畜安全问题，首先必须搞清农药在作物体内及其周围环境中的动态变化，制定出合理使用农药的标准和有效的方法，这样才能确保安全。而要利用原子核技术研究农药残留，前提条件是要有放射性同位素标记农药。如果把一种化学农药的分子里的某些原子用放射性同位素代替，比如用碳 -14 代替原来的碳原子，这种化学农药就带有了放射性，而有了放射性就可以方便、准确地测量、捕捉其"踪迹"，这样的农药就是标记农药。标记农药与非标记农药的化学性质一样，但独具放射性，而且因其敏感特异性可以做到超微量。做了放射性标记"手脚"的标记农药，使用以后，就可以自动"揭穿"自身在生态环境里的变化动态过程。而且非常直观，可以拍成照片，到哪里了，量多少，一清二楚。

---

① 《寂静的春天》是一本因为揭示农药残留严重危害而标志着人类首次关注环境问题的著作。该书由美国海洋生物学家兼作家蕾切尔·卡逊（Rachel Carson）所写，于 1962 年 9 月出版问世。书作的具体内容，十年之后才陆续被译成中文，因此并不为当时包括陈子元在内的许多国人所了解。1972 年至 1977 年间，该书陆续译成中文，开首几章曾在中国科学院地球化学研究所编辑出版的学术刊物《环境地质与健康》上刊载，1979 年全书由科学出版社正式出版。

　　难题是放射性同位素标记农药国内没有现成品，全部需要进口，不仅价格昂贵，而且不能及时供货，采购周期一般要三四个月。研究工作"等"不起，怎么办？陈子元决定，自力更生自己搞！陈子元是学化学出身的，搞农药合成他有"先天"优势。陈子元和同事孙锦荷、张勤争、徐寅良、王幸祥、张永熙等人先后用 ^{3}H（氢-3）、^{14}C（碳-14）、^{32}P（磷-32）、^{35}S（硫-35）、^{76}As（砷-76）等多种放射性核素合成有机磷、有机氯、有机氮、有机砷等 15 种同位素标记农药。这不仅节省了大量外汇，而且填补了国内空白，为同行的研究工作创造了物质条件。相应的研究成果"放射性同位素标记农药的合成研究"，后来获得 1978 年全国科学大会优秀成果奖。

　　有了自主合成的标记农药，陈子元和同事们"捷足先登"，大举进军农药残留研究领域。1963 年，我国部分农村地区发现有机磷农药中毒，同位素实验室联合中国科学院上海有机化学研究所合成放射性标记化学农药 ^{35}S-E605 和 ^{35}S-E1059，利用放射性核素标记农药示踪技术系统进行农药在农作物（茶树、桑树、稻、棉等）上残留的研究工作。陈子元由此成为中国最早把同位素应用于农药残留分析和研究的专家之一。《利用放射性同位素研究茶树上喷洒有机磷杀虫剂——"乐果"后的渗入、消失和残留情况》，是他以核素示踪技术追踪"农肥"课题之后，转而调整为跟踪"农药"残留研究比较早的代表性的论文，收入 1964 年的《全国同位素及核辐射在生物学及农业上应用会议论文集》。这篇论文也是中国最早期的核素示踪研究农药残留的学术论文之一。

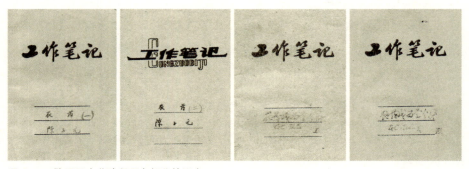

图 5-2　陈子元农药残留研究部分笔记本

该论文在"引言"和"摘要"部分中写道：

有机磷杀虫剂对农作物害虫的防治具有显著的效果，但大多数有机磷杀虫剂对人畜均有较高的毒性。因此，对有机磷杀虫剂在农作物上的施用，不仅要知道它在作物上的毒效能维持多久，并且要知道它在喷洒后离收获期有多少时间，使其残留量对服食的人畜才不至于发生毒害……

乐果是一种新的内吸型有机磷杀虫剂……但是到目前为止，对于乐果在茶树上喷洒后的深入、消失和残留情况却了解很少……应用一般化学分析或生物学的测定方法，往往受到其他因素干扰，影响了试验结果的灵敏度和精确度。而放射性示踪原子方法，在这方面却提供了很大的优越性。

本文利用放射性同位素的示踪原子法研究茶树喷洒乐果后，在茶叶上深入、消失和残留的动态情况，测定乐果在茶叶上不同时间的残留量，为茶树施用乐果后，确定"安全采茶期"提供科学依据。[①]

研究的相关"结论"是：

从我们试验的资料来看，乐果是一种比较容易挥发消失的有机磷杀虫剂。它在田间未经雨露的条件下，到喷药后第 12 天，无论在老叶或者嫩叶上的乐果均消失达 97% 以上，这就为茶树上使用乐果提供了一定的有利条件。

关于茶树上施用乐果后的采茶安全间隔时期及其残留物的最大允许量，目前尚无规定。我们参考了一些有关资料，根据乐果及其他毒性相似的有机磷杀虫剂在果树、蔬菜和粮食作物上的最大允许残留量来推算：乐果在粮食、果蔬等食用作物的最大允许量为 2ppm，即每千克食物中含有 2 毫克的乐果。一般规定是按每人每天食用 0.5 千克

---

① 陈子元：利用放射性同位素研究茶树上喷洒有机磷杀虫剂——"乐果"后的渗入、消失和残留情况。见：《陈子元核农学论文选集》。杭州：浙江教育出版社，1998 年，第 13、20 页。

含有乐果残留物的食物计算，这样推算出来每天对乐果的口服量只要不超过 1 毫克，就不至于对人的健康有所损害。从我们的试验来看，在喷药后第 12 天进行采茶，茶树嫩叶上乐果的总残留量已下降到 5.3ppm（每克鲜叶中含乐果 5.3 微克），将此鲜茶加工，如果以 2 千克鲜叶制成 0.5 千克干茶计算，每克干茶中乐果的含量只有 21.2 微克（尚未考虑在加工过程中茶叶中乐果还可能减少）。又由于一个人每天茶叶的饮量远较粮食或果树为少，一般在 5 克左右，就是以边茶来计算，最高也仅 40 克左右，这样每人每天从茶叶中口服的乐果量不会超过 1 毫克，由此我们可以认为在茶树上喷洒乐果后，经 12 天后采茶已达到"安全采茶期"。还应当指出，我们的试验是在未受雨露的条件下进行的，并且还未考虑茶叶加工过程中乐果残留物也会挥发消失一部分。估计实际的"安全采茶期"尚可缩短，至于缩短多久，这尚需要结合上述因素进一步试验来确定。[①]

这篇论文标志着同位素实验室实现了研究转型。而转型无异于新的创业，创业又总是艰辛的。回首当时情形，"当事人"之一的孙锦荷老师记忆犹新。1962 年，她从华东师大放射化学专业毕业，分配到浙江农业大学农业物理系生物物理教研组工作，成为陈子元教学上的助教和科研上的助手。次年，在同位素实验室与中国农科院茶科所协作开展的农药在茶树上残留课题研究中，她成为重要的一员。茶科所位于杭州梅家坞附近，由于那里就有茶园，为了避免移栽损伤而起到更好的研究效果，课题试验便"实地"进行，尽量结合实际喷施农药，然后在自然条件下观察农药消失情况。取样，采样，再取样，采样……"师徒"二人踩着自行车，路经杭州六和塔，一趟趟往茶园里跑。"初来乍到"的年轻的孙锦荷，充分体验到了收获背后的劳苦："科研条件是比较差的，为了做试验跑来跑去，很不容易。陈老师亲自参加，那个时候他也还年轻。而且我发现，陈老师当时就已经具有很强的协作精神了。"

---

① 陈子元：利用放射性同位素研究茶树上喷洒有机磷杀虫剂——"乐果"后的渗入、消失和残留情况。见：《陈子元核农学论文选集》。杭州：浙江教育出版社，1998 年，第 18-20 页。

1964年3月，国家科委在京召开全国核素与辐射在农业和生物学中应用学术会议，陈子元与会交流研讨。4月，国家科委与农业部发布《1963—1972年农业科学技术发展规划（草案）》，把电离辐射的农业生物效应、农业科学研究核素应用等项目列入规划。6月，陈子元等与中国科学院上海有机化学研究所合作，研制成 ^{35}S－杀螟硫磷，供科研教学使用。

1964 至 1965 年间，借助于放射性标记化学农药，陈子元等人经研究又连续发表了《水稻抽穗期施用 ^{35}S－E605 后在稻叶与稻谷上的残留动态》等 8 篇论文，分别载于《化工技术资料》、《蚕业科学》、《原子能》、《茶叶科学》、《放射性同位素在农药残留研究上的应用》等刊物上。1966 年，又有 3 篇同一系列的研究论文见于《昆虫学报》、《农药残留研究资料选编》、《昆虫知识》等书刊。其后受"文化大革命"运动的影响，时至 1972 年才又"续写新篇"。

图 5-3　陈子元利用同位素进行农药残留研究早期若干论文

1966 年的几项研究，系承接的浙江省和国家有关部委下达的研究项目，主要研究目标是如何合理、有效和安全地使用乐果、杀螟松和 E1059 等农药。乐果、杀螟松是高效低毒杀虫剂，一般的报道认为，用以防治蜘蛛、红蜘蛛等害虫的乐果残效期较短，而对广谱性有机磷杀虫剂的毒理研究，还缺乏相应的资料。至于防治"术籽虫"效果甚佳的 E1059，则对人畜有较强的毒性，其在植物体内的残留早已为各国所重视，是否能在中药材白术的种植上安全使用，还需提供较为可靠的依据。几项课题的研究，就是基于获得这些"可靠的依据"而展开的。这些课题具有很强的实用性，研究意义重要，从课题"利用 ^{35}S 研究 E1059 在白术上的输导、残留及其体内的转化动态"的提出背景可见一斑：

> 白术为浙江生产的重要中药材之一，年产量大，栽培面积达 1334 公顷之多。但近年来白术种子遭受"术籽虫"危害后，产量损失甚重。1962 年，据东阳县玉山尚湖、岭口、玉峰、尖山等公社初步调查，白术种子平均损失率为 60%，严重的达 90% 以上，影响了药农经济收入和人民卫生保健事业的用药需要。为了防止白术生产的继续下降，1963 年，东阳尖山公社施用 3000 倍的 E-1059 稀释液防治"术籽虫"，试验结果收效很大，增产 4 成以上，深受群众欢迎。但该农药对人畜毒性较强，故在中药白术上能否应用，引起了有关部门的关注。同年 10 月省卫生厅召开了"白术'术籽虫'防治"座谈会，医药、生产等许多单位一致要求，（向浙农大）提出本课题的研究。①

图 5-4 1965 年的陈子元

1963 年到 1966 年，虽然时间不长，却是同位素实验室团队追踪农药残留研究的重要时期。根据学科特点和当时的实际需要，从 1963 年起，在高等农林院校中，陈子元带队率先开展了标记农药合成的研究并取得成功，在此基础上又进一步率先开展了农作物上农药残留的研究。实验室一班人借助自

---

① 引自课题论文，见 1966 年浙江省农科院《农药残留研究资料选编》。

主研制的标记农药，应用同位素示踪技术，对各类常用农药在农作物，如水稻、棉花，以及桑、茶、中药材等上的吸附、残留、转移、消失和分解等的规律进行了系统的研究，经过无数次试验，明确了农作物农药残留量的大小与施药的数量、次数、时期、方式等有关。一系列的研究，在中国开拓了应用同位素示踪技术研究农药及其他农用化学物质对人畜、环境污染及其防治的新领域，研究成果受到科研管理部门的重视和农业生产部门的欢迎。

研究农药运动规律，成为陈子元 20 世纪 60 年代初"反思"之后自主选定的科研新航标。当大洋彼岸的美国海洋生物学家蕾切尔·卡逊以《寂静的春天》一书提出杀虫剂危害[①] 的时候，陈子元从凝练研究方向入手，通过自己的深入调查，不仅认识到了农药残留的危害，而且以学人之责、科学之志着手"学术解剖"，开拓了一个崭新的学术研究领域。

面对当今中国乃至世界范围内食品与环境安全不断告急的现实，回想陈子元一班人当年的农药残留研究起步之路，可以看出他利用核素示踪技术研究农药残毒所涉及的农业生态环境保护意识与实践，极具前瞻性。

家国变故　坚持研究

从 1956 年开始，到三年困难时期，再至"文化大革命"前夕，这段时间是中国核农学第一个十年的"创业期"。也是陈子元率领"核农浙军"探索前行的头十年。随之而来的"文化大革命"运动，让发展中的核农学遭遇了巨大困难，"核农浙军"也经受着严峻考验。

1966 年 5 月后，历时十年的"文化大革命"全面开始。陈子元并没有

---

① 书中描述因 DDT 等有机合成杀虫剂使用，人类可能将面临一个没有鸟、蜜蜂和蝴蝶的世界。这一关于农药危害人类环境的惊世骇俗的预言，在受到与之利害攸关的生产和经济部门的猛烈抨击的同时，强烈地震撼了社会公众的神经，在世界范围内唤醒人们的环境意识，引起人们对野生动物和环境问题的关注。

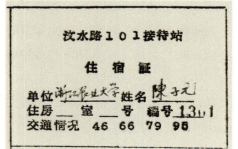

图 5-5　陈子元上海之行部分票证

受到太大的冲击，只是在运动刚开始的时候"靠边站"了。所谓"靠边站"就是不被革命造反派信任，不能教学，不能参加革命行动，只能整天学习改造，学校大部分的教师一开始都是这样靠了边。

陈子元很快感觉到，这一次的运动，全然不同于以往所经历过的任何一次。科研和教学工作基本停顿，他只能悄悄地整理和保护好科研资料，保护好实验室的器材设备。他还有了一个天真的想法，想趁着红卫兵大串联的风潮，也出去走走，见见核农技术研究领域的熟人和朋友，做些交流，了解一下大家的状况，以便为将来做些准备。1966 年 11 月，他和同系的钱泽澍老师一路坐着篷车去了上海，暂住在一所中学里。结果，在上海要找的人，老的关进了"牛棚"，年轻的都去"抓革命"了。看看这形势，原本还要去北京的打算大打折扣，报上也刊登消息说全国进京人员太多了，各地要尽量加以控制。于是，北上念头随之打消，很快返回了学校。

1967 年 10 月，陈子元被宣布"解放"，可以参加系里的一些活动了。"解放"了的他被分配去接待外地来浙农大的师生，工作之余，每天还必须到系里报到，参加各种各样的大会和学习。白天参加运动，晚上仍坚持科学研究工作。业务无法正轨进行，他越来越按耐不住。一天开会学习的时候，突然灵光一闪冒出来一个"点子"，随后去了常去寻购专业参考书籍的外文书店，买回了英文版的毛选，以及德文和俄文版的《毛主席语录》。每逢再开会学习，他就"啃起"洋文版毛选和语录，借此巩固、提高自己的外语水平。"这一招"对他后来成为国际原子能机构总干事的科学顾问，去维也纳参加国际原子能会议与各国科学家交流，起了很大的作用。在那个断裂的年代，他一边巧妙地学习着、积极地生活着，一边暗暗等待着新的开始。

1969年，在停止正常教学数年之后，全国各学校流散的师生们被陆续召回，开始"复课闹革命"。农业院校则再次下乡，到农村去。被光荣选派下乡的师生扯起了"教育革命小分队"的旗子，陈子元也在其中。去的也还是金华，在孝顺和雅畈两地分头住在生产大队的大队部或是农户家中。半年多的时间里，并无教学和生产实践，每天只是开开座谈会。除了必须参加的活动，陈子元给自己做了特

图 5-6　陈子元 1970 年在浙农大华家池畔

别安排，他经常出现在田头或粮仓，观察谷物庄稼，同农民聊天，了解和帮助解决农业生产中存在的问题。在师生们看来，他似乎很喜欢在乡下的日子。多年以后他表示，自己的研究工作本身就关乎农业和农民，到乡下搞搞调查没啥不好，当时只是不想浪费时间。

1970年，恰逢杭州味精厂想上马 920（赤霉素）项目，来校寻求合作，陈子元提前结束在农村的日子，作为 3 名教师之一被选派到了该厂。920（赤霉素）是一种植物激素，用来刺激作物生长，工艺原理不复杂，利用现成设备就能做出来，虽与个人的核农研究没有什么直接关系，陈子元还是很积极地参与了具体工作。项目完成后，厂里又提出联合搞离子交换树脂技

术，直接从发酵液中提取结晶味精（麸氨酸钠）和920（赤霉素）。这是一项成本低、收效高的新工艺。陈子元于10月赴上海，在上海树脂厂实验室完成小型试验，将研究筛选出来的适用树脂带回杭州，以便应用。后因设备投入出现问题，新工艺最终未能推广。

就在这一年，陈子元的二弟陈子良遭受"文化大革命"迫害抱病离世。陈子良毕业于大夏大学土木工程系，新中国成立后支援大西北去了西安工作，与后来去了内蒙古的四妹一样，都是陈家兄妹中走得最远的。"文化大革命"开始后，陈贤本收到陈子良从西安的来信，说是让父亲为早年他一度从事过水电装修的事，书具一纸证明。这时家人才知道，陈子良已在工作单位被关"牛棚"，罪名是新中国成立前经营过水电装修业务，应属剥削劳动人民的资产阶级。陈子良到西安后，因水土饮食不服罹患严重胃疾，加之批斗折磨，身体已十分虚弱，及至1970年，不治身亡。身后两个女儿，一个送去外婆家，一个被祖父母接回南方由陈子元家抚养。世事无常，遭受丧子之痛，陈贤本积郁成疾，病病恹恹挨到1975年亦撒手人寰。

70年代初，浙江省金华县等地在水稻抽穗后使用化学农药有机汞剂"西力生"防治稻瘟病，因喷药次数多，浓度大，致使有机汞毒污染谷物，社员食用后，有三百多人中毒。同时，金华县、嘉兴县等地还发生了施用"稻脚青"（学名"甲基胂酸锌"）造成的有机砷农药中毒事件。人们通过加工把大米外表皮磨掉以降低砷的含量防止中毒，起了一定的作用。但这只是权宜之计，当时大米等粮食紧缺，禁不起这样折腾，研究更为科学有效的控毒方法势在必行。农药中毒事件引起各级领导的高度重视，迅速布置有关单位进行农药残毒研究工作。陈子元由于早已开始此类研究，便于1971年从杭州味精厂奉调回校科研攻关，标记合成^{76}As−甲基胂酸锌农药，进行安全合理施用方法研究，以解决大米粮食安全问题。

这项研究极富意义，但有机砷标记农药合成试验的难度和风险却很大。砷−76的辐射剂量比较高，半衰期比较短，从北京运回后必须马上开罐合成，不及时就有报废的可能。合成操作需要在很短时间内进行，并且

图 5-7　陈子元（左二）1971 年在浙农大东大楼生物物理教研室讲解农药残留问题

要保证连续完整。冒着高辐射风险，面对短时间连续合成困难，陈子元一如既往地亲自"操刀"，其他人员予以配合："当时我们还没有机械手，要把放射性砷-76 从铅罐里面取出来必须严密控制。放射性控制一般分三个方面：一是接触距离，要远；一是接触时间，要短；一是所用放射性物质剂量，要少。时间是算好的，强度是多少，承受的辐射量是多少，就知道有多少时间可以利用了。我身上穿着铅围裙，戴着铅玻璃防护眼镜，然后拿竹竿作的遥控棒从里面拎出来，迅速放到实验台上去合成。"

　　该项研究的阶段性成果"利用 ^{76}As 标记农药研究稻脚青在水稻上的活性情况和残留动态"，当年即投稿至中国农业科学院原子能利用研究所所刊《辐射和同位素在农业上的应用》，并于次年刊出。1972 年 5 月，国家科委在北京召开首次辐射和核素农业应用座谈会，这一论文亦提交该会议进行交流。经过一年来在早、晚稻上的试验，论文（研究）得出如下建设性"结论"：

（一）稻脚青具有一定的内吸性能。进入稻株后药剂趋集于生长旺盛处，如在穗形成后，便开始向穗部积贮……可以认为，只要稻脚青的每次施用量控制在 0.125 千克／亩以下，施用期控制在收获前 35 天（早稻）到 45 天（晚稻）左右，这样成熟后，稻谷中砷的残留量可在容许残留量以内。

（二）稻脚青虽然具有一定的内吸性能，但其内吸的量不大，运转的速度不快，如在孕穗、抽穗以后发生病情而需要用药，只要将稻脚青施在稻株基部，而不与稻穗直接接触，这样不至于产生药害……

（三）通过对稻脚青在稻株上内吸性能及其内吸速度试验的了解，如用灌土方法施药，可以减少地面部分植株的污染，唯施药时间要求提早（实际上起防病作用）……

（四）通过稻脚青药液喷施于稻株后的残留动态测定，得出在自然环境中稻脚青在早稻（分蘖期施药）上残留半衰期为 4 天左右，晚稻上残留半衰期较长些。分蘖期施药的为 7 天以上，孕穗期施药的为 8 天左右，抽穗期施药的在 9 天以上。并从试验中见到，药剂在稻株上残留半衰期的长短受降雨及气温影响极大。

（五）稻脚青以有机态砷被稻株吸收，进入植株体内受植株代谢变化影响，也会逐渐分解转化成无机态……因有机态砷的毒性远较无机态砷（As_2O_3）低几十倍，所以对稻谷中砷的残毒研究，尚需继续摸清稻脚青在稻株与稻谷内的代谢动态，为正确地制订有机态砷的容许残留量和安全等待期，提供依据。[①]

与此同时，由陈子元牵头研究的《利用放射性同位素标记农药研究茶叶生产上施用 E605 和 E1059 后的残留量问题》，也于 1972 年发表在《放射性同位素在农药残留研究上的应用》上，这是"文化大革命"期间他的研究工作"正常"后又一篇比较重要的论文。

茶叶是我国农业生产中主要经济作物之一，由于大量外销创汇，为了

---

① 陈子元：利用 ^{76}As 标记农药研究稻脚青在水稻上的活性情况和残留动态。见：《陈子元核农学论文选集》。杭州：浙江教育出版社，1998 年，第 127–128 页。

保证产量，较多地施用有机磷农药 E605 和 E1059 来防治茶叶上易发的各种蚧虫和粉虱类害虫。同时，为了保证品质，"E605 和 E1059 在茶叶上残留情况的研究对保证茶叶丰产和人体安全具有极其重要的意义"。经过研究，陈子元和同事们得出了明确的研究结果和施药后"安全收获期"指导意见：

> E605 和 E1059 在茶叶上的消失速率，与气温有很大关系，气温越高消失越快，若以 E605 与 E1059 两者比较，则 E1059 消失较 E605 慢得多……推算出来的采摘茶叶的安全收获期，初步确定如下：
> 春季喷施 E605 的安全收获期为 14 天（约半个月）；
> 冬季喷施 E605 的安全收获期为 25 天（约四周）；
> 夏季喷施 E1059 的安全收获期为 40 天（约六周）；
> 冬季喷施 E1059 的安全收获期为 75 天（约二个半月）。[①]

由于我国内销以及外销的农产品中有机氯农药"六六六"超标，影响人体健康，从 1972 年起，陈子元又着手对当时使用最广泛的六六六农药残毒问题进行研究，并将研究从农药在作物上的残留拓展到在土壤与环境中的残留、降解，向农业环境保护领域拓展或转型初露端倪。相关论文《应用同位素示踪法研究六六六在水稻上的残留动态和土壤中的污染程度》发表在《农药工业》1974 年第 2 期上，其"结论"指出，通过 1972 年试验结果，初步得出以下几点看法：

（一）水稻上施用六六六农药后，残留在稻株上的六六六消失很慢，在我们上述试验条件下，消失半衰期为 6.7 天。当水稻成熟收割后，在施药一次的稻草中六六六残留量为 1.9—4.3ppm，施药三次的高达 8.5ppm，如果作为家畜饲料，六六六残留物将侵入家畜体内。

（二）早稻按每亩施药 6% 六六六可湿性粉剂 0.75 千克用量，用药

---

① 陈子元：利用放射性同位素标记农药研究茶叶生产上施用 E605 和 E1059 后的残留量问题。见：《陈子元核农学论文选集》。杭州：浙江教育出版社，1998 年，第 91 页。

次数不超过三次，最后一次用药时间在水稻收割前 21 天以上，这样糙米中六六六（混合体）的残留量未超过 0.5ppm。

（三）每次用药后（喷雾），部分六六六残毒能残留在土壤中污染土壤，施药三次的待收割以后，土壤中六六六的残留为 0.27ppm。由于本试验在盆钵中采用喷雾施药，有部分六六六施药时飞散在空气中，所以在土壤中的残留，估计较大田中喷雾或采用其他施药方式（粉剂、撒毒土等）为少。[①]

陈子元和同事们 70 年代开展的农药残毒问题研究，植根于"文化大革命"前打下的深厚"老底子"，此时，从试验材料、试验方法、试验结果到分析讨论，直至得出结论，全然可以依靠他们自己的力量来进行和完成。在仍然凝重的"文化大革命"空气中，他们与有关教研组合作，利用放射性核素研究多种农药的残留情况，并初步展开了农业环境保护方面的研究。这在全国来说，实属难能可贵。

陈子元后来在对中国核农学三个"十年"的回顾梳理报告中写道：

第二个十年（从 1966—1976 年）是核农学发展的滞缓阶段，在此期间，我国核农学事业遭到严重破坏和干扰，发展滞缓。大部分单位、实验室关闭，研究工作中断，教学工作停顿，专业人员失散，仅仅少数单位和一部分科研项目（如辐射育种、农药残留和安全使用标准研究等）因生产上或外贸上迫切需要解决，在极端困难的环境和条件下坚持下来……总的来说，"文化大革命"期间，我国核农学的发展是非常滞缓的，并使我国核技术农业应用的研究水平与国外先进国家的差距拉大了。[②]

---

① 陈子元：应用同位素示踪法研究"六六六"在水稻上的残留动态和土壤中的污染程度。见：《陈子元核农学论文选集》。杭州：浙江教育出版社，1998 年，第 135 页。

② 陈子元：核农学三十年——发展与回顾（在"中国原子能农学会三届二次理事会暨学会成立 10 周年庆祝会"上的报告，1989 年，杭州）。见：《陈子元核农学论文选集》。杭州：浙江教育出版社，1998 年，第 814–815 页。

浙江农业大学就是当时坚持下来的主要的"少数单位"。纵观整个"文化大革命"期间，浙农大教师按照国家和浙江省有关部门下达的计划，开展了一些科研工作，每年研究项目约有 30 个，课题 60 个，参加科研的教师 200 人左右，约占全校教师人数的 40%。他们在受干扰和困难的条件下，坚持农业科学研究和推广，并取得了以核农学技术研究应用为代表的一批重要成果。

而对于陈子元来说，真正的转机出现在 1972 年 6 月，他接到来自北京的通知——国家农林部①科教司让他赴京汇报情况。什么情况呢？他也只有去了以后才知道。

主持编制农药安全使用标准

国家农林部大楼位于北京西长安街，听取汇报的是农林部科教司司长臧成效。在开诚布公地介绍了中国农副产品出口退赔的情况后，他请陈子元具体谈一谈浙江农业大学关于农药残留问题研究的情况与进展。这是再熟悉不过的话题了，陈子元不假思索地开始汇报。话匣子一打开，时间很容易不够用，一次汇报不行就又多来了几次。

接连听取了几次汇报后，臧司长向陈子元透了底：鉴于国内农业生产上农药污染程度严重的现状，国家农林部有意制订一个农药安全使用方面的部颁标准，因为浙江农业大学起步较早，希望你们做好接受课题的准备。另外，也邀请你去秋季"广交会"，讲一讲农药残毒方面的防治知识和我国开展的有关研究，给大家普及一下相关科学知识。

70 年代初我国出现的农药公害，不仅影响国内人畜安全，还造成了农产品外贸出口创汇重大损失，急需重视和解决，因此，臧司长的态度十分诚恳，心情也非常着急。

————————

① 我国农业部门之称谓多有变化，1970 年 6 月—1979 年 2 月为农林部；1979 年 2 月—1982 年 5 月为农业部；1982 年 5 月—1988 年 4 月为农牧渔业部；1988 年 4 月至今又为农业部。

20世纪70年代，工农业污染造成的"公害"已经成为全球的通病。当时，中国近邻日本的"四大公害"成为最典型事件。20世纪50到70年代，在经济高速增长过程中，日本的公害问题越来越严重，相继发生了水俣病、第二号水俣病、哮喘病、痛痛病等公害病①。这些公害病引发了群体事件，最终发生了轰动一时的四大公害诉讼——新潟水俣病事件、四日市哮喘事件、痛痛病事件、熊本水俣病事件，被告均为资力雄厚、财大气粗的大企业。作为重要的契机，通过四大公害诉讼，日本后来加大了解决环境问题的力度。

各国为了缓和国内舆论和压力，也被迫采取了一些对策和措施。继瑞典之后，美、英、法、加等国政府都建立了"环境保护部"，日本在1970年增设了"环境厅"，又在1971年建立了残留农药研究所。西方国家的一些农药厂里自己也设立研究部门，对每一种生产的农药进行药效、药害鉴定，并对农药的急性毒性、残留毒性和动植物体内代谢降解情况进行研究和测定，所生产的农药经政府有关部门审查后才获准登记注册投产。在联合国粮农组织（FAO）里设有"农药委员会"和"农药残留工作部"，世界卫生组织（WHO）设有"农药残留专家委员会"以及由FAO/WHO联合组成的"农药残留委员会"。

70年代初期的中国，农药残留超标问题已经浮出水面，令人堪忧。除了浙江的农药中毒情况，同一时期，广东、山东等地均出现了"记录在案"的农药中毒事故。农林部、卫生部、商业部于1971年写给国务院并由国务院转发全国"各省、市、自治区革命委员会"的《关于安全使用农药问题的报告》中作了点名例举：

在伟大领袖毛主席"备战、备荒、为人民"方针的指引下，我国农药生产的品种和数量不断增加，应用的范围逐步扩大，对农业生产的发展起到了一定的促进作用。但是，由于我们满足现状，思想麻痹，对安全使用农药工作抓得不紧，宣传不够，以致近年来不断发生

① 公害病是指由产业活动所排出的有害物质而引起的疾病。

126

农药中毒事故，有的造成了严重伤亡。例如：

广东省新会县使用"一六〇五"剧毒农药防治稻螟虫，由于没有严格遵守操作规程，使一千三百多人中毒，九人死亡。

山东省曹县城关公社使用"一〇五九"剧毒农药管理不严，配完农药后，未将药瓶及时保管起来，一个六岁孩子用手摸了药瓶和吸药管，回家后又摸了馒头，三个孩子吃了馒头后中毒死亡。郓城县潘渡和李集公社两名社员用"一〇五九"药液洗衣服灭虱子，穿衣后出汗，也中毒死亡。①

国务院在当年的转发通知"〔71〕国发23号文"中要求：

发展农药生产，加强植物保护工作，是贯彻执行农业"八字宪法"，促进农业增产的一项重要措施。除了要切实做好安全用药的工作外，还必须土洋结合，努力研制和生产更多高效低毒的农药，为加速发展我国的农业生产做出新贡献。②

为贯彻落实国务院"切实做好安全用药的工作"这一要求精神，农林部拟了一个《剧毒农药安全使用注意事项》以"〔71〕农林（农）字第13号"通知的形式下发给各省、市、自治区生产指挥部（组）。该通知具体规定了"剧毒农药使用范围"：

（一）有机磷制剂：

1."一六〇五"乳剂可用于防治棉花、苹果、柑桔、梨、桃等果树害虫。地下害虫及麦蜘蛛，但必须在收获三十天以前使用。

2."一〇五九"可用于防治棉花及各种未结果幼树的害虫，防治高粱蚜虫，只准用涂茎法，而且必须在收获四十天以前使用。用喷雾法防治苹果、梨、桃、柑桔的害虫，必须在收获三十天以前使用。包

---

① 资料查于中央档案馆（为抄件，按照中央档案馆规定，档号不予提供）。
② 同上。

扎法的使用，只限于未结果的幼树。

3．"一六〇五"与"一〇五九"，严禁用于防治下列虫害：蔬菜害虫、城市树木害虫、蚊、蝇、臭虫、虱子、家禽、家畜的寄生虫。严禁用于毒鼠、毒鱼、毒鸟兽等。并严禁用于涂治人、畜疥、癣等各种皮肤病。

4．"三九一一"可用于棉花、小麦等作物拌种。

（二）有机汞制剂：

目前使用的主要品种有赛力散、西力生、富民隆等。赛力散、西力生主要用于棉花、甜菜、小麦、大麦、亚麻、粟等拌种及水稻浸种。如用于防治水稻稻瘟病时，只能在抽穗前使用，抽穗后严禁使用。

（三）砷（砒）制剂：

目前农业上使用较多的主要有白砒（又名信石、砒灰、砒霜）、砷酸钙、砷酸铅、甲基胂酸钙、甲基胂酸锌及甲基胂酸铁铵等。白砒可制作毒谷、毒饵和拌种，防治地下害虫和小麦黑穗病。农业用的白砒，必须染成粉红色，以防误食。

砷酸钙、砷酸铅用于防治粮食、经济作物、蔬菜、果树害虫，但在果树、蔬菜收获前半个月内，不可使用。砷酸钙不可用于豆类作物和桃李等果树，以免药害。

凡是因剧毒农药中毒死亡的各种动物，必须深埋，严禁食用。[①]

针对第二方面"研制和生产更多高效低毒的农药"要求，农林部等部门也有所"方案"，并充满了乐观认识：

目前，我国使用的西力生、赛力散、富民隆等汞剂剧毒农药，不仅污染粮食，还污染土壤、水源，对人畜危害很大。为使这种危害不再继续发展，今后拟不进口这类农药，国内也不再生产，并尽快研制和生产出新的农药予以代替，逐渐停止使用。现存的只作应急之用。

---

① 资料查于中央档案馆（为抄件，按照中央档案馆规定，档号不予提供）。

为此，必须积极发展高效低毒的新农药，特别是发展生物制剂农药的研制和生产。近年来，许多国家都在积极发展生物制剂农药，我国许多地区也已开展了这方面的工作，并取得了很好的效果。如已试验成功的春雷霉素，就是一种较好的生物制剂农药，用于防治稻瘟病，效果比西力生还好，而且原料丰富，制作简便，便于土法生产。许多地方的经验证明，发动群众，土法上马，土洋结合，发展农药生产，是很快可以取得成效的。建议各地都要抓紧安排高效低毒农药和生物制剂农药的研制和生产，争取在几年之内实现农药的自给。①

方案所指的生物农药，是新农药的发展方向之一。但是，由于化学农药高效快速，人们仍寄希望于化学农药防治病虫害，对生物农药的研制和应用曾一度漠视、忽略。当时，许多地方仍在使用六六六、DDT 等高残留的有机氯农药，造成大量粮食污染。据调查估算，仅这两种农药污染粮食就达 250 亿公斤左右，被污染农田面积约 2 亿亩，人畜中毒事故时有发生。有数据显示：

> 我国上海人体脂肪中农药积蓄量与美、英等国比较，六六六比日本高 3 倍，比美、英、印度、意大利高 160 倍；滴滴涕除低于印度外，高于其他国家，而 DDE 的积蓄量则以我国为最高。上海还分析了 20 例人体肝脏中有机氯农药，含量的均值为 0.98—1.62ppm。②

农药污染进而导致大批鸡、蛋等农畜出口产品农药残留检测超标，产品要么被进口国海关就地销毁，要么被"遣返"，外贸出口遭受严重不良影响，出口创汇损失难以估量③。1972 年 2 月我国向瑞士出口的三百吨冰蛋中，六六六及高丙体六六六残存物质平均值超过该国允许限度的 18

---

① 资料查于中央档案馆（为抄件，按照中央档案馆规定，档号不予提供）。
② 引自石化部、农林部、卫生部于 1978 年 1 月 5—14 日在杭州联合召开的"全国农药毒性、残留研究工作座谈会"上山东省代表所作的"汇报提纲"，第 3 页。
③ 相关记载见浙江农业大学 1972 年 11 月 20 日编印的广交会内部交流资料《农药残毒对农作物的污染及其防治》，第 4 页。

倍（极高值的六六六超过了 33 倍），滴滴涕超过 12 倍。这批由青岛出口的鸡蛋最终被退了回来。我国向联邦德国出口的河南上级烟叶中含滴滴涕及 DDE 达 9.05ppm、四级烟叶达 32ppm、五级烟叶达 19.2ppm，而联邦德国规定都不能超过 1ppm。同时，我国与联邦德国签订了七批茶叶出口合同，有两批出口后，经联邦德国分析检验，六六六超过残留标准，撤销了合同。我国向加拿大出口的蘑菇罐头中水银的含量超过了加拿大的规定限量数倍，向日本出口的绿茶经检查也含有滴滴涕和六六六残留。在世界上享有很高声誉的江西清蒸茶，由于六六六残留量超过标准，不能出口而主动取消了出口合同……五六十年代，在我国工业建设的初始阶段，主要依靠出口农产品以换回工业机器和设备、技术，后来也主要依靠出口农产品换取外汇。早期对外出口的六种物资中，粮食、油籽、牲畜、土产、经济作物等五种都属于农产品。因而，农业生产以及农产品出口对我国工业化建设和外贸发展至关重要。农药危害显现后，对人畜安全和外贸出口都带来了空前的压力。

造成农药污染的直接原因，是农药使用不当和缺乏安全使用的知识和措施。为加强对农药安全工作的领导，国务院决定"由农林部、卫生部、商业部、燃料化工部、外贸部和中国科学院联合组成农药小组，负责研究有关农药生产、使用和科学研究等方面的协作问题，由农林部负责召集"。正是在这一背景下，农林部和农药小组开始动议研制部颁农药安全使用标准，并"追踪"到了浙江农业大学以及农药残留研究专家陈子元身上。这无论是对学校还是陈子元个人，都是一次历史性的机遇。

根据农林部的意见，陈子元回到学校后立即组织协作组开展工作，从制定研究方案到实验用器材和设备的完善，从进一步的调查到资料收集，无一不亲自过问。直觉告诉他，农林部的这一项目十有八九最终会下达给浙农大。

这年 11 月下旬，陈子元赴广州参加秋季广交会，为与会的国内商家和农畜产品的外贸出口部门作了题为"农产品中化学农药残留的防治措施"的科普学术报告。会前，还向农林部汇报了农药残留研究工作，并探讨了全国农药使用中残留危害情况。这次讲座，对陈子元来说，也是在进一步梳理自己的研究思路。

广交会每年春、秋召开两届，是综合性国际贸易盛会。陈子元当时参加的是1972年秋季第32届广交会，会期为11月23日至12月1日。除了自己作报告，他还把

图 5-8　在 1972 年广交会上作农残防治措施报告

浙农大联合浙江日报社印制的资料手册《农药残毒对农作物的污染及其防治》下发给大家。对所肩负的责任，他思路很清晰："我在广交会上的交流有两种作用，一个是让我们国内的企业、进出口公司、研究单位对农药残留问题引起重视；第二个就是告诉外商，告诉世界，我们已经在做研究和防治了，你们以后可以放心了。"

从广交会回来，时间很快到了1973年。这一年，陈子元与高明尉等教授共同主持编译了《农药残留与污染专辑》及《农业科技译丛》。8月，我国召开了"全国环境保护会议"。其后，环境保护、燃化、卫生、农林、外贸等各部门都分别召开会议贯彻落实全国环保会议精神，农药残留研究工作被提到新的高度来认识。陈子元参加了由燃料化学工业部召开的全国农药会议，感受到国家推进农药残毒研究的"紧迫"氛围。在这种情况下，农林部明确表态，启动全国"农药残留和农药安全使用标准"重点研究项目，并由浙江农业大学陈子元担任项目第一主持人，牵头开展研究。学校立即研究落实工作，除了陈子元，还安排植保系农药专家樊德方教授和化学教研组的同志一起参与，工作地点就放在陈子元的实验室和各有关专业的实验室。

1974年，项目研究任务以农林部"［74］农林（科）字25号"文件的形式正式下达。"全国农药残留协作研究年会"同年召开，陈子元在会上作了题为"农药残留研究"的专题报告，提出农药残留研究的三项主要任务、

所使用的分析技术和方法、几个相关问题等，就落实研究工作进行动员：

一、农药残留研究的主要任务

（一）为研制和发展高效、低毒、低残留的新农药提供基础材料。

在研制和筛选低残毒的新农药过程中，对农药残留性的基础研究，是一个必不可少的重要环节。许多国家都规定了在新农药的登记注册时，除了审查农药的药效和急性毒性等试验资料外，还必须提供农药的残留毒性；作物上的残留；土壤中的残留和分解；对水质的污浊；在动植物体内的代谢以及残留农药的分析方法等试验资料，以便对该种农药的安全性作出比较全面、可靠的评价。因此，农药生产单位和科研部门在合成研制和筛选新农药时，以相当多的经费和人力，进行上述各种要求的农药残留研究。同时对一种理想的高校低毒低残留新农药的研制到投产的时间也因此延长到5—7年。近年来，世界各国为了加强和加速高效低毒低残留农药的研究，积极开展农药残留的基础研究。农药残留研究也为改进农药剂型配方，提高药效，减少药害，治理农药"三废"等方面提供了参考数据。

（二）为制订农药残留允许量和安全使用标准提供科学依据。

为了使食品中的残留农药不至于危害人体，就需要制订农药的残留允许量，进行食品卫生监督。另外又从农业生产上合理安全使用农药的角度上制订农药安全使用标准，控制农药施用后不使有过量的农药残留在收获的农产品中，或者污染环境再度侵害人体。因为农作物施用农药后，在作物体上的农药随着时间而逐渐减少，以至消失，如果在规定的施药量和次数下，使最后一次施药离收获有一定的间隔时期（安全间隔期或收获前农药禁用期），这样，收获后的农产品中农药的残留量就不会超过残留允许量。

（三）为保护环境，消除农药污染提出有效措施。

农药的散布，大致有两种方法：一种是直接向作物喷撒来防治病虫害；另一种是喷撒于土壤或水面，直接防治地下害虫和杀灭杂草，或者通过作物的吸收和毛细血管作用来发挥其防治病虫害的作用。除了直接将农药喷撒在土壤和水面外，喷撒于农作物上的农药，其附着于作物体上，也只有10%左右，而其余90%则落入土壤中，或者飞散到大气中，或者溶解在水里，然后流入河川，为水生生物所吸收。在河川水域中的一部分残留农药，又可随水分蒸发，最后再溶解于雨水中，落回到土壤或水域中。残留农药就是通过上述过程进行扩散，污染整个环境。因此，通过对环境中残留农药的调查和研究，能够了解农药对农作物、畜、禽、水生生物以及土壤、水系、大气各方面的扩散，污染途径和残留、积累变化的规律，从而制订防止残留农药对环境污染的有效措施。

二、农药残留研究中所使用的分析技术和方法

为了测定研究生物体内和食品中农药残留量以及自然环境中农药的污染程度，必须对这些对象进行精确的分析，但是这种分析不比工业分析中测定金属或半导体中微量杂质简单。对农药残留分析不但要求灵敏度和精确度高，并且还要求操作简便，分析快。目前在农药残留分析中可使用的分析技术和仪器大致有下列几个方面：

1. 光谱分析法。

（1）可见光、紫外线分光光度法。

（2）红外线分光光度法。

（3）荧光磷光光度法。

（4）原子吸收分光光度法。

2. 色层分析法。

（1）纸上层析和薄层层析法。

（2）气相色谱仪。

3. 电化学分析法。

（1）极谱分析法。

（2）电量、电位法。

4. 放射性分析法。

（1）同位素示踪法和稀释法。

（2）中子活化分析法。

（3）核磁共振法和质谱法。

（4）生物测定和酶学法。

三、农药残留研究工作中的几个问题

（一）关于进行农作物上农药残留研究的设计方案。试验研究方案设计得当与否，对提高工作效率和试验结果的准确性关系很大。在农药——作物组合的残留试验设计中，对试验区数目和面积，药剂的施用时期和次数，试样的采取时间和制备方法，都必须根据试验研究的目的和要求，结合考虑所掌握的药剂和作物的性能，加以制定。为了取得完整和可靠的试验结果，当然试验区数多一些，试验面积大一些，是比较好的，但是，实际上也要考虑到土地面积和工作力量的限制。因此，要使设计方案中试验处理的数目和采样分析的次数尽可能的少，这样，既能节省工作量，又能取得比较完整而可靠的数据。

（二）采取试验样品的问题。为了使分析样品的结果达到一定程度的可靠性，采取样品的数量和方法，根据不同对象，一般有所规定。主要是使采取的样品能够代表试验群体。样品采集以后，有的运送到分析地点尚有一段距离，那么对所采集的样品要妥善保存，防止在运输途中，残留农药发生分解变化。对采集的各种不同处理的样品，必须分别包装，并且详细记载，以免搞错，特别对未施药的对照区试样，更需要分开，专门包装，避免为一些蒸气压大的挥发性农药所污染。

（三）农药残留量的分析问题。包括溶剂的抽提、抽提液的纯化、分析数据的可靠性等事宜。

（四）其他问题。

1. 农作物上农药残留调查和研究，均是以农药——作物为组合进行。如果要作为制订农药安全使用标准的依据，至少要在两个以上地点（部门）采样分析和试验。就是在几个地方进行试验，最好也要经过二年以上的调查和研究，或者加上适当的安全系数。

2. 在动植物和土壤的农药残留研究中，不仅以农药的主要成分为试验对象，还要对药剂中的副成分及其代谢产物进行追踪，尤其是对一些与农药主要成分一样有类似毒性的代谢降解物质，更需要同时进行分析和研究。如果，植物体或土壤中的代谢途径和生成的代谢产物与动物体内不同，那么还必须专门对这类代谢物质进行残留毒性试验。

3. 在农作物实际使用农药时，往往前后几次使用几种不同的农药，于是就必须考虑到这些残留农药间的相互作用。有的能互相起协同作用，毒性加强；有的产生拮抗作用，毒性降低；也有的甲种农药成分会阻碍参与乙种农药成分分解的酶，从而使乙种农药残留量增加，这些都需要加以注意和研究。

4. 农、畜、水产品中的残留农药，由于贮藏，加工、烹饪等过程，往往可使其中残留农药的含量大幅度下降，这方面的研究还不多。另外农药残留含量过高的被污染农、畜、水产品和土壤，如何采取积极有效的措施，加以排除，这也是农药残留研究中很重要的方面，也要加强研究。

农药残留研究的任务很重，内容很多，涉及的面也很广，包括物理、化学、生理、医学、农业等各种学科领域，这就必须充分发动广大群众和科技人员，分工协作，重点突破。[①]

自 1974 年正式接到任务后，作为项目第一主持人，陈子元联合全国22 个省市自治区 43 所高等院校和科研院所的近 200 名科技人员，组成全国农药残留科研协作组，历经 1974 至 1979 连续六年的全国大协作，发表论文和专题报告五百余篇，并最终编制出 29 种农药与 19 种作物组合的 69 项《农药安全使用标准》。该标准经 1979 年部级鉴定，首先以农林部"［79］农林（科）字 4 号"文件颁发在全国试行，1981 年由新组建的农业部以"［81］农业（科）字 19 号"文件正式颁发在全国执行。由于该标准符合国情，切实可行，1984 年被城乡建设环境保护部批准为国家标准 GB4285—84，于当年 5 月 18 日发布，次年 3 月 1 日起实施，从而使我国农业生产中安全、合理使用农药有据可查，有准可依。该标准在国内的

---

① 陈子元：农药残留的研究。见：《陈子元核农学论文选集》。杭州：浙江教育出版社，1998 年，第 691—702 页。

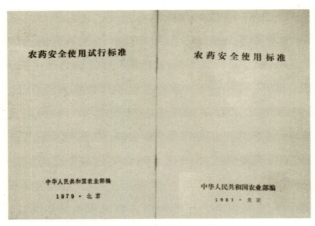

图 5-9　农药安全使用试行标准及部颁标准

图 5-10　农药安全使用标准及研究成果获奖证书

研究和制订尚属首次，填补了一项重大空白，为科学、经济、有效、安全、合理使用农药，防止和控制农药污染提供了有效办法，在我国环境保护、治理以及促进国民经济与生态环境协调发展方面，具有明显而持久的社会效益、经济效益和环境效益。相关研究成果先后于 1979 年和 1980 年获浙江省优秀科技成果奖二等奖，1981 年获农业部技术改进奖一等奖，1985 年获国家科技进步奖三等奖。随着研究任务圆满完成，陈子元在核农学研究领域声誉鹊起。因其在该学科领域的研究独树一帜，他本人于 1978 年全国第一次科学大会上被授予"全国科技先进工作者"称号，次年又继 1955 年①之后第二次入选"浙江省先进工作者"。

对于这一重要的学术研究经历，陈子元在《院士思维》中是这样描述的：

70 年代初，我受农林部委托，承担了"农药安全使用标准研究"

---

①　1955 年，鉴于在有机化学和无机化学的教学上成果显著，陈子元被授予浙江省先进生产（工作）者称号。

的重点项目。在我主持下，由国内43个单位协作 根据我国农作物的结构和布局，实际使用农药状况，选取生产吨位高、用量大、易污染但有发展前途的29种农药品种，以及与人民生活密切相关的粮食作物、果树作物、蔬菜作物和在外贸出口中占重要地位的经济特产作物等19种作物相组合，经过6年的努力，在室外试验和室内分析所获大量数据的基础上，参照国内外食品卫生标准规定的允许残留量或每日允许摄入量（ADI）综合权衡后，编制出29种农药在19种农作物上的69项农药安全使用标准。[①]

农药安全使用标准的研究是一项系统工程，需要多兵种作战才能最终得出科学的结论。43家单位中，除了高校成员，行业单位分别来自农业、化工、卫生等领域，各有各的研究侧重点。比如，在由核农技术单位做放射性研究的同时，也要由分析力量相对比较强的化工单位进行非放射性大田实验采样，分析农药降解之后成为何物，以及对作物、环境有何影响。对象作物被人食用之后，卫生单位要跟进流行病学方面的检测。农业部门则需负责动物试验，粮食做成饲料后其农药残留成分在动物体内的代谢如何最终会与人建立起联系，这一情况也必须研究清楚。对于核农技术单位来说，在具体的研究过程中，既要区别农药、作物的不同，又要区分南北地区、气候条件的差别，只有全面掌握了同一种农药在不同纬度同一种作物和不同种作物中代谢的差异，才能获得制定其安全使用标准的发言权。受作物生长周期的限制，这种试验研究是不可能一蹴而就的，而国家标准的制定又不可能无限期地延长，所以这里面还有一个合理安排、科学统筹的问题。可以说，整个研究牵涉的因素繁多，工程量浩大，投入的人力、物力可想而知。

回想当时是如何分解这么复杂的工作，并把近二百名研究人员组织起来拧成一股绳，陈子元很少谈到自己所起的作用："刚巧是在'文化大革命'期间，不在'文化大革命'期间，别说43个单位。就是四五个单位

---

① 陈子元：选准方向，步步深入。见：《院士思维》（卷一）。合肥：安徽教育出版社，1998年，第341页。

都很难组织得起来。那个时代大家没有活儿干都空着，这样一个大的项目来了，对民生、对贸易有帮助，科技工作者对业务还是有热情的，大家都想工作，都想留在实验室里搞研究。钱也不多，43 个单位一分就没有多少了，大家考虑最多的还是这个研究项目是国家迫切需要的，因此各单位之间非常和谐，大家都互相支持。"

　　但事实上，散布于全国各地的 43 家单位，年龄、性格不尽相同的近二百名科技人员，都要统一目标，协调步伐，既各显神通，又遵循"规章"，其难度不言而喻。作为项目第一主持人，陈子元就不能只埋头于自己的研究，而要把大量的时间和精力，花费在各个协作单位和分类项目的协调与统筹上。他承担了大量的组织协调工作，带领各协作单位制定统一的规划、方法和标准，制订试验规范和方案，稳扎稳打地开展研究。那个年代，通信不像现在这样发达，他和协作组之间主要依靠"通信"和"开会"保持联系。与合作单位间无数次的信件来往，往返各地的检查、研讨、总结，以及每年至少召开一次的协调部署例会，成了他这一时期常有而以前少有的生活图景。

　　在研究技术体系上，他是技术发展方向把舵人，但作为课题总主持人、实验大纲编制者，他从不个人武断。实验方案、计划安排考虑之后，他总是通过会议把各个协作组同志请来，征求大家的意见。实验计划什么时候进入什么阶段，哪些部门负责什么样的内容，都是他提出方案、意见供大家讨论，统一意见后再付诸落实。

　　对于课题经费，他首先考虑到别人。那时大家都需要钱，他宁可自己苦一点，也尽可能地先满足其他人的研究需要，从而赢得了众人的信服和敬重。许多参与者后来认为，这个项目当时之所以能够顺利进行、圆满完成，一个靠他提出技术方案引导研究，一个靠他的人品服众。南京农业大学是当时的参研单位之一，承担了两种农药的研究，该校陈祖义教授一直佩服陈子元的个人魅力："陈先生团队的凝聚力很大，这跟他的为人是分不开的。作为全国大协作项目，没有团队精神、没有凝聚力是很难完成任务的。"[①]

―――――――――

[①]　陈祖义访谈，2013 年 4 月 18 日，杭州。资料存于采集工程数据库。

全国农药安全使用标准项目的主体研究是在"文化大革命"时期进行的，就全国情况来看，从地方到北京的核农研究机构基本上都已关门停摆，中国农科院原子能所也难逃此劫，仅剩下核农浙军孤身奋战，以白天搞批判、晚上搞试验的特殊方式坚守着阵地。1974 年研究任务下达后，原有的同位素实验室因为空间不足早已难敷应用，当时曾打报告要求增加实验室，因学校处于"统统搬到农村去"的状态而无法实现。经商量，决定利用农林部和环保部门投入的部分资金扩建实验室，新盖一座示踪楼。由于经费紧张，从设计、用料到施工，一切从简，能用即可。那时，浙江农业大学的总部已落实"农业大学要办到农村去"的精神迁往杭州郊县临安，现在要在原址搞基建，压力极大。有人一纸举报信，一直"告"到王洪文那里，说别的农业大学都搬到农村去了，而浙江农业大学却在校园中大兴土木，滥用科研经费。但是，陈子元和同事们没有退缩，坚持研究用房建设。他说："这个时候能够顶得住，主要是我们这批同志政治上都比较坚定，别人抓不住什么把柄。"就这样，880 平方米的示踪楼最终盖了起来，为研究项目的正常开展创造了必要条件。

在协调整个项目的同时，陈子元自己还是竭力投入利用放射性同位素追踪农药在粮食、蔬菜、水果、茶等作物和土壤中的残留规律和消失动态的试验研究。1974 年，他与上海昆虫研究所白蚁组共同完成的《利用放射性同位素示

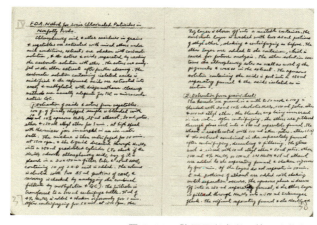

图 5-11　陈子元学术学习笔记（英文）

踪法观察灭蚁灵对家白蚁的毒效》等论文，刊载于浙江农业大学《放射性同位素在农药残留上的研究》（四）。1975 年，论文《杀虫脒的残留研究》，发表在中国农业科学院《原子能在农业上的应用》上。1976 年，他又发表

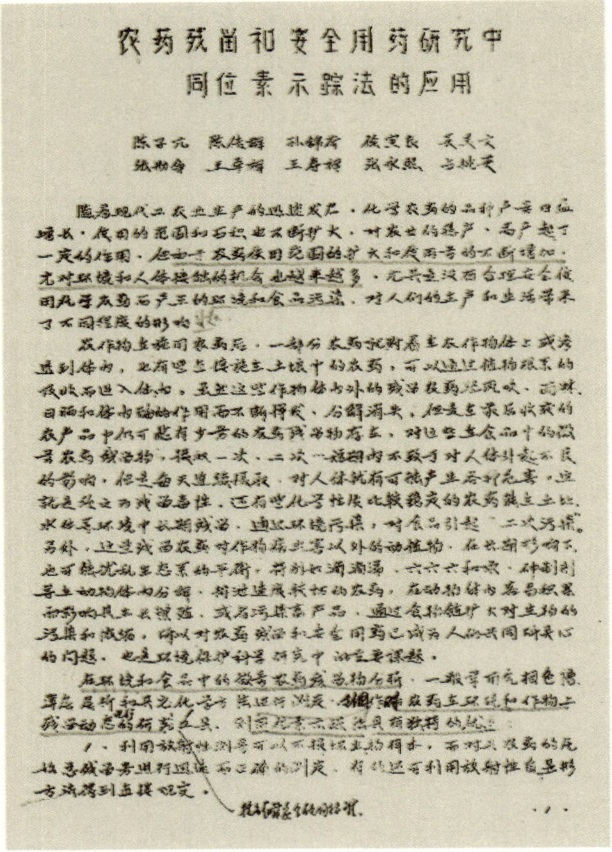

农药残留和安全用药研究中
同位素示踪法的应用

陈子元

图 5-12　一篇 1979 年核农学论文

了《螟铃畏的残留研究》(《浙江化工》第五、第六期)、《放射性标记新农药的合成》(《环境科学》第二期)等多篇论文。1978 年，他还将放射性标记农药在作物和土壤、环境中的残留、降解研究，扩展到其他农用化学物质在环境生态上的残留、动态和变化的研究，论文《氮肥增效剂（CP）在水稻和土壤中的残留》发表于《放射性同位素在农药残留研究上的应用》(八)。

同时，他的学术交流活动异常活跃、频繁。不仅参加了一系列全国性的相关会议，应邀做学术报告，而且多次参与原子能和平应用方面的外事活动①。一系列交流，开阔了他的学术研究视野，进一步奠定了浙江农业大学在核技术应用研究领域，特别是核素示踪技术研究应用领域的学术地位。

项目完成后于 1980 年获得了农业部“农牧业技术改进奖一等奖”，他

① 据不完全统计，1974 至 1979 年间，陈子元所参加的国内重要的学术交流活动达 19 场次，先后接待了阿尔巴尼亚原子能应用考察组、朝鲜原子能研究所所长金景春为团长的核素应用考察团、扎伊尔原子能应用代表团来访等。1976 年 10 月，他还接受农林部援外任务赴阿尔巴尼亚，任农药残留研究分析专家组组长，帮助建立农药残留分析实验室与培训技术人员，次年 5 月完成任务回国（下节详述）。

说得最多的，只有一句话：荣誉不是我个人的，都是大家的！奖状发下来之后，他自行复制了许多份，分送给各个合作单位及项目参与人员，以备参与者将来评定职称所用。1985 年，国家科委拟表彰一批有突出贡献的中青年专家，由于《全国农药安全使用标准》科研项目获得了国家科技奖进步奖，作为第一主持人的陈子元，当然在推选之列。但是，他主动要求放弃资格，力荐第二主持人，使其脱颖而出。

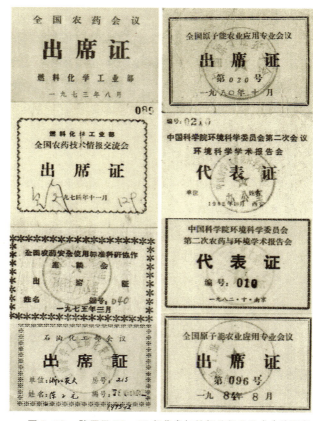

图 5-13 陈子元 70—80 年代参加的部分行业学术会议证件

技术援助阿尔巴尼亚

1976 年，农药安全使用标准项目研究展开的第三年，陈子元又接到了一项全新的任务——受农林部派遣前往阿尔巴尼亚指导农药残留研究。这是陈子元第一次出国，当时的中国还处于封闭状态，科学界的外事活动非常少，而且仅限于为数不多的几个"友好国家"，交往内容多半是根据对方国的要求，给予一些具体技术项目上的援助。考察和学习先进科学技术，则是 80 年代后才面向西方发达国家展开的。

那时中国和阿尔巴尼亚两国，是"同志加兄弟"般的关系。根据两国协定，陈子元等是作为中国专家前往支援的，援助项目是关于化学农药残留问题的，称作"农药残留分析专家组"。国家农林部下达派遣任务后，浙江省农业厅通知浙农大，指名由陈子元任组长。全组仅 3 个人，另外两人，一个是浙农大植保系的农药专家刘乾开，一个是杭州大学外语系承担俄语翻译①的牟正秋。

赴阿时间是 1976 年的 10 月，援助计划为期一年。正式出国之前，援助专家组首先赴北京学习了一个月。"陆续有农林部、外交部的人来做培训，介绍阿尔巴尼亚的农业情况、外交政策、保密规定等等，并发放一些带过去的药品、试剂。还做了衣服，都是中山装，皮鞋、布鞋。出去一定要穿皮鞋，衣服要端正，代表国家的形象。"陈子元回忆说，此时"四人帮"还在台上，因此学习之初对专家组提出的种种要求主要是政治上的。学习尚未结束，"四人帮"就被粉碎了，其时举国欢腾，专家组的后期学习抓得也不那么紧了。陈子元住在农林部的招待所里，出门所见，满大街都是游行的欢庆人群。不过，当时粉碎"四人帮"的消息还没有对外公布。

飞机穿行在万里高空，从机窗向外俯瞰，只见阿尔巴尼亚群山万壑，到处都是陡峭的山地，陈子元深深感觉到了这个国家资源的珍贵，如何有效地控制和降低农药残留对土地和农作物的损害，对阿尔巴尼亚来说，的确是个严峻的问题。在机场迎接陈子元等中国专家的，是阿尔巴尼亚农业部的一名副部长和阿尔巴尼亚昆虫研究所所长阿历山大。阿历山大曾留学中国，在浙江农业大学学习蚕桑。

深秋的巴尔干半岛景色迷人，陈子元等先是在首都地拉那住了一周，被安排在中国使馆旁的专家楼里。当时援阿中国专家很多，该楼是专门建造的。此时，中国国内粉碎"四人帮"的消息正式对外公布，地拉那中国大使馆向援助专家们及时作了传达。陈子元回忆道："我是在地拉那中国大使馆的地下室里听的传达报告，因为要防止监听。我们组是我一个人去

---

① 阿尔巴尼亚此时用俄文。

听的，回来传达。不能手记，要记在脑子里面，回来后也不能在宾馆房间里传达。我们三个人吃了晚饭出去散步，散步途中看没有其他人了，就在海边传达。"

在地拉那的一周时间里，专家组主要是和阿方代表接触，交代工作任务，明确研究课题和所需达到的目标，大使馆则向专家们介绍当地的生活习俗和注意事项。一周之后，专家组到达距地拉那不远的一个港口城市都拉斯，与陈子元专家组接洽的阿尔巴尼亚农业部植保研究所就设在此地。专家组住进了都拉斯饭店，同一饭店里还住着另外两个中国专家组——一个帮助阿援建橡胶厂的 3 人小组，要求该厂建成后生产的产品从皮球到汽车轮胎一应俱全；一个植物病虫害防治 3 人小组，因此先后在一起的共有 9 名中国专家。

陈子元专家组的任务有两个，一是帮助建立一所农药残留分析实验室，二是帮助培训本国农药残留分析技术人员。农药残留分析一时不具备核素应用条件，主要是运用气相色谱和化学方法，进行物理化学仪器分析。跟随专家组学习的阿方人员共有六七人，包括实验员、研究员，年轻年老的都有。仪器设备从无到有，一些设备从南斯拉夫进口，陈子元等人从北京带来了一部分药品，从浙江农业大学带来了一些试剂。实验室仪器设备以及人员培训所需经费，均在中国的援助计划内开支，包括专家们每人每天的生活费用。

最初的一段时间里，陈子元在都拉斯的工作和生活是相当愉快的。因为是熟悉的专业与课题，在研究上只需结合当地农业生产实践进行，实验室的建立和人员培训都相当顺利。只是生活习惯上有些不同。当地人一般是早上 7 时上班，工作一两个小时后在单位吃早餐；再继续工作到下午 2 时，回家吃午饭；午饭后便在家里学习或干别的，单位不再有人了。专家组尽量与之适应，只是在晚饭前会集中一下，收听北京中央人民广播电台的广播。中国专家在当时很受尊重，上下班均有专车接送，值勤的士兵们会向他们敬礼，同事们会邀请他们去家里喝咖啡，还可以经常去住地不远的中国轮船公司驻都拉斯办事处看中国电影。专家组在行动上也是自由的，傍晚时分，他们可以在公园、海岸或码头上随意散步，路人见之，会热情打个招呼。码头上也常有中国海轮锚泊，可与中国海员们聊天，探问国内情况。

在都拉斯的日子里，陈子元能经常吃到宁波人喜爱的海虾。这种大虾在当地时有捕获，但不作食用，捕捞上来就丢弃了。中国专家去了以后不仅经常食用，还告诉当地人这是一道美味海鲜。"他们捕来的鱼是要的，虾不要，说是海里的昆虫。我们住在旅馆里，就让他们给我们烧着吃，红烧的也有，白水的也有。他们尝了觉得味道这么好，以后就不丢了。"

第二年的"五一"国际劳动节，中国专家们被接去首都地拉那，登上主席台观看盛大的庆祝游行。就是这一次，陈子元看到了当时的阿尔巴尼亚国家领导人霍查和政府的部长们。后来时局发生了变化，中阿两国关系趋于紧张。专家组发现，他们的行动开始有人跟踪了，旅馆房间里的文件也常被人翻动。陈子元作为组长每次去使馆听取文件传达，回来后不便在住处公开转述，就只能利用在室外散步的机会，像搞地下工作一样向组员们悄悄通气。

尽管两国关系发生了变化，但人民之间的友谊依然在延续，只是不能太直接地表达了。陈子元记得，有一次自己走在街上，忽然一个小姑娘捧

图5-14　1977年援阿专家组离开时阿农业部植保站农药分析组阿籍科技人员在实验室前送别（陈子元右四）

着一束鲜花迎面而来，送上花束后赶快离开。视线追随望去，只见她跑向街对面一个正微笑着看过来的女人。这应该是她的母亲，母女二人的举动让陈子元很受感动，他知道那是当地人民对中国专家藏不住的友好。"老百姓对我们中国人是非常非常好的，自己不敢来，就叫小孩在街上送花过来。在宾馆里面也是这样，被看得很紧，敲门送进来，送好就赶快离开。都是表达一种真诚的感谢。因为他们最苦的时候粮食都没有，中国花外汇从意大利购买小麦运过来救急。"

由于关系趋紧，加之援助任务也已基本完成，1977 年 5 月，陈子元专家组便从阿尔巴尼亚提前撤离，返回国内。在援阿半年多时间里，专家组在既定项目上付出了大量精力，实验室的建立和技术人员培训均取得了不错的效果，撤离之时，当地科技人员已经培训过关，能够上手操作相关实验了。

陈子元回国三个月之后，党的十一大召开，宣告"文化大革命"结束。次年 1 月 5 日至 14 日，石化部、农林部、卫生部在杭州屏风山招待所召开了全国农药毒性、残留研究工作座谈会（史称"三部会议"）。320 余人参加会议，共同交流学术资料 132 篇。这次会议上制订了《1978 至 1985 年全国农药毒性与残留研究规划纲要》（草案），为深入研究明确了任务和方向。随后，农林部下发了"［78］农林（科）字 117 号"文件《农药残

图 5-15　陈子元（右一）传达 1978 年全国科学大会精神

图 5-16 　获评 1978 年全国先进科技工作者和 1979 年浙江省先进工作者

留研究计划》。

从阿尔巴尼亚回国半年后的 1977 年 12 月，陈子元光荣当选为浙江省第五届人大代表。不久之后，1978 年 3 月 18 日，第一次全国科学大会在北京人民大会堂召开。大会隆重表彰了全国涌现的先进集体和先进科技工作者。陈子元荣获"全国先进科技工作者"称号，他所主持的"农药残留研究"协作项目和"放射性同位素标记农药的合成研究"，分别获得全国科学大会优秀成果奖。大会讨论、通过了我国的第三个科技发展长远规划《1978—1985 年全国科学技术发展规划纲要（草案）》，其中，原子能和平利用仍被列入 108 项重点项目之一。

1978 年 8 月，陈子元晋升教授。10 月，他所在的生物物理教研室连续第二年荣获"浙江省科技工作红旗单位（科技工作先进集体）"，成为"全省十面红旗"之一。1979 年 3 月，陈子元被任命为浙江农业大学副校长，后兼任科研生产处处长，主管全校的科研、技术推广与研究生教育工作。4 月，浙江省委、省政府召开浙江省科学大会，他被授予"浙江省先进工作者"称号，并被任命为浙江科学院副院长。

第六章
引领学术　梳理学科

农药对生态环境影响研究

20 世纪 80 年代初，党中央、国务院和中央军委作出指示，在优先保证军品的前提下，把我国原子能工业的重点转移到为国民经济和人民生活服务方面来。根据这一精神，1980 年 2 月 4 日至 10 日，国家科委、国防科委、中国科协和二机部^① 在北京召开"全国同位素会议"。会上，国防科委张爱萍同志说："我国的原子能事业是在国际上受卡、受封锁的情况下，为了打破核垄断、核讹诈和保卫祖国、自力更生、大力协同条件下发展起来的，只花了四年时间，就爆炸了我国第一颗原子弹，以后又爆炸了氢弹。在军用方面已经取得相当成就，或者说已经达到了党和国家战略目的的需要。今后，

---

① 即第二机械工业部。第二机械工业部 1952 年成立，主管兵器、坦克、航空工业。1958 年 2 月，第一机械工业部、第二机械工业部和电机制造工业部合并为第一机械工业部。第三机械工业部改名为中华人民共和国第二机械工业部（1958—1982 年），主管核工业和核武器。1982 年，改名为中华人民共和国核工业部。

第六章　引领学术　梳理学科　**147**

要在继续完成保卫祖国的同时，实行重点转移，推动原子能的和平利用。也就是说，我国原子能事业已经发展到一个新的阶段，今后，我国的原子能科研、生产和应用，要把重点转移到为国民经济和人民生活服务上来。"

随着全国农药安全使用标准研制任务完成，以及原子能和平利用又一个春天来临，陈子元的农药残留研究工作转入一个崭新的阶段。70年代末、80年代初，他一方面对以往利用核素示踪技术研究农药残留问题的相关进展与成果进行集中回顾，一方面聚焦国家环境保护重大需求，跟踪学术研究最新前沿，将科研重点进一步深入到农药施用对整个生态环境的影响。80年代，在对农业生态环境科学基础理论研究中，他又率先引进动力学概念，采用示踪动力学数学模型来研究农药及其他农用化学物质在生态环境中的运动规律，为开发农药新剂型和安全使用评价提供更加完善的理论根据；90年代以来，他及时提出把核农学技术与生物技术结合起来，着重从分子水平上探讨农药对环境污染的机理，在学科领域始终保持全国领先优势，并产生国际影响。

1978年，陈子元在《浙江化工》第一期上发表论文《农药残留和代谢研究中同位素示踪法的应用》，对自1963年起利用放射性核素标记农药的示踪技术研究十余种农药在主要作物上的残留动态实验结果，进行了归纳综述；1979年，又在《核技术》第一期发表综述《利用核技术研究农药在环境中残留和代谢的进展概况》。

他在总结"农药残留动态的研究"、"农药代谢（降解）的研究"时指出：

农药对促进农业生产具有重要的作用，但是使用农药以后在农作物和食品中的残留毒性，以及对环境的污染也是一个严重的问题……根据农药的残留性和毒性研究的结果，可以制订农药在食品残留允许标准和在农作物上的安全使用标准，并以此作为发展高效、低毒、低残留新农药的依据。对一种农药的安全性评价不仅考虑它的急性、慢性毒性，以及致癌性、致畸性、突变性和下代繁殖力的影响等一系列问题，并且还要了解农药在环境中的残留动态，因为它对农药在动植物体内的残留和代谢以及农药在土壤、水系、大气等环境中的吸着、溶脱、迁移、分布、积累和分解等过程均有密切的关系，所以必须进行深入的研究。有些化学稳定性强、不易分解而容易在生物体和环境中残留、积累的农药（如汞制剂、六六六、滴滴涕等）还要以食物链为基础，模拟生态对其生物浓缩情况进行测试试验，以保证环境生物的长期安全，不留隐患，所以对农药残留性及对环境污染动态的研究是全面评价农药安全性的一个不可缺少的环节。

利用放射性同位素标记农药，模拟生产上施药水平和方法，观察其在农作物上的残留动态，可以得到正确的试验数据，为制定农作物上施用农药的安全标准提供科学依据。

环境条件对农药的残留动态影响很大……利用放射性同位素标记农药为材料可以有效地探讨各种物理、化学和生物学因子对农药分解和残留的影响。

农药在动植物体内的代谢与农药的消长、解毒和活化等作用均有密切的关系，它也是支配农药效果的重要因素。所以在研究农药作用机制、选择毒性和对农药的抗性、耐性等，农药代谢研究是不可缺少的一个方面。另外在农药毒性研究中，除了研究农药急慢性毒性、致癌性、致畸性、积累性和食品中的残留毒性等，应包括农药代谢产物，降解物质的安全性，还有农药在生态中的变化和在自然界循环过程中最终残留物的安全性，都要充分考虑到农药的代谢产物。

农药的代谢特点与医药不同，医药仅仅局限在人类个体中，而农药不仅残留在作物中，并且在环境中扩散范围很广，包括土壤、水系、大气以及其中生息的生物。很少量的农药就对昆虫、病菌、杂草显示出强烈的生理作用。因此要对动植物体内很微量农药的代谢情况（代谢途径和代谢产物）和机理进行研究，必须采用高灵敏度的实验手段。放射性同位素示踪原子法对研究农药在动植物、微生物中的代谢和土壤中的降解具有独特的优点。[①]

---

① 陈子元：农药残留和代谢研究中同位素示踪法的应用。见：《陈子元核农学论文选集》。杭州：浙江教育出版社，1998 年，第 578-581 页。

那么，这些独特优点是什么？又有哪些限制条件呢？他总结出七个方面的优点和三个方面的条件限制因素：

利用同位素示踪技术研究农药残留和代谢问题所具有的一些特殊优点：

（一）利用放射性测量可以不损坏生物样品而对原始总残留量进行迅速和正确的测定。

（二）简便地测定农药在环境中的污染途径和循环规律，以及生物间的食物连锁关系和生物浓缩倍数。

（三）对作物上农药总残留物经过成熟（收获）、贮藏、洗涤、磨粉、加工、烹调等一系列过程中的损失情况进行系统测定。有的生物样品采用非破坏处理的放射性测量进行直接观察（放射性自显影）。

（四）对萃取液和残渣部分的放射性测量，可以验证萃取和回收的完全性，以及残留物是否与生物体成分以化学结合状态存在。

（五）采用极性不同的溶剂进行萃取和分离，可以迅速检出残留物中未变化母体农药及其极性代谢产物的含量和变化动态。

（六）可以在其他农药存在下，对放射性标记农药的动态变化进行研究。对其他干扰成分的纯化操作也能得到一定的简化。

（七）结合层析方法可以测定各种代谢（降解）物质的变化动态。加入非放射性载体，还可以定量地分离和鉴定在化学检定限度以下的代谢物质。

但是，放射性同位素示踪法进行农药残留和代谢的研究也不是万能的，也受一定的条件限制。例如：

（一）要有适当的放射性同位素标记农药作为材料。

（二）研究过程中需要有适宜的萃取、分离和放射性测量操作。

（三）对回收的放射性标记衍生物必须进行鉴定。[①]

---

① 陈子元：农药残留和代谢研究中同位素示踪法的应用。见：《陈子元核农学论文选集》。杭州：浙江教育出版社，1998年，第594-595页。

在阶段性回顾总结中，陈子元也从史学维度梳理了利用核素示踪技术研究农药残留和代谢问题的发展脉络，以及今后相关研究工作的走向：

早在 1923 年赫维西（Hevesy）就使用了天然放射性元素铅，观察了铅在植物体内的吸收和分布。1931 年坎贝尔（Campbell）试验了由天然放射性元素铅标记的砷酸铅在蚕体内的吸收、分布情况。这是两个较早的应用放射性同位素研究铅在动植物体内的吸收和分布的试验。同位素示踪技术作为农药残留和代谢的研究手段，还是在 1943 年建立核反应堆生产了人工放射性同位素以后，而这方面的研究工作较多的开展，更是在 20 世纪 50 年代以后。起初利用放射性同位素示踪技术研究农药残留和代谢是很少的。一方面是由于生产的放射性同位素品种少，数量少，价格贵；另一方面是由于当时要进行放射性测量，必须自己制作放射性探测器，并向物理实验室借用脉冲测量仪器配合起来，才能进行试验。随着人工放射性同位素生产和核技术探测仪器的迅速发展，为进行同位素示踪试验创造了有利条件。特别是 50 年代以后，由于有机合成农药（有机磷和有机氯杀虫剂）迅速发展的需要，把核技术和农药科学紧密结合起来，使核技术在农药残留和代谢研究中成为一种非常有用的研究工具。到 60 年代以后，同位素示踪技术更是成为农药残留和代谢研究中一种常用技术……1965 年 4 月，联合国粮农组织和国际原子能机构专门召开了"放射性同位素在农药残留量测定中应用"的会议；1968 年 12 月召开了"核技术在农药残留问题研究中应用"的会议；1971 年 12 月召开了"食品中化学残留物的放射性示踪研究"会议；1972 年召开了"食品与农业环境中的化学残留物的示踪同位素研究"会议；1973 年 8 月召开了"食品和环境污染的对比研究"会议……

我国从 20 世纪 50 年代末起，就利用放射性同位素标记农药进行研究，使用的同位素有 ^{32}P、^{35}S、^{14}C、^{74}As、^{76}As、^{203}Hg 等，标记的农药品种包括有机磷、有机硫、有机氯、有机氮、有机砷和有机汞等数十种（杀虫剂、杀菌剂、除草剂和植物生长调节剂等），在历次召开的全国性专业会议上都有不少科研单位和高等院校提出有关利用同位素标记农药研究农药的毒性、残留和代谢等方面的研究报告。这些科研成果为安全合理使用化学农药，研制高效、低毒、低残留的新农药提供了科学依据，并不断为利用核技术研究农药和环境科学开拓了新的领域。

　　……

　　农药绝大多数情况下是在开放的空间中施用。因此，农药施用后不仅残留在农作物上，还会转移到动物体内和扩散到环境中。所以对一种农药的安全性评价，不仅仅要考虑农药对作物本身的毒性（药害）和对人畜的毒性（急性、慢性毒性等），还必须考虑到农药在环境中的残留、分布、扩散、转移和变化。这样就必须对农药在动植物、大气、土壤和水系等环境中的动向进行全面的追踪，观察农药在环境中量和质的变化规律。

　　……

　　总之，核技术在农药残留和代谢研究中水平的提高，一方面是核技术本身方法上的研究，另一方面是农药残留和代谢研究的深入。这两方面都涉及到基础研究工作的加强。如以后一方面来说，农药在环境中（空气、土壤、水系）的转移是与农药的蒸发、溶解、吸着等三个因素有密切关系，而这些因素又受农药的基本化学结构及其物理、化学基本性能（如蒸气压、溶解度、吸着率等）所支配。如果掌握了农药化学结构与其理化性质之间的关系，就可以从农药分子结构及其物理化学性质来推定农药在环境中残留、消失、转移的一般规律，为摸清残留性农药在环境中的污染途径和规律提供基础资料。还有农药在环境中质的变化（代谢或降解）形式基本上可以分成单纯化学反应、光化学反应和生物化学（酶）反应三类，通过同位素的示踪试验，了解农药的各种反应机理，也就可以掌握农药在环境中残留、代谢（降解）变化的基本规律，如以农药在环境中光化学反应来说，在大气中植物体表面、土壤表面以及水体中农药均能引起这种反应。[①]

---

　　① 陈子元：利用核技术研究农药在环境中残留和代谢的进展概况。见：《陈子元核农学论文选集》。杭州：浙江教育出版社，1998年，第596-607页。

图 6-1　陈子元"农药与环境"、"农药与生态"笔记

从以上研究综述来看，我国的农药残留、代谢研究工作是一步一步不断向前推进的。在进行农药残留研究时，陈子元很早就注意到农药在水和土壤里残留而产生的环境问题，到了80年代，农药对生态环境的影响已是他的主要研究课题。

60年代后，日本屡次发生了震惊世界的重金属污染"公害事件"，工业"三废"（废水、废气、废渣）给人类社会带来了极大危害，这引起了陈子元关注，他带动浙农大研究力量开启了对含铬污水等的研究，为我国有效控制和安全利用"三废"提供科学根据。为了推动农业环境保护科研的开展，浙江农业大学组织生物物理教研室的农药组和污灌组、昆虫教研组的农药小组以及化学、农业化学、气象教研组部分教师，成立了农业环境保护研究室，20多名专、兼职人员分别利用同位素示踪、仪器分析和化学分析等各种手段，互相配合，进行试验研究；同时内外结合，在浙江平湖县钱塘乡、杭州市四季青乡设立农村试验基地，与农民结合进行科学实验，基本形成了"农药残留、污水灌溉、三废农业防治"三股农业环境保护科研力量。在1975年11月中国科学院在无锡召开的"农药污染与污水灌溉科研座谈会"上，陈子元专门介绍了这一情况。

而在自己的学术研究工作中，他也越来越关注环境因素，研究工作逐渐从"作物"拓展为"作物—土壤—水系"三位一体。他说："我从事核农学研究是从探测农药在作物上的残留开始的。一开始就是研究作物上的农药残留，然后扩大到土壤里的残留、水里面的残留。继续扩大，一直扩大到农业环境，再到农业生态。所以，是一步一步深入下来的。"

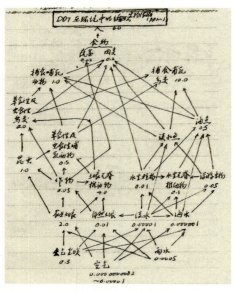

图 6-2　农业生态环境影响研究笔记片段一

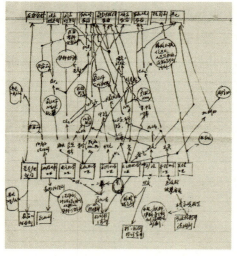

图 6-3　农业生态环境影响研究笔记片段二

从 1974 年在《农药工业》第 2 期上发表《应用同位素示踪法研究六六六在水稻上的残留动态和土壤中的污染程度》开始，到 1979 年，他发表的涉及农药在土壤和水源中残留研究的论文已有五篇；接下来的整个 80 年代，从 1980 年见于《农业环境保护科研资料选编》的《利用模拟生态系研究 $^{14}C-2,4-D$ 在水生生物中的转移和积累》，到 1989 年发表于《环境科学学报》第 9 卷第 1 期上的《呋喃丹在模拟水稻—鱼和水稻—萍—鱼生态系统中的行为归趋的比较研究》，这一类的研究论文达到二十五六篇之多，表明了其学术研究的持续性、开拓性和深入性，显现出农药运动规律环境因素集成研究的鲜明特色。较之以往更为突出的是，陈子元 80 年代的研究工作，既有国家项目的支撑，又有国际视野的引领，与世界学术前沿接轨并行。

1980 年在完成农业部委托浙江农业大学主持的"农药残留和农药安全使用标准研究"课题任务后，陈子元研究团队面临的一个问题是，如何将农药残留研究工作深入下去？如何将原来协作组的力量继续组织起来？结合我国农业环保发展的需要，浙农大自主确定了"农药土壤标准"的研究项目和研究内容，使协作组的工作在已有基础上走上新的征途，为发展我国农业环境保护工作贡献力量[①]。

20世纪80年代初，农业生态环境污染的状况日益受到人们关注，特别是有机氯杀虫剂六六六使用范围广、时间长，在我国施用历史已达30年之久，而其理化性能比较稳定，脂溶性强，不易分解，尤其在旱地土壤中滞留期较长，因而对环境和食品的污染比较普遍，在农畜产品（食品）中几乎全部可以检测

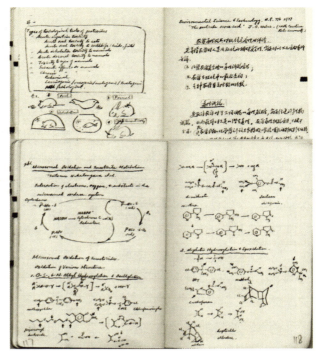

图6-4　农业生态环境影响研究笔记片段三

出六六六的残留，其中二分之一以上已超过食品卫生标准，直接构成对人畜健康的危害。在某些茶区，即使停用六六六农药已久，但从采制的茶叶中仍能检出六六六残留物。这说明由于长期大量使用六六六等农药，已对我国农业生态环境造成严重的影响。

在这一背景下，陈子元从国家层面参与了两项主要工作：一是受农业部派遣考察联邦德国农业生态环境保护事业，见证了我国"环境保护局"的成立历程；二是又一次主持了一个国家重点研究项目，为制定防治六六六污染的措施提供科学依据。

卡逊的《寂静的春天》首先唤醒了西方发达国家的环保意识，在尼克松总统提议下，美国国家环境保护局于1970年12月2日正式成立。我国环保部门的诞生远远落后于此，而且是从20世纪70年代早期的一个突发

---

① 见1983年8月29日"浙农大（83）教字第226号"文《关于报送陈子元等四位访问学者回国后工作情况的函》。

事件才得以肇始的。1972 年，官厅水库突然出现上万尾鱼死亡事件，在当时特殊的时代背景下，有人以为是阶级敌人投毒。后来，在周恩来总理亲自过问下，国务院发了三个文件，由万里任组长的官厅水系水源保护领导小组迅速成立，该领导小组即是我国成立最早的环保"部门"。次年，正式成立国家级机构"国务院环境保护领导小组办公室"（简称"国环办"）。80 年代初，国家农业部等派团赴联邦德国等国家考察国外环境保护情况，国内环保工作受到极大重视。1982 年，国家城市建设总局等机构和国环办合并，成立城乡建设环境保护部，下设环境保护局。1984 年，部属的环境保护局更名为国家环保局，依旧在城乡建设环境保护部管理范围内。1988 年国务院机构改革时，国家环境保护局从城乡建设环境保护部中独立出来，成为国务院直属机构。1998 年，国家环境保护局升格为国家环境保护总局，为国务院直属单位，并于 2008 年成为国务院的组成部门"环境保护部"。

环保办调整为环保局，适应了当时加强环境保护工作力度的需要，其缘起还可能与陈子元参加的一次考察有关。1980 年 4 月 24 日至 5 月 8 日，

图 6-5　陈子元（右）参加中国农业环保考察团访问联邦德国与 OTT 博士合影

国家农业部组织"中国农业环境保护考察团"出访联邦德国，农业部科技司司长担任团长，陈子元为副团长。考察团一行 7 人（含翻译人员），在半个多月的时间里，从法兰克福开始，沿着美丽的莱茵河一路前行，先后访问了慕尼黑、波恩和柏林等城市。所到之地，优良的农业环境、清新的空气和国家对生态环境保护的重视，都给陈子元留下了极为深刻的印象："联邦德国的环境保护意识很强，工业的、农业的、国防工业的，加起来有 100 多个相关的法律。他们有一个辐射与环境保护协会，是把原子能应用和环境保护放在一起的。我们考察团回来后写了一个报告，由农业部再转给国务院，以后国家就成立了环境保护局。之前国家层面的环保机构是环保办，省里则是三废办。"

回国之后，由于以斋藤信房为团长的日本放射性核素代表团来访，陈子元又有机会深入了解了日本核素技术应用情况。同时，他所撰写的"环境中农药变化规律的基础研究"作为中国科学院《环境科学研究与进展》一书中的一章，由科学出版社出版。该章着重提到核技术在研究环境中农药变化规律的意义、作用和方法等。

同年 9 月中旬，受农业部派遣，身为浙江农业大学副校长的陈子元再次出国，赴美国俄勒冈州立大学开展合作研究，被聘为该校放射中心客座教授，与该校放射中心主任汪志馨教授、访问学者徐步进一起利用放射性核素 ^{14}C- 标记农药研究其在小麦及环境中的残留动态及归趋。研究工作持续了一年，次年 9 月中旬完成回国。

此后，他的出国交流活动更加频繁起来。"到目前为止，我先后总共17 次出国，前面 15 次都是因公，包括援外、考察、学习和交流等，最后两次是私人探亲。"频繁的因公出国主要有两条线索，一条是他作为中国科学家叩问、融入世界核技术农业应用的发展；一条作为中国大学管理者学习、借鉴国外先进经验。他对世界的了解和认识，具有相当的主动性，每一次出行，都会事前做好充分准备，除了基本的国情国策，对专业和学科方面的准备尤为细致。而带回来的，也主要是科技、教育方面的前沿信息，以及自己由表及里、取精用弘的思考。

1980 年至 1984 年，继担纲"农药安全使用标准研究"课题之后，陈子元又主持了国务院环保办和农业部门下达的"农药对农业生态环境污染及其防治"研究任务，以及"农药对农业生态环境影响的研究"重点课题。这是他第二次领衔国家重点研究项目。在他的主持下，浙江农业大学和北京农业大学、农业部环保科研监测所、北京市农业科学院、南京农业大学等单位共同协作，采用放射性同位素示踪法和气相色谱等测量技术，在大田和室内模拟配合下，对六六六在环境中的动态、六六六对陆生生物和水生生物的影响及其在生物体的残留动态、六六六在模拟生态系中的行为和去向等进行了研究。经过五年系统试验，把过去有关六六六对生态环境影响的一些概念性、片段性、推测性的记载材料，转化为数量化、系统化和规律化的科学结论，为六六六的环境安全性评价以及六六六在环境生态系中残留趋势预测提供了依据。在此基础上，又对几种取代六六六的新农药，包括速灭菊酯、氰戊菊酯、久效磷、杀虫双等进行了试验，基本搞清楚了它们在农业生态环境系统（包括作物、昆虫、水生生物、土壤和水系）中的运动、变化规律，这对于开发高效、低毒、低残留的新农药、新剂型，具有重要参考价值。

研究工作中，还首先运用了示踪动力学的理论和方法。该理论方法，是陈子元赴美学习交流后创新而成的重要学术成果之一。他在《陈子元核农学论文选集》自序"从事核农学科学研究40年的回顾"中写道：

> 在农业生态环境科学的研究中，我们引进了动力学过程的概念，运用同位素示踪技术与动力学结合的示踪动力学理论和方法，将众多的实验参数建立起数学模型，用来研究农药及其他农用化学物质在生态环境中的去向与运动规律，使农药和农用化学物质与生态环境的单因子的、静态的关系变为复因子的、动态的关系，使定性关系变为定量关系。这样得到的研究结论能更准确地为我国农药生产和安全使用提供理论依据。[①]

---

① 陈子元：从事核农学科学研究40年的回顾。见：《陈子元核农学论文选集》自序。杭州：浙江教育出版社，1998年，第3页。

课题研究期间，国家农牧渔业部植保局下发了［82］农业（植药）字第 35 号文"关于做好取代六六六农药工作的通知"，国务院有关领导也要求 1984 年前在农业生产中停止使用六六六农药。陈子元主持的相关试验和研究，为执行落实上述政策提供了科学支撑。

1984 年 4、5 月间，陈子元等人完成了农牧渔业部课题协作组工作总结报告《有机氯杀虫剂（六六六）对农业生态环境影响的研究》。次年 7 月，陈子元在烟台长岛主持召开"农药对农业生态环境影响的研究"总结会议。同年 11 月，"农药对农业生态环境影响的研究"通过省级鉴定，1986 年先后获浙江省科技进步奖二等奖、农牧渔业部科技进步奖三等奖。课题建立的半封闭式农业生态环境的试验基地，属国际先进水平。研究报告指出，随着农药对环境恶化和生态污染等问题的出现，必须从农药的环境学安全性出发，对六六六重新估价：

图 6-6　农药对农业生态环境影响研究获奖证书

由于六六六理化性能比较稳定，在环境中滞留时间较长，较难分解，容易扩散造成污染（但是试验证明在土壤中的迁移和对地下水的污染情况，并不像想象的那样严重）。对生态中不同生物体的生物效应差异很大（有的生物比较敏感，但有的高达 1000ppm 还无明显症状，而有的生物在低浓度下还有刺激生长的作用）。在生物体内（脂肪组织中）积累，但其生物浓缩系数在有机氯杀虫剂中不算很高（很少超过 1000 以上）。但是从一般动植物性食品中六六六残留水平来说，有相当数量超过了食品卫生标准（尤其是动物性食品）。

六六六在生态系食物链的各个环节中，也比较难于控制。同时在农业生产中长期使用对某些作物害虫产生了抗性，并杀伤了害虫天敌，引起了某些害虫的再猖獗，所以需要创造条件研制和生产对农业环境更加安全、对农业生态影响更小的新农药。即使农业上六六六的使用为其他农药所取代后，在环境（土壤和水体）中原有的六六六还会有一段长时间的残留，通过生物浓缩与食物链传递，对农业生态系和人类带来不同程度的影响，我们建议：有必要继续对农业环境生态中六六六的残留动态，进行检测或调查研究。[①]

这一成果的取得，不仅是课题协作组各单位在国内通力合作的结果，而且在课题最初启动之时，就蕴含着极富开放性的中外协作元素———部分研究项目"跟随"陈子元远赴美国，与美国俄勒冈州立大学放射中心和农业化学系进行了合作研究。

在俄勒冈的日子

美国俄勒冈州立大学与浙江农业大学是姊妹学校，在中国改革开放的大背景下，该校的核科学工程系希望与浙农大的核农研究团队协作，共同从事核技术农业应用研究。恰逢我国农业部下达农药对生态环境影响研究方面的环保重点课题，双方一拍即合。中方希望在开展学术交流的同时能够学习美国先进的教学制度，由于陈子元既是核农领域的权威，又身肩浙农大副校长，顺理成章地成为合适人选。

应俄勒冈州立大学放射中心主任汪志馨教授的邀请，1980 年 9 月 14 日，陈子元由农业部派遣赴美国俄勒冈州立大学作为该校客座教授，开展科学研究和教育管理方面的学习。这是农业部派遣出访的第一批人员，多是高

---

① 陈子元：有机氯杀虫剂（六六六）对农业生态环境影响的研究。见：《陈子元核农学论文选集》。杭州：浙江教育出版社，1998 年，第 627—628 页。

校领导，校长、副校长都有，以年轻的副校长居多。而早前一年，教育部也派出一批访美学者，浙农大核农研究团队青年教师徐步进就在俄勒冈州立大学进修访问。于是，来自同一学校、同一单位的陈子元和徐步进异国再聚首，开始了难忘的“留美”生活。

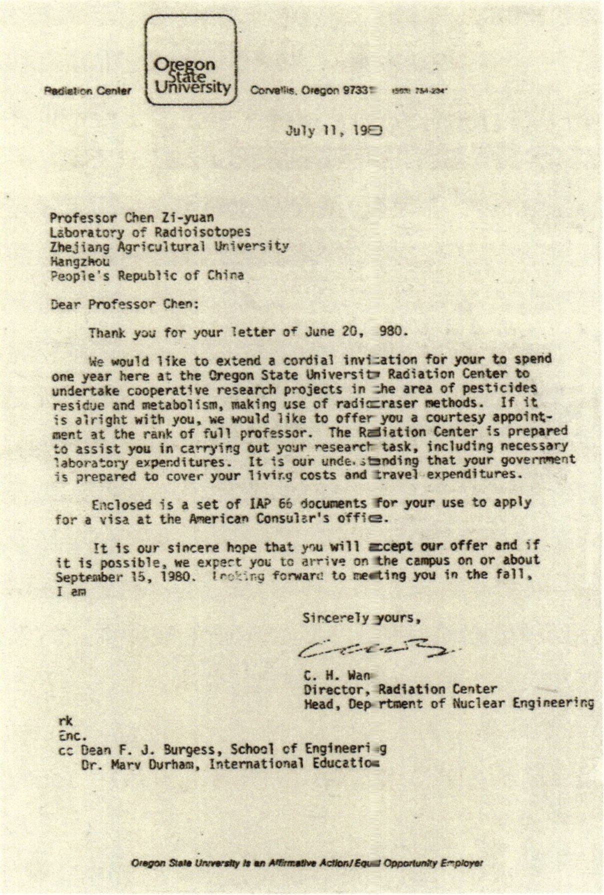

Radiation Center Oregon State University Corvallis, Oregon 9733

July 11, 198

Professor Chen Zi-yuan
Laboratory of Radioisotopes
Zhejiang Agricultural University
Hangzhou
People's Republic of China

Dear Professor Chen:

Thank you for your letter of June 20, 980.

We would like to extend a cordial invitation for your to spend one year here at the Oregon State University Radiation Center to undertake cooperative research projects in the area of pesticides residue and metabolism, making use of radiotraser methods. If it is alright with you, we would like to offer you a courtesy appointment at the rank of full professor. The Radiation Center is prepared to assist you in carrying out your research task, including necessary laboratory expenditures. It is our understanding that your government is prepared to cover your living costs and travel expenditures.

Enclosed is a set of IAP 66 documents for your use to apply for a visa at the American Consular's office.

It is our sincere hope that you will accept our offer and if it is possible, we expect you to arrive on the campus on or about September 15, 1980. Looking forward to meeting you in the fall, I am

Sincerely yours,

C. H. Wan
Director, Radiation Center
Head, Department of Nuclear Engineering

rk
Enc.
cc Dean F. J. Burgess, School of Engineering
Dr. Mary Durham, International Education

Oregon State University is an Affirmative Action/Equal Opportunity Employer

图 6-7　王志馨教授写来的邀请信

俄勒冈州立大学位于美国西海岸，该校放射中心拥有试验用核反应堆，专门用于培养美国核反应堆操作和核技术应用的科技人员，在教学上则是核科学工程系，由华裔学者汪志馨先生分别担任系主任和中心主任。汪志馨不仅在俄勒冈州立大学，在全美核科学技术领域都极具影响力。他对中国核电站的最初建设，间接地起到过重要作用。陈子元回忆说：“汪先生早先在国内读的是山东大学，他非常爱国，抗战时期当过志愿者，到过滇缅公路从事志愿工作。由于跟美国人接触较多，1946 年抗战胜利后就赴美留学，一直从事核科学技术研究。”

汪志馨的夫人曾是我国著名核物理学家王淦昌先生的助教。王淦昌担任浙江大学教授的时候，汪志馨的夫人刚好就读浙大，是王先生非常欣赏的一位学生，并当过他的助教。因为这个原因，加之都是核专家，后来汪

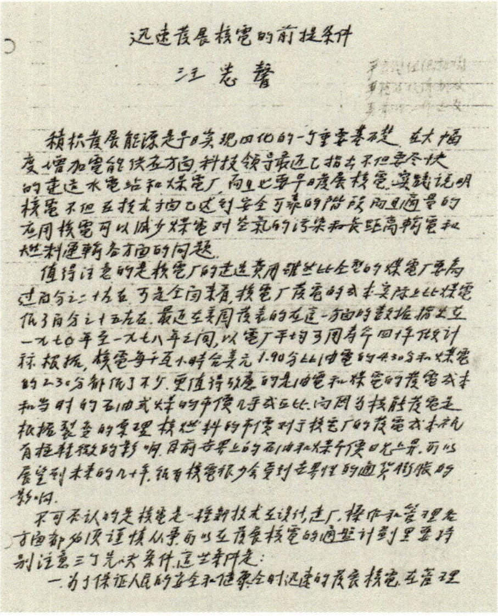
迅速发展核电的前提条件

汪志馨

积极发展能源是实现四化的一个重要基础。在大幅度增加电能供应方面，科技领导最近已指出不但要尽快的建造水电站和煤电厂，而且也要早日发展核电。实践说明核电不但在技术方面已达到安全可靠的阶段，而且适量的应用核电可以减少煤电对空气的污染和长距离输电和燃料运输各方面的问题。

值得注意的是核电厂的建造费用虽然比同型的煤电厂要高过百分之二十左右，可是全面来看，核电厂发电的成本实际上比煤电低了百分之十五左右。最近在美国发表的在这一方面的数据指出在一九七〇年至一九七八年之间，以电厂平均寿命四十年做计算根据，核电每千度小时合美元1.90分，比油电的4.30分和煤电的2.30分都低了不少。更值得考虑的是油电和煤电的发电成本和当时的石油或煤的市价几乎成正比，而因为核能发电是根据裂变的原理，核燃料的市价对于核电厂的发电成本只有极轻微的影响。目前世界上的石油和煤市价日见上升，可以展望到未来的几十年，只有核电很少会受到世界性的通货膨胀的影响。

不可否认的是核电是一种新技术，在设计、建厂、操作和管理各方面都必须谨慎从事。所以在发展核电的通盘计划里要特别注意三个先决条件。这些条件是：

一、为了保证人民的安全和健康，全面迅速的发展核电，在管理

图 6-8　汪志馨教授手稿

志馨先生和王淦昌先生两人关系非常密切。徐步进见证了两位先生之间的友好：“王淦昌先生每次到美国，不管去哪个地方最后都要到汪志馨先生这里走一走。我在美国两年访学期间，王先生前后赴美三次，每一次都要到俄勒冈放射中心来做停留。也就在那个时候我认识了王淦昌先生。”汪志馨先生帮助中国核学会做了许多工作，包括建立起与美国核学会的关系，为中国核电建设积极建言献策，陈子元手上就保留着汪先生一封题为《迅速发展核电的前提条件》的亲笔信的复印件。后来，汪志馨还曾受聘担任过浙江农业大学核农所的客座教授。

“汪先生为人很好，”陈子元回忆说，“我去了以后，他希望我不仅仅搞科研，还要多多了解美国高等教育体制方面的情况，以便回国之后吸收借鉴。”

在俄勒冈州立大学期间，做实验和参观成了陈子元日常最主要的活动。他与一位美国教授合用一间办公室，“他比我年龄大，是从事反应堆研究的兼课教授，一个礼拜来一次，所以平时办公室里就我一个人。”对于陈子元来说，这次出国，与其说是开展核技术农业应用合作研究，不如说是又一个属于他的珍贵的学习时期。他一边工作，一边潜心学习、观察和思考。只要有时间，他就到处走走看看，通过参加学生的开学典礼、毕业典礼以及一些重要行政工作会议，认真学习美国高校先进的科研方法和大学行政管理经验。

俄勒冈州立大学放射中心实际上是美国的核反应堆和核技术应用试验研究平台，既有试验用核反应堆，用来培养核电站的操作人员，又有当时美国最先进的放射性测量仪器，可以进行活化分析、样品分析。样品分析

图 6-9　1981 年在美国俄勒冈州立大学做访问学者

中，曾经做过两个大项目，一个是绝对保密的月球岩石标本的组成元素分析，另一个是非洲东海岸和美洲西海岸海底岩心组成元素对比分析，结果验证板块漂移学说是成立的。

陈子元、徐步进从国内带来的土壤样品、六六六研究课题试验等，就利用这里先进的仪器设备进行元素分析。陈子元提出实验方案，具体的试验由徐步进在实验室里协助完成。六六六有效杀虫成分是一种伽马体，当时所做的研究之一是分析该伽马体单体在土壤和作物中的吸收、消失动态情况。实验结果很理想，徐步进回忆说："我记得有一张自显影照片，非常清晰，在我所做的试验中那样清晰的自显影照片是不多见的。陈先生当时也开始引入示踪动力学，最后的实验结果就是按照他提出的示踪动力学的方法进行整理的。"

在俄勒冈的日子里，工作、生活中的许多事都让陈子元和徐步进感觉到无比兴奋。

放射中心不仅有各种各样的测量仪器，里面还有先进的计算机系统。测量数据由计算机记录，传到联网的实验室计算中心进行分析，数据输入后很快就会反馈得出计算结果。徐步进就是这样在美国第一次知道了何为电脑："当时我在国内没有看到过，想也没法想。所以我去美国之前键盘都没接触过，更不用说怎么用了，后来才慢慢有了基础。"而在俄勒冈州立大学，开学注册时每个学生都会通过贷款获得一台主要用来进行数据处理的"苹果"电脑，回想起来，陈子元不无感慨地说："公司推广嘛，就给你贷款，签个协议，就可以拿回去用了。你用惯了，以后还要买它的产品。"

在放射中心，陈子元等人还见识了美国核技术应用研究的广泛与实用。美国经济发达、商务活动频繁，常因合同签名真假等而起官司。于是，放射中心经常接到"名人"签字铅笔技术鉴定的需求。在美国，财团合约签名、法律文件签名、国会档案签名等都是以专用铅笔签字的，签字铅笔的铅芯里加入了专门定制的不同种类和含量的特殊元素，其真假可以通过放射中心反应堆照射后加以技术鉴定，并被视作法律认可的依据。

在俄勒冈州立大学，研究生跟导师也是分组开展研究工作的，但每天上、下午各有一刻钟的"茶歇"时间，大家会聚到楼下的公共咖啡室，一边享受咖啡，一边交换研究信息或介绍最新看到的文献资料。类似学术报告一样的交流每天都在进行，学生和老师都乐在其中，非常随意、融洽。陈子元和徐步进渐渐习惯了这样的"茶歇"时光。

俄勒冈州立大学是一所综合性的大学，设有海洋学院、林学院、农学院、工学院、理学院、文学院等多个学院，全美总排名在 50 位左右。俄勒冈州在美国不算一个大州，但全世界牧草草种产量的 20% 产于该州，该州属海洋性气候，水产也特别发达，因此，俄勒冈州立大学的林学院和海洋学院办学水平很高。它的海洋学院靠近海边，而校园总部则位于离海稍远一些的科伐拉斯镇（Corvallis）。这个镇就是一个大学城，当地居民都与学校有关，镇上的商店均为学校服务，环保部的一些机构也建在校园里，属于典型的"镇办在大学里"，因而校园面积甚是开阔，环境非常优美。

除了研究工作和学习生活，陈子元等访学人员还肩负着"友好大使"的职责："当时去的多是从事研究工作的访问学者，有一定的地位，很多美国人都愿意和我们做朋友。他们希望了解中国的真实情况，我们有责任进行介绍，经常被请去作些演讲。"

陈子元赴美合作研究为期一年，到期后，他准时回国。"1980年9月14日去的，到1981年9月14日回来，刚好一年。"回国之后，他还把没有用完的500美元如数上交农业部，1981年10月7日，农

图6-10　陈子元赴美访学还款收据

业部收到还款后开具了收据："收赴美学者陈子元还款500美元整"。此时我国农业部门已由农林部改称农业部，但仍在沿用农林部收据。

面对这张老收据，陈子元说："这些东西我为什么留着呢？都是为了给我的孩子、我的孙子看的。人不要贪小，许多坏毛病都是一点点发展起来的，一定要注意。"留给子女的"教材"中，还包括1985年他到奥地利维也纳出席FAO/IAEA同位素农药应用讨论会回国后上交的385美元现钞的一张收据。

陈子元赴美合作研究取得了很好的成绩和效果，农业部专门为此召开座谈会，邀请他介绍经验。同时，1981年11月10日，农业部科学技术局下发〔81〕农业（科技）字第205号文《关于印发陈子元教授"赴美合作研究的工作汇报"的函》，号召各有关农科院、农业院校学习陈子元的赴美合作研究工作经验：

　　　　浙江农业大学副校长陈子元教授，于一九八〇年九月作为访问学者，赴美俄勒冈州立大学进行合作研究一年，陈子元同志在国外期间，利用合作研究单位的先进技术和仪器设备，积极努力，很好地完成了这次合作研究任务，撰写了四篇研究报告。

　　　　陈子元同志回国后，对在国外期间的工作思想情况进行了认真的总结，并写出了有情况、有心得、有建议的报告，对于进一步派出学者工作，十分重要。根据部领导的批示，现将陈子元同志"一年来赴美合作研究的工作汇报"印发你们参阅。①

---

　　①　资料查于浙江大学档案馆，档号：ND-1981-XZ-0136-11；纳入采集工程数据库，档号：DA-001-005。

该函所附的是陈子元 1981 年 10 月 9 日撰写的 "一年来赴美合作研究的工作汇报"：

我受美国俄勒冈州立大学的邀请和我国农业部的派遣于一九八〇年九月至一九八一年九月与该大学放射中心汪志馨教授（放射性示踪）和农业化学系方声钟教授（环境毒理和农药）进行合作研究，我们的研究项目是由国内带去，属农业部环保重点课题：农药对生态环境的研究。美方提供试验条件和经费。一年来，在汪、方二位教授协作下，在我国进修学者徐步进和美方技术员 Mike 的协助下，除完成了原来计划的研究任务外，又增加了一些新的研究内容，总共完成四篇研究报告：

1. 放射性碳 −14 林丹在小麦和土壤中的消失动态。

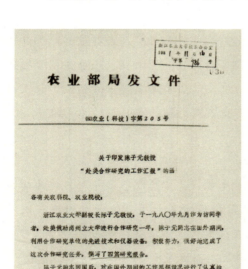

图 6-11　农业部发函学习陈子元教授赴美合作研究工作经验

2. 放射性碳 −14 林丹在小麦田土壤中的降解、转化和残留。

3. 不同土壤对小麦吸收 $^{14}C-$ 林丹及其在植株内的分配、转化和残留动态的影响。

4. $^{14}C-$ 林丹在土壤中的吸着性与其在小麦和土壤中残留量的关系。

其中一部分研究结果，以《小麦对土壤中 $^{14}C-$ 林丹的吸收》为题于 1981 年 6 月 17 日在美国植物生理学学会的年会上作了介绍。

在进行科研工作的同时，由中国原子能出版社约稿，与汪志馨教授商讨，制定了大纲，编译了《发展核技术农业应用，加强放射性安全管理》一稿，计三万五千多字。

在俄勒冈州立大学工作时，还利用一些时间到附近教学、科研和企业机构，如一些专科学校和社区学院，美国环境保护局（EPA）在科伐拉斯（Corvallis）的国家环境科学研究中心，废水处理站，垃圾及废渣处理站等，进行了参观访问。

在科研工作结束回国前，又去加利福尼亚大学的洛杉矶分校和阿拉桑纳州立大学的有关系和研究所进行了短期的参观考察。

通过一年来的科学研究工作和在一些有关单位的考察参观，收获是很大的，现将主要的感受和建议列后，供领导参考。

一、美国的各项工作效率比较高，在科学研究中采用了先进的技术和仪器设备，突出的在科学研究的各个环节中应用了电子计算机（电脑，Computer），加快了科研工作的进程，提高了试验研究的精准性。例如，在制定科研计划时，必须进行调查研究，查阅参考文献，我在出国前，为了制定试验研究计划作准备在自己学校的图书馆、浙江省科技情报所，以及北京图书馆、科学技术情报所等单位，花了几个星期，查阅文献资料。但到美国后，在俄勒冈州立大学图书馆，通过电子计算机检索，只花半个多小时，就提供了最近十年内，国际上所发表的近百篇有关本试验的参考文献资料，有些资料在国内已查阅过，也有一些在国内没有查到过，这样就对研究计划重新作了修改和补充。试验中所使用的测量仪器，也是大部分带有微处理机，自动化程度高，自动测定后，把所有试验数据，根据试验要求完整地打印出来，提高了测试的精确性和速率。最后将试验结果，用小型或微型电子计算机进行分析归纳，科学的给出了各种规律性的图式或方程式，提高了研究水平。电子计算机的应用，不仅应用在科学研究上，还广泛应用在工农业、商业贸易、事业管理等各方面，甚至家庭中也用微型电子计算机来处理日常生活，如家庭经济计划安排、烹调配方等等，真是电子计算机时代。在大学里几乎每个学生要修这门课程，掌握这门技术，毕业后，才能适应工作的需要。我国近年来，电子计算机也有较大的发展，但在各个领域中推广和普及应用还很不够，也有些电子计算机（硬件），缺少专业使用（软件）方面的人才，利用率不高，为了加速我国四个现代化的实现，电子计算机的普及和广泛应用，是非常必需的。

二、美国非常重视农业环境保护和核技术农业应用的教育和科学研究工作，由于农业环境保护和核技术农业应用，在美国也是二门综合性很强的新兴学科，因此，在人才的培养和研究水平的提高上，均采取了一些有效措施。在我所参观的一些大学中都设立了这方面的课程和培养这方面的专业研究生，设立了这方面的研究中心（或所、研究室），尤其有一批比较年轻的科学家在发展这二门新学科中，积极作出努力，并对生产实践作出了贡献。例如，美国的环境污染问题，在60年代初期也是非常严重的，但是经过十多年的治理，到70年代后期，环境污染基本解决，目前，已经有一套完整的治理污染、保护生态系统和自然资源的法规、标准和办法；建立了一个比较齐全的环境污染检测系统；还为适应农业环境保护发展的需要成立了有关教育和科研的单位。目前，我国不少中央领导也非常重视这方面的工作，但是，各级领导并不是都解决了这个认识问题，没有提到应有的位置上来，还要大作宣传，提高认识，采取措施，不仅抓好目前环境污染的治理，并且还要重视和抓好保护生态环境和自然资源（农业资源）的各项工作。

三、加强在外留学和进修人员的政治思想工作。美国的科学技术是先进的，物质资源是丰富的。但是，美国的社会有很多黑暗面，社会上的抢劫、凶杀、强奸案件发生频繁，据统计，1980年美国被偷、枪杀或暴力的家庭达2400万户，占全国总家庭数的三分之一左右。另外，吸毒、色情麻醉着青年人，精神空虚，行为荒唐，追求物质生活享受。因此，我国留学生和进修人员较长期地生活在这样一个社会中，思想上或多或少的都会受到影响。另外在有些大学中，台湾省来美留学或进修的人较多，台湾当局设有专人，对他们进行监察，同时他们也不断地通过各种途径（从生活、学习照顾入手）对大陆去的留学生和进修人员进行工作，所以，加强在国外留学和进修人员的政治思想工作，非常迫切，非常需要。①

回国半个月后，全国农业环境保护工作会议在北京举行，中国农业生态环境保护协会同时成立，陈子元当选为该协会第一届副理事长（第二、三届连任，至 1995 年结束），并在会上作了《美国农业环境科学研究动态》专题报告。11 月，赴京参加中国原子能农学会常务理事扩大会，在会上作《美国原子能农业应用概况》的报告。他还将自己学习、了解到的美国、联邦德国农业环境保护的概况，在中国科学院土壤所于 12 月在杭州召开的“土壤环境化学学术讨论会”上进行了广泛介绍。1982 年 2 月，又在浙江省科技报告会上作了题为《核技术为国民经济和人民生活服务》的报告。同时，国家科委在北京召开全国同位素会议，他入选国家科委同位素专家组成员。3 月，赴上海参加中国科学院召开的核技术应用座谈会。10

图 6-12　陈子元（左二）1982 年 2 月向中外农业教育研讨会代表介绍核技术在农业上的应用

① 资料查于浙江大学档案馆，档号：ND-1981-XZ-0136-11；纳入采集工程数据库，档号：DA-001-005。

图 6-13　1982 年与农业部重点科研项目协作组全体成员合影（陈子元前排右三）

月 28 日至 11 月 1 日，受中国核学会、中国原子能农学会委托，在杭州组织主办"全国第一次核技术在农业环境科学中应用学术研讨会"，并作了《同位素示踪法在环境科学研究中的应用》的报告。1983 年 5 月，在杭州参加核技术在中医中药研究中的应用学术交流会。6 月 23 日至 29 日，参加中国科学院原子能所在天津蓟县召开的放射性同位素科学技术报告会，在会上作了《同位素在农业上应用》的报告。回国后一系列的学术交流活动，表明他在推动核农技术"落地"方面进行的努力，也表明核农技术应用与研究的发展，在全国呈现出燎原之势。

将动力学理论引入同位素示踪研究

在 70 年代末、80 年代初总结自己早期农药残留研究工作的过程中，陈子元清楚地认识到，这一研究工作的纵深发展来自两个方面：一是研究内容上要将农药科学与环境科学结合得更加紧密；一是研究方法上要不断改进、提升，而两者又都意味着基础研究工作的加强。

在后来的学术研究总结中，他进一步指出：

> 物质在生物体和生态环境中的迁移、变化动态过程，服从动力学的基本规律。对同位素示踪农业应用研究的设计、试验、分析和结果，按示踪动力学基本理论和方法加以处理，就能正确掌握一种物质在复杂试验系统中的动态变化规律。大量的同位素示踪技术农业应用研究证明，利用系统分析和模型的建立对物质运动规律的阐明能力往往大于传统的研究方法。在今后同位素示踪农业应用研究中，将迅速加强以同位素示踪动力学为依据的基础理论研究。[①]

在新的学术思想引导下，从 80 年代初开始，在对农业生态环境科学的基础理论研究中，他率先引进了动力学概念，尝试采用示踪动力学的理论和方法，借助数学模型来研究农药及其他农用化学物质在生态环境中的运动规律。

动力学是理论力学（经典力学）的一个分支学科，主要研究由于力的作用物理系统怎样随着时间的演进而改变，它是物理学和天文学的基础，也是许多工程学科的基础。许多数学上的进展也常与解决动力学问题有关，所以数学家对动力学有着浓厚的兴趣。自20 世纪以来，动力学

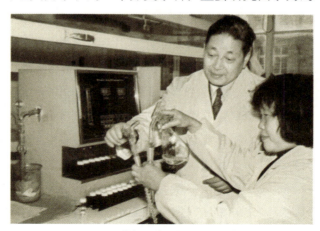

图 6-14　放射性同位素标记农药合成试验（1934 年）

① 陈子元：对核农学中示踪技术的展望。见《陈子元核农学论文选集》。杭州：浙江教育出版社，1998 年，第 667 页。

又常被人们理解为侧重于工程技术应用方面的一个力学分支，它是机械工程与航空工程的基础课程。动力学系统的研究领域持续扩大，例如增加热和电等成为系统动力学，增加生命系统的活动成为生物动力学等，这都使得动力学在深度和广度两个方面不断发展。

示踪动力学是动力学方法的一个分支，是应用核素示踪技术观察示踪剂在实验系统内的动态变化状况，即摄入、排出、合成、分解、转移等运动过程，并用动力学分析的理论和方法加以描述，用以研究物质运动转化规律，是指导示踪实验设计和分析示踪结果的理论方法。也就是说，应用放射性核素示踪技术观察被研究物质在一定系统中的动态变化，并通过数学模型运算求出有关的动力学参数，定量地研究机体或系统对某种物质代谢动力学性质和规律的分析方法，就是示踪动力学。它起始于 20 世纪 60 年代，70 年代开始将其用于农林科学研究。之后，Magnuson 等用 ^{11}C 示踪发展了活体测定的示踪动力学。国内农业上应用示踪动力学开始于 70 年代末。示踪动力学处理问题的过程，包括：确立研究系统，物理建模和试验设计，数学建模和获得数据（试验实施），将数学模型和获得的数据进行比较，验证物理模型和试验设计的合理性，最后计算动力学参数。

如果要了解某种农药在机体或系统中的运动变化规律，有时不能简单地依靠定量或定位分析，而需要用核素示踪法观察标记物的动态变化，并通过数学运算求出有关的动力学参数。这类工作的理论和方法，就可以称为农药示踪动力学，或者示踪动力学在农药研究中的应用。

在 1980 年赴美合作研究期间，陈子元在美国查阅了一些关于动力学理论方面的资料，他敏锐地感觉到核素技术研究在分析方法上完全可以和动力学理论有机结合起来，通过一些动力学模型的设计和使用，来深化和提升农药残留、代谢研究工作。在合作研究中，他尝试将动力学原理引入同位素示踪应用，指导徐步进按照示踪动力学的方法整理课题实验结果。回国之后，在国家环保重点课题"农药对农业生态环境影响的研究"接续推进过程中，他进一步扩大使用了示踪动力学的理论方法。

陈子元赴美合作研究完成的四项课题，后来均在国内刊物上正式发表。其中，《林丹（γ-六六六）在土壤中的吸附性与其在小麦和土壤中残留量的关系》一文刊于 1982 年《环境科学学报》第 2 卷第 4 期。从这项研究的开展情况，可以发现示踪动力学分析方法的独特之处。

林丹（γ－六六六）多年来被认为是一种有效的土壤杀虫剂，但它在土壤中的残效期较其他的有机氯烃杀虫剂为短，所以田间施用时，就需要连续多次，用药量增加，这是一个缺点。另一方面，由于林丹在土壤中较其他有机氯烃杀虫剂容易分解和消失，这样可减轻对土壤的残留和环境的污染。至于土壤中施用林丹后，能否被植物所吸收，吸收率多少，吸收后能否转移到植株其他部位，林丹残留在植株中各部位的分配和转化情况又如何？这些问题已引起人们的重视，并进行研究。但多数是测定林丹在各种食品和环境中的残留量，而对林丹在土壤和植物中的吸附（吸收）、转移、转化、残留和消失动态研究较少。为了摸清土壤中影响林丹残留和小麦吸收的主要理化性质，课题选用来自美国俄勒冈州各地理化性质有差异、具有代表性的八种小麦田土壤，利用放射性 ^{14}C 标记 γ－六六六（^{14}C－林丹）的同位素示踪方法，分别进行实验室的土壤吸附量测定和温室栽培残留试验，找出影响土壤中林丹吸附量的主要理化性质、林丹在土壤中的吸附性与其栽培小麦对林丹吸收率的相关性以及林丹在土壤中的吸附性与其在土壤中残留率的关系。从而能找到一个科学的简便方法来预测不同土壤施用林丹后，在土壤和小麦中的残留水平，为对林丹在土壤和小麦中残留的预期评价和提出安全合理使用措施，提供科学依据。

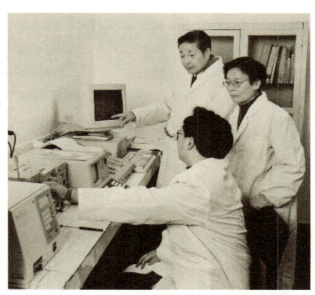

图 6-15　陈子元（远处者）指导利用放射性液相色谱检测标记农药代谢物质（1987 年）

试验的初步结论是：不同土壤对 $^{14}C-$ 林丹的吸附能力有很大差异，土壤的酸性、有机质含量和可萃取性铝含量等理化性质对土壤吸附 $^{14}C-$ 林丹的能力影响较大。不同土壤上生长小麦植株中 $^{14}C-$ 林丹残留物含量差异很大，在不同土壤中 $^{14}C-$ 林丹的残存率也与土壤对 $^{14}C-$ 林丹的吸附能力密切相关，二者呈正相关，一般土壤酸性高、有机质含量和可萃取性铝含量高的， $^{14}C-$ 林丹在土壤中的残存率也高。由于土壤的某些理化性质与土壤对 $^{14}C-$ 林丹的吸附能力和 $^{14}C-$ 林丹在土壤中的残存率以及生长在该土壤上小麦植株对 $^{14}C-$ 林丹的吸收率和植株中 $^{14}C-$ 林丹的残留量之间，均有密切的相关性，因此，可以利用化学实验室简便地测定土壤的理化性质或土壤对林丹的吸附能力，不必经过长时期的栽培残留试验，就可以对该种土壤中施用林丹后，林丹在土壤中的残存率（残留期）、小麦植株中林丹的残留量趋势作出预断，为合理安全使用林丹（ $\gamma-$ 六六六）提供科学依据。

从 1984 年 2 月起，我国高校生物物理学（农）专业第一位博士研究生甘剑英师从陈子元攻读博士学位，陈子元指导甘剑英利用示踪动力学的理论和方法，更为深入地开展农药科学与环境科学的研究。1988 年 7 月，甘

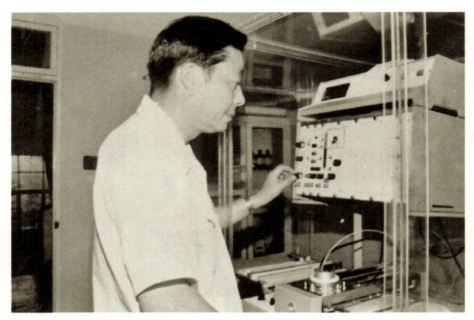

图 6-16　利用放射性薄层扫描仪进行放射性标记农药代谢研究（1988 年）

剑英凭借学位论文《呋喃丹在水稻—鱼生态系中的行为》毕业。该博士论文一发表，即在全国引起反响，并受到国际同行的重视。该论文的研究，建立了预测土壤中农药结合残留物的动力学模型，在国内系首次运用示踪动力学的理论方法探讨农药在环境中的归趋，具有较高的理论价值，达到国内外同类研究中的比较先进的水平。

久效磷是一种高效、内吸、广谱杀虫剂，是取代六六六的有机磷农药之一，陈子元和浙农大的同事，联合贵州省农科院原子所科研人员，利用同位素示踪模拟试验，对久效磷在农业生态环境中的行为与归趋进行了比较系统的研究。通过对结果的分析处理，建立了相应的数学模型，给出了久效磷在所论系统中的行为规律，从而为久效磷的毒性分析，安全使用和农药生产以及替代六六六的可行性提供了理论基础和科学依据。据检索，此项研究国内属首次，国外亦未见如此系统、全面的研究报告，相关研究国内处于领先，亦达国外同类研究的先进水平。研究论文刊于 1993 年《浙江农业大学学报》第 19 卷第 3 期。这也是一项浙江省科委"七五"重点课题。

在运用示踪动力学方法开展研究的过程中，陈子元一直重视实验条件

图 6-17　利用程序控制模拟生态箱进行化学农药实验（1989 年）

的改进和创新。为了避免研究活动本身产生的放射性对农业生态环境的污染，"除考虑较多地应用稳定性同位素和后活化示踪方法外，今后将利用放射性示踪剂与农业生态环境模拟装置配合，间接地研究物质在宏观生态环境中的运动规律"[①]。出于这一需要，1985 年，他与史建君合作设计试制了改良型模拟生态装置 SJ-90L；1997 年，又与人合作研制出更为先进的程序控制模拟生态箱 SJ-120。

他还非常注重计算机辅助研究，与人合撰了一篇相关论文，以期通过完善、改进各类模型来为农药行为研究提供更好的支撑。在这篇发表于1995 年《农业环境保护》第 14 卷第 3 期题为《土壤中农药行为的计算机模拟研究进展》的论文中，他提到：

> 农药在土壤中的行为研究是农药生态环境污染研究的一个重要方面。农药在土壤中的归趋基本归结于蒸发、吸附、降解、吸收和淋失等过程的综合作用。这些过程又受土壤、气候、农药、植物和耕作制度等众多因子的影响。实验室和田间的试验研究结果只表明一种农药在一种土壤及当地的气候等特定条件下的一种结果，不能外推。所以，要全面评价一种农药在土壤中的行为是非常艰巨和困难的，而且新型高效农药的不断出现，由于其用量低，残留水平低，对分析技术的要求也越来越高，困难也就更大了。为此，利用实验室试验和田间数据，通过数学模型来预测农药在大田的行为是十分诱人的一个课题，也是一个发展的必然趋势。随着计算机的普及，用计算机模拟农药的行为成为可能，从而也使模型研究更为广泛深入。
>
> 用数学模型来描述农药在土壤中的行为是很普遍的，最早可追溯到 20 世纪 60 年代初，但用计算机模拟农药在土壤中的行为却出现在20 世纪 70 年代中期……这一时期是计算机模拟模型发展的最初阶段，所有模型主要是以简单的函数关系为基础建立的。进入 20 世纪 80 年代，模型的发展进入了第二个发展时期，模型从简单向复杂发展，从

---

① 陈子元：对核农学中示踪技术的展望。见：《陈子元核农学论文选集》。杭州：浙江教育出版社，1998 年，第 665 页。

现象的归纳向机理发展。所以，函数性模型向更完善的方向发展。机理性模型渐次增多，随机模型也有所研究。同时，适合各种不同目的的各类模型如研究模型、管理模型和甄别模型都有报道……机理性模型从最基本的水分运动规律入手，理论基础较好，但需要数据多，实际使用困难较大，而且农药的吸附和降解等仍是函数关系，此类模型多属研究模型。函数性模型则从现有的实验数据入手，利用强制函数描述相互之间的关系。模型简单，操作方便，很适合粗放管理的需要。管理类和甄别类模型多为函数性模型。[1]

文中指出，进入 20 世纪 90 年代，新模型研制热潮不如以前，各模型研究者大都把精力放在模型完善及田间验证上。从现有模型存在的问题来看，以后的发展应该着重于以下几个方面的工作：

1. 对现有模型进行广泛的田间试验，修正、完善现有模型参数，使其更为完善；

2. 加强模型的理论研究，如降解、迁移等，充实和完善现有模型的理论基础；

3. 代谢降解产物的模拟。许多代谢产物本身也是有毒物质，而且其物理化学性质不一样，归趋也不一样，所以降解产物也应考虑在模型中。[2]

推进生物物理学科发展

陈子元赴美合作研究期间以及回国后的二三年间，在他的宏观指导下，他所在的学科和研究平台取得了长足进步，表现出强劲的发展势头。

---

① 陈子元：土壤中农药行为的计算机模拟研究进展。见：《陈子元核农学论文选集》。杭州：浙江教育出版社，1998 年，第 683–689 页。

② 同上，第 689 页。

图6-18　1991年11月当选中科院生物学部委员（院士）

1981年4月，他还在美国的时候，受中国原子能农学会的委托，浙农大组织举办了首次"全国同位素示踪技术训练班"，陈传群教授等具体组织实施了培训计划。回国不久，1981年11月，陈子元所在学科被国务院学位委员会批准为"生物物理学科"硕士学位授予点，他被遴选为导师，开始招收研究生。1984年2月，核农所①从农学系中分出，单独建制，隶属学校直接领导，谢学民任副所长主持工作。同时，核农所生物物理学科被国务院学位委员会批准为全国高等农业院校中该学科唯一的博士学位授予点，陈子元为首批博士生导师之一，此后指导培养了10名博士生，包括甘剑英、俞颐刚、汪俊强、黄建中、王校常、杨培新、沈生荣、吴志平、郑洁敏、崔永等。这些学生毕业后遍布全国各地以及美国、加拿大等国家。

1988年，核农所成为生物物理学国家级重点学科依托单位。1991年

图6-19　"核农所"外景（左，五十年代建筑，2006年1月拍摄）与标牌（右）

---

①　1982年2月19日，经浙江省教委批准，成立浙江农业大学原子核农业科学研究所，简称"核农所"。

11月，陈子元当选为中国科学院生物学部委员（院士）。受其影响，核农所焕发出新的勃勃生机。1993年4月23日，核农所新建钴室落成，首次加源5.5万居里，开始试运行。4月，依托核农所，成立了农业部核农学重点开放实验室和浙江省核农学重点研究实验室。1994年，核农所生物物理学被评为浙江省重点学科。1995年，浙江省政府批准立项建造生物物理实验楼（3300m²），三年后建成投入使用。1996年4月，核农所被省人民政府授予"八五"期间"浙江省科技进步重大贡献先进集体"光荣称号。1998年9月，核农所举办建所40周年庆典，同时农业生物物理学科参加浙江省高校优秀重点学科评审，入选全省五个优秀学科之一。

陈子元是核农所的创始人，作为组织者和领军人物，他不仅仅在自己的学术研究上作出表率，更重要的是把握整个学科发展的方向。作为学科带头人，他把核技术和农药科学、环境科学紧密联系在一起，以核农所为平台，引领核农技术各项研究在这里持续、广泛、深入地开展。担任浙农大校长（1983年9月起）及国际原子能机构总干事科学顾问（1985年10月起）以后，虽然参与具体科研的时间变少了，但对核农所学术发展的指导更强了。他全面了解了学校各个学科的整体发展情况，通过校际交流和

图 6-20　陈子元"图解"核农所的办所宗旨、方针和理念

IAEA 科学顾问工作，又及时掌握了各国科学研究尤其是核技术科学研究的前沿动态，学术视野更为开阔，不断丰富了"以核为本，多科结合"办所思想。

总结发展经验，陈子元将核农所的宗旨概括为三句话——以核为本，多科结合；为农服务，开拓创新；有所作为，持续发展。每一句话的第二个字合起来，就是"核农所"三个字。他为此画了一张形象的示意图："这是核农学，这是农药，我们用核技术让作物里面没有农药残留，农民就高兴了。"

所训则凝练为"团结、求新、务实、图强"八个字："首先是团结，这是最主要的；其次要创新；同时也要务实，扎扎实实地求是；然后就是奋发图强，自强不息。"他也专门画了一幅图用来解释其中的"团结"："这是一个原子核，几个电子轨道纷纷合过来。原来三个人各走各的路，然后以核为本，在核农的基础上大家团结在一起。当年，我们就是这样团结了分散在各地的 40 多个单位开展农药安全使用标准研制的。"

自 20 世纪 80 年代，陈子元依托核农所研究平台，开始致力于生物物理学硕士生和博士生的培养。

研究生是构成未来社会科学能力的潜在因素，决定科学队伍学术水平的重要参数，他认为："培养研究生，应根据学科的特点而采取不同方法。要强调基本功训练，包括基础理论课的学习，知识面的拓宽以及外语水平的提高。同时，要密切注意当代科技的发展动向，及时吸收和应用国内外先进技术。作为导师起一个向导的作用，激发学生的独立思维能力和创造性。"

在人才培养上，他还特别强调"做人"教育："人才培养我常讲一句老话——做人做事做学问。我自己的真实体会，最重要的还是做人，要待人以诚、以信，对己要严，对人要宽。做事要认真踏实，实事求是，我的学生出去以后不管成功不成功，首先要求要有科学的道德、科学的精神、科学的态度和科学的方法。而做学问，要勤奋，要精通。我想，这些总不会错的。"

陈子元带研究生极为严谨，基本上一年只带一名，无论自己多忙也决不敷衍塞责、误人子弟。他对研究生培养工作认真、细致，为每个研究生建立了详细的活页记录，包括基本情况、特长、爱好、能力、专题指导

图 6-21 陈子元（右三）与核农所教授在资料室讨论生物物理学博士生培养方案（1995 年）

等。上任校长后，尽管公务繁忙，他仍常常约研究生早八点之前到他办公室为之辅导，有时还晚上下宿舍指导。他既关心研究生的学业，更关心他们的德智体全面发展。冬日清晨，他会跑到研究生宿舍楼下，喊他们一起到操场跑步锻炼。每到学期末，他都让研究生写思想小结。寒暑假里，他要求研究生用英语通信或记日记，开学后交给他批改，以此帮助他们提高英语水平。他培养出来的研究生，就如淬过火的钢材，功底扎实。

他对一般人甚宽，但对自己的学生要求甚严，真正做到了爱而不宠、严而不厉。有一次，他指导的一名学生的实验有些数据是推测想象的，得知此事后，极少发火的他火冒三丈，对这名学生作了狠狠批评。许多师生说，多少年来从未见过他发这么大的火。

他是严师，也是"慈傅"，毫不保留地将自己的学术思想和科研资源"交"给学生：他指导研究生深入开展农药抗性问题研究、农药对生物体在分子水平上的毒性研究等国际性的前沿课题研究。

甘剑英是陈子元培养的我国高校生物物理学（农）专业的第一位博士生。1988 年夏天，毕业离校时，陈子元写给他一句赠言：勤奋与实干是事业的基石。凭着这块"基石"，甘剑英"周游国际"，在极短的时间内升任美国加州大学河滨分校教授，并于 2007 年至 2010 年任该校环境科学系主任。这是该系存在 100 多年来首次由"外国人"担任系主任。卸任系主任后，又任河滨分校学术委员会委员。该委员会由全校选出的 10 位教授组成，承担着人员评聘要职。他还是环境领域一份顶尖刊物的四个副主编之一。近年来，他在国内开展合作研究，2004 年获得"国家杰青"B 类；2007 年 12 月，被批准为浙大生物物理学科教育部"长江学者奖励计划"特聘教授；2011 年，被中组部聘为"千人计划"B 类。

美国加州大学是世界上最好的公立大学之一，其河滨分校在农业以及环境、土壤方面的研究尤为突出。谈起自己在这所学校的发展，甘剑英最想感谢的是导师陈子元先生：

> 我在学术研究方面的能力和习惯，我的英文功底，比较勤奋踏实的工作态度，这些都和陈先生的培养分不开。我在陈先生的指导下读了硕士，又读了博士，总共是六年时间。现在回过头来看，报考陈先生的研究生是我这辈子做得最好、最明智的决定，让我真正进入了自己十分喜欢的领域。[1]

回忆陈子元先生指导下的六年的硕士、博士学习生活，甘剑英特别讲到了两件事：

> 我读他博士生的时候，全校总共就两个博士生，我是陈先生的，还有一个是朱祖祥院士的。因为博士生特别少，我就有优越感。我们住在校门口附近，打开水不太方便，我就从实验室找来一个小电炉烧开水，有一次被房产科科长看到了。当时违章用电是很严重的一件事情，但我觉得是陈先生的博士生，他们可能会给点面子。结果陈先生可能知道了这件事情，一个礼拜之后，我看到墙报上的全校通报批

---

[1]　甘剑英访谈，2013 年 7 月 25 日，杭州。资料存于采集工程数据库。

评，就是"关于甘剑英等同学违章用电的通报"。当时恰逢我准备申请入党，因为这件事情推迟了一年多时间。这是一个很深刻的教训，让我学到做人真的要谦虚，要谦卑。

还有一件事情，做博士生的时候，有一次放暑假，陈先生给我们布置暑假任务，交给我的任务就是每个礼拜写一篇作文，用英文写，写好之后交给他看。我就按照他的说法每个礼拜写一篇，开始写得很生疏，但是几个礼拜之后，慢慢地进入了角色，越写越过瘾，越写越起劲。后来开学的时候交给他，他仔细地帮我修改，写了很多的评语。这个事情，让我对英文写作产生了兴趣，从他的修改当中也学习到了很多东西。到国外以后，我才发觉对中国科学家来讲，最大的瓶颈就是英语。我们有很多很好的想法，很好的科研成果，关键是要把它表达出来，让世界上的其他人知道。陈先生的这种培养，对我后来的发展起到了很大的作用。我在国外 20 多年来之所以能够做得比很多外国人出色，十分得益于我的英语写作。①

在甘剑英的记忆中，虽然陈子元先生当时特别忙，上课时间也不多，但是他特别强调研究生要做读书报告，每月一次，人人都要做，还要求学生查阅英文文献写综述。甘剑英觉得，这些科学训练，对拓宽知识、培养能力以及打开研究缺口特别有帮助，使自己形成了沿用至今的良好研究习惯，并且用于指导自己的美国研究生。

目前，甘剑英在国内的研究与合作主要是在环境领域，特别是核农学方面，包括连续四年担任了国家基金委化学部项目的二审，帮助评审面上基金、重点项目、优秀青年基金等。就学术而言，他的身上，承载了核农技术的"世界之旅"：

同位素示踪技术是我这么多年来一直没有丢掉的技术。我在美国实验室，也持有同位素许可证，是我们系里唯一的一个。中国有句古

---

① 甘剑英访谈，2013 年 7 月 25 日，杭州。资料存于采集工程数据库。

话，叫"一招儿鲜吃遍天"。事实上，用同位素示踪技术来做研究，这是我们一个特殊的手段，有它独特优势，特别是通过很简单的试验就可以得到大量的信息，这对进行农药或其他有机污染物的降解、环境行为的评价研究，往往事半功倍。这么多年来，尽管我的研究方向有所改变，我现在主要做环境污染、环境保护研究，但是很多时候，我们实验室用的还是同位素示踪，碳－14标记，现在也用一些稳定性同位素标记。我们很多发表在顶尖杂志上的文章，事实上都得益于使用碳－14标记等。可以这么说，如果我没有当时的训练，没有这方面的特长的话，很多好的文章是发不出来的。比较好的文章我现在总共发了30多篇，差不多一半儿都用到了同位素示踪技术。①

除了指导研究生，长期以来，陈子元始终关心着核农所年轻教师的成长发展和队伍建设。他把浙江省科委提供的院士基金（1996年起设立，每年3万元左右，自2003年增至每年10万元）全部用于资助示踪研究方向的青年教师，在他们科研起步阶段最需要帮助之时雪中送炭，施以援手。对于接班人的培养，他更是倾注了大量心血。90年代末，核农所的发展遇到一些困难，包括出现了"人才小断层"：老的退了，新的上不来，人才青黄不接。此时，徐步进所长上任，在陈子元的指导下着力破解困局。师生二人携手完成的一件重要工作是"引进"华跃进，使他成为学科后备人才。

华跃进是浙农大蚕桑系的硕士生，由蚕桑系一位教授和陈子元联合培养。后来学校利用世界银行贷款把他送到德国马尔堡大学基础医学系深造，获得生物化学专业博士。拿到学位后，又到日本做了五年的博士后研究，后来成为特约研究员。时值核农所的学科人才出现小断层，陈子元希望华跃进能够回来"担当大任"。徐步进回忆说：

我当时担任核农所所长，就积极地和陈先生想办法把华跃进引回来。当时，四校组建成立的新浙江大学搞特聘，他的合同还差一个多

---

① 甘剑英访谈，2013年7月25日，杭州。资料存于采集工程数据库。

月未满，人还在日本。没有办法，我说你把材料拿过来，我去代你做述职报告去。陈先生也支持这样做。就这样，我代他在学校评委会上做述职报告，后来通过了。①

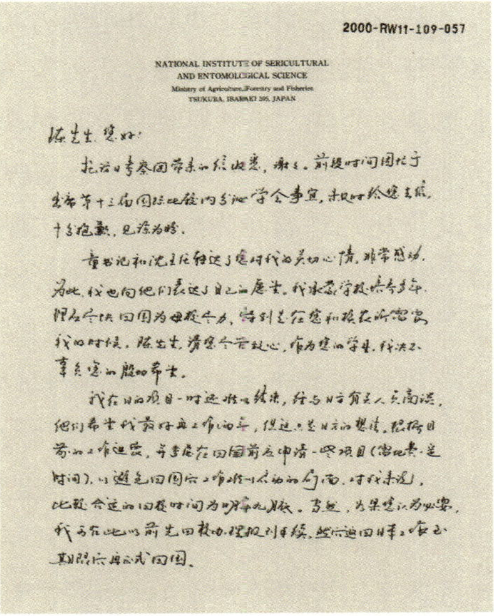

2004 年，华跃进出任第六任所长。他目前从事 DNA 损伤与修复领域的研究，这是国际上的前沿课题和热点研究，对航天、医疗、核工业具有重要意义。2012 年 10 月下旬，国家科学研究层面的重要

图 6-22　华跃进写给陈子元的信

会议"香山会议"② 第三次来到浙江大学召开，主题就是 DNA 损伤与修复领域研究，由华跃进作了主题报告，担任会议执行主席。这说明，他已经不负众望地承担起了学科发展的重任。

原浙江大学、杭州大学、浙江农业大学、浙江医科大学于 1998 年四校合并组建新浙大后，进入综合性大学的原子核农业科学研究所（核农所）面临一些问题，出现了被"边缘化"的迹象。核农学科原由农业部支撑，现改为教育部管辖，教育部对农科的支持强度显然不及农业部。新一轮国家级重点学科的评审即为例证。1988 年评审时，核农所属农业院校，其业绩在农业院校中名列前茅，被评为国家级重点学科。而 2002 年评审时，核农所归属综合性大学，其学科需要与清华大学、中国科技大学等生物物理学科进行评比，结果落选。尽管当年农业部评定浙大"核农学实验室"为第四轮（2002—2006）农业部重点开放实验室，但仍然难掩"丢失"国家级重点学科之痛。

----

① 徐步进访谈，2012 年 10 月 30 日，杭州。资料存于采集工程数据库。

② 香山科学会议 1993 年开始举办，是我国重大项目立项前的学术准备活动，每一次就一个选题进行研讨，因首次会议在北京香山召开而得名。

在这种"逆境"下，2002 年 12 月，由浙江大学审核通过，陈子元继续担任生物物理学学科带头人。他与华跃进、叶庆富等人组成重点学科申报团队，打响"失地"收复战。结合学校的综合优势，核农所贯彻"以核为本，多科结合"方针，不断创新研究领域，如 Bt 水稻基因外源基因及其表达产物的环境行为与生物学效应，自主创制新农药的代谢、构效关系、作用机理与环境行为，昆虫类固醇激素生物合成，神经抑制肽的结构和功能，分子标记辅助水稻高产抗病基因聚合育种技术，杂交作物亲本"标记"改良和组合选配，彩色系列草坪草新品种培育及产业化开发等。其中，华跃进主持完成的研究成果"对辐射及其他极端环境下生物的基因和蛋白表达谱和功能基因的研究"入选"2003 年度中国高校十大科技进展"，并获得国家基金重点资助和"973"项目的资助。经过集体努力，2007 年，浙江大学生物物理学科重回国家级重点学科行列。

这一年，也是核农所取得重大发展的关键一年，除了恢复"国重"，还通过了第五轮农业部核农学重点开放实验室评审，由浙大核农所主持的农业部公益性行业（农业）科研专项"核技术农业应用"（2008—2010）

图 6-23 2007 年浙江大学陈子元农科教育基金成立

图 6-24　历任所长：陈子元（右三）、陈传群（右二）、谢学民（左三）、孙锦荷（右一）、徐步进（左二）、华跃进（左一）

和"核技术在高效、低碳农业中的应用"（2011—2015）先后申报立项成功并实施建设，进一步确立了核农所在全国核农学领域的学科和学术优势地位。

同年，以陈子元名字命名的浙江大学首个农科教育基金"陈子元农科教育基金"于校庆日（5月21日）正式设立。该基金主要用于奖励农学类品学兼优的在校学生，资助优秀的贫困学生，以及奖励教育业绩突出的教职工，资助推动农学类教育事业发展的活动。

2008年，核农所举行建所50周年庆祝大会，同时出版《风雨同舟锦绣前程——浙江大学原子核农业科学研究所50周年纪实》一书。建所

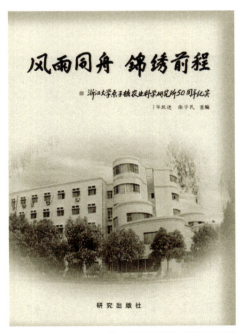

图 6-25　核农所"书写"春秋五十载

以来，核农所乘势而上、迎难知进，始终保持着旺盛的发展势头。目前，该所拥有一支力量雄厚的教学和科研队伍，已形成以陈子元院士以及华跃进、舒庆尧、叶庆富、吴殿星、田兵教授等为代表的年龄结构、知识结构较为合理的老中青相结合的学术队伍，一批具有发展潜力的青年学者正在快速成长。他们在科学研究以及教育教学中群策群力，团队作战，将学科建设和研究活动实践不断推陈出新，实现了"有所作为，持续发展"。

致力中国核农学基础建设

80 年代，除了到联邦德国考察和赴美国作客座教授，陈子元其后还去了日本、英国和奥地利等国家，出席一系列国际学术会议，汇报中国核科技发展的现状和成就、中国原子核技术在农业上应用的进展与动向。回到国内，他奔走各地，广泛介绍原子核科学技术，包括同位素示踪技术在农业科学或环境科学中的应用，以及国际上核农学研究的最新动态。他把核技术与农药科学、环境科学紧密对接，推动核技术应用不断"落地"。整个 80 年代，他就像是架设在这个交叉新兴学科领域里的一座桥梁，既把中国原子核和平利用的情况告诉世界，又将世界核技术研究及农业上应用的前沿实践"国产化"。在这一过程中，他抽出时间开展了专著编写工作，撰写发表了一大批专论文章，积极领导、参与全国核农学科建设工作，在开拓、引导学科走向方面释放出巨大

图 6-26　1983 年专著封面

能量，发挥了重要作用。

从 80 年代开始，陈子元自觉、主动地对自己所在领域的科学研究工作，着手进行了学科意义上的梳理。1983 年 1 月，他与温贤芳、胡国辉共同主编的专著《核技术及其在农业科学中的应用》由科学出版社出版。这是一部近百万字的专著，由他组织中国农科院原子能利用研究所、浙江农业大学等 14 个单位的 20 多名科技工作者，根据核技术农业应用在科研、教学、生产上积累的经验，并参考国内外有关资料编写而成。该书被认为是 20 世纪 80 年代中国核农学领域中内容最为丰富的专著，深受国内外专家好评。国际原子能机构（IAEA）培训部主任兰纽济阿塔（L'Annunziata）博士给予高度评价："此书会对中国农业科学的发展产生重大的影响，开拓了应用同位素技术研究农药及其他农用物质对环境污染防治的新领域，为该学科的发展起到了奠基和推进作用。"1986 年，这本专著获得浙江省教育委员会自然科学成果奖二等奖。

1984 年 3 月，他与谢学民等合编《简明核农学应用手册》，由浙江省原子能农学会印刷 1000 册，分发给省原子能农学会会员参考，后又分享到中国原子能农学会会员手中。该书是一本实用工具书，根据国

图 6-27　在学术研究上首次公开使用 "核农学" 概念

内外大量资料，比较系统地汇总了核技术在农学与生物学应用中常用的数据、公式等，并首次公开使用 "核农学" 这一概念。后来又经补充、订正编著而成 16 万字的《核农学手册》，于 1988 年 8 月由农业出版社出版，成为从事核农学研究、教学与生产有关人员的常用参考用书。由于原子核科学技术在农业科学各领域的应用过程中，经常需要用到各种数据或表式，而这些数表多分散在各类书刊中，因此《核农学手册》一经出版，即

图6-28　《原子核技术和农业现代化》

受到核农学科技工作者的欢迎。

1986年，他在《核农学通报》第9卷第6期发表专论《放射性同位素示踪法研究农药代谢中的几个问题》。应国家科学技术委员会成果管理办公室之约，又撰写了关于我国核技术农业应用情况的建议暨专论《原子核技术和农业现代化》。在分别总结了核辐射在植物辐射诱变育种、食品辐照保藏、昆虫辐射不育、辐射治理污染等方面的应用，以及同位素示踪剂在土壤肥料研究、植物栽培和营养生理研究、畜牧兽医和病虫害防治研究、生态环境保护研究中的应用之后，他指出：核辐射和同位素示踪剂已渗透到农业生产和农业科学的所有领域，并逐渐成为一项特殊、有效、新兴的常规技术。我国核技术农业应用研究，虽然比一些发达国家起步较晚，但是发展速度非常快，并且取得了一批重要的成果。今后核技术农业应用发展的前景，从其技术角度而言，主要取决于它的实用性、经济性和安全性①。

1989年3月，为庆祝中国原子能农学会成立10周年，陈子元以该学

①　摘自浙江教育出版社1998出版《陈子元核农学论文选集》，第660-661页。

会理事长的名义发表题为《对核农学示踪技术的展望》的专稿。专稿指出，同位素示踪技术是核农学中最重要和最广泛的应用技术，我国正面临着科技体制深化改革和迎接新技术革命的严峻形势，同位素示踪技术的农业应用工作如何主动适应商品经济发展和农业现代化建设的需要，是我国核农学科技工作者共同需要思考和解决的问题。他从四个方面，对同位素示踪技术在农业上应用的发展方向进行了展望：（1）同位素示踪农业应用必将向广度和深度开拓；（2）同位素示踪农业应用中示踪新技术将不断开发；（3）同位素示踪农业应用和高技术的结合将更加密切；（4）同位素示踪农业应用中基础理论的研究将迅速加强[1]。

图 6-29　1989 年著书写作（左）与学习阅读（右）

同年，中国原子能农学会在杭州召开"三届二次理事会暨学会成立10 周年庆祝会"，他作为学会理事长在会上作了《核农学三十年——发展与回顾》报告，指出：中国核农学事业的发展，经历了一条曲折的道路，回顾 30 年来的发展历程，大体上可以分为三个阶段：十年创业（1956—1966）；十年滞缓（1966—1976）；十年振兴（1977 年至今）[2]。

报告认为，我国原子能农业应用领域的不断扩大，对农业生产的发展和核农学的形成起了积极的推动作用；原子能农业应用科技队伍的不断壮大，学术和研究水平的不断提高，为农业科学革新和核农学的学科建设发展奠定了良好的基础。

---

① 摘自浙江教育出版社 1998 出版《陈子元核农学论文选集》，第 664-667 页。
② 摘自浙江教育出版社 1998 出版《陈子元核农学论文选集》，第 814 页。

中国核农学起步于 1958 年前后，作为这一新兴交叉学科的重要开拓者，陈子元在总结"而立"之年的核农学时指出：核农学事业发展的道路，始终是曲折的，也将是"山重水复疑无路，柳暗花明又一村"。在 1990 年浙江农业大学 80 周年学术报告会上，他又将核农学 30 多年的发展细分为四个阶段：第一阶段（1956 年至 1965 年），萌芽阶段；第二阶段（1966 年至 1976 年），停滞阶段；第三阶段（1977 年至 1985 年），复苏阶段；第四阶段（从 1986 年至今天），振兴阶段[①]。

据不完全统计，从 1958 年至 1988 年 30 年间，全国在核农学方面共获得科研成果 628 项，其中国家发明一等奖 3 项，国家发明二等奖 2 项，其他国家省、部级奖 340 项，发表的科技论文总计 2653 篇，仅"六五"期间就达 1061 篇。1982 年 FAO/IAEA 核技术在食品和农业上应用联合处处长 M.Fried 访华时曾说："世界上还没有一个国家像中国这样，在核技术农业应用中有如此庞大的队伍和完整的研究体系，中国核技术农业应用研究成果是显著的。"1987 年 IAEA 分管研究及同位素部的副总干事 M.Zifferero 访华时也说："中国辐射育种、示踪研究，特别是辐射育种取得这样大的经济效益，世界上是没有的。"

随着 1991 年 11 月陈子元当选为学部委员（院士），我国学科门类上第一次正式出现了一个新学科——核农学。行业性学科的核农学专业，按其学科分类属于生物物理学。

核农学是一门研究核素、核辐射与相应核技术在农业科学与农业生产中应用及其理论基础的科学。20 世纪 50 年代以来，核技术农业应用蓬勃发展，在不同领域获得卓著成就，创造了重大的经济效益、环境生态效益与社会效益，积聚了丰富的经验、技术与方法，建立了相应的基础理论体系。在此基础上原子核科学技术与农业科学技术之间不断相互渗透、交叉，逐步形成具有独特学科体系的新的分支学科核农学。

当选院士之后，陈子元在中国核农学学科建设方面发挥的作用更加突出。1992 年，他受教育部委托主持制订了生物物理（农）学科三个方向

---

① 摘自浙江教育出版社 1998 出版《陈子元核农学论文选集》，第 820 页。

的研究生培养方案，并被聘为农业部科学技术委员会第五届委员（1992—1995）。同时，农业部委托他主编《核农学》，作为全国高等农业院校生物物理学（农）专业研究生教材。1997年5月，80多万字的《核农学》由中国农业出版社出版。

从90年代中期开始，陈子元的一项重要工作是组织全国同行编撰国家"九五"重点规划图书《中国核农学》。编委会和编撰组于1993年组建，陈子元无疑是最合适的主编人选，但是考虑到全国协作的需要，为调动大家积极性，集中群智把这一"大部头"编写好，他主动让贤，建议由中国农业科学研究院原子能利用研究所所长温贤芳研究员担任主编，而自己担任编委会主任。编撰过程中，他发挥了重要的组织协调与学术指导作用。温贤芳回忆道：

我跟陈子元先生共同编写了比较好的两本书，第一本书他是主编，第二本书《中国核农学》本来还应该他做主编，但是他说不要，这次应该你来，所以最后推到我来做主

图6-30　主编核农学研究生教材

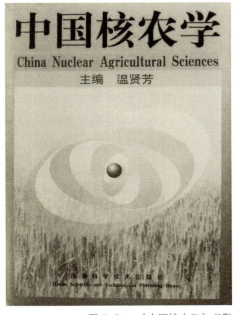

图6-31　《中国核农学》书影

编，由他指导我，我去组织全国的同行进行编写。这本书，目前在中国来说，还是最权威的，就是在他的指导思想下写出来的。他一辈子搞科学研究，培养人才，组织各种活动，包括写书写作，在全国起了很重要的骨干性的组织作用，推动了整个核农学的发展。[1]

1998 年 8 月，130 多万字的《中国核农学》由河南科学技术出版社出版，并荣获当年河南省优秀图书奖一等奖。这本由陈子元任编委会主任，温贤芳研究员任主编，组织国内 20 多位著名核农学专家教授共同编写的巨著，系统总结、全面反映了近 40 年来我国核农事业的发展成就、研究进展和水平。

核农学第四个"十年"到来之际，也是《中国核农学》编撰之际，陈子元又作了集中深入的思考，并面向新世纪着重分析了这个学科的未来。1997 年在安徽省黄山市召开的"全国第三届核农学青年科技工作者学术交流会"上，他为"年轻一代"作了题为《中国核农学的进展和展望》的报告，回顾了近 10 年来核农学研究的新进展，研判了 21 世纪核农学学科发展大趋势：

> 近 10 年来，作为核农学中同位素示踪法基本理论之一的示踪动力学，已在研究生物体内物质代谢和生态环境中物质转化迁移规律方面产生了重要的作用。另一方面在以体细胞、组织为辐射对象的研究中，提供了体细胞突变的发生、类型、分布与遗传等方面许多规律知识，为建立与发展辐射细胞生物学、辐射体细胞遗传学提供重要基本素材……展望在今后几年中，核农学应用中最主要的两个方面（核素示踪应用和核辐射应用）将会进一步分化成核农学和辐射农学，这将与医学科学中核医学和放射医学这两门学科相似。
>
> 核农学将是一门研究核素示踪学和同位素技术及其在农业科学中应用的科学。其主要内容将涉及到核素示踪学的基础理论知识。其中包括原子核的基本结构、性质，放射性衰变规律，射线与物质的相互

---

[1] 温贤芳访谈，2013 年 4 月 18 日，杭州。资料存于采集工程数据库。

作用，放射性活度及其单位等；核素及其标记化合物的制备、分离与鉴定等；核素示踪学原理，示踪法特点、类型及示踪动力学等。技术方法部分包括放射性和稳定性核素的检测技术；放射性分析技术（如同位素稀释法、放射免疫分析、活化分析和可活化分析法等），以及放射性安全防护技术；核素示踪试验的设计、程序与操作方法等。应用部分主要包括核素示踪法在土壤科学、植物科学、动物科学、环境科学及分子生物学等学科中的应用。

辐射农学是一门研究放射生物学与核辐射技术及其在农业科学中应用的科学。其主要内容将涉及到辐射物理学、辐射化学和放射生物学中的基础理论知识。技术方法部分包括各类辐射源的装置与辐照技术，辐射探测技术，辐射计量技术，辐射防护技术等。应用部分包括核辐射在遗传科学（诱变育种）、食品科学（贮藏、保鲜）、昆虫科学（害虫不育、灭虫）和卫生科学（消毒、灭菌，污泥处理）等学科中的应用。

总之，以上这两个分支学科各自均有自己稳定的研究领域，不仅有其独特的研究方法和技术，并且其理论基础也都在不断充实和完善中。它们均在现代农业科学研究和生产中起着不可替代的作用。[1]

在《院士思维》（卷一）一书的自述文章中，他重申了相同的认识：

必须紧跟 21 世纪世界科学技术发展的步伐，加强核农学自身学科建设。在基础理论和方法学等方面，充实和完善核农学的学科体系。同时，随着核农学应用领域的扩大及其和其他学科、新技术的结合，逐步建立新的分支学科……核农学和辐射农学……这两门分支学科……在现代农业科学研究和农业生产中，起着彼此不可替代的作用。[2]

---

① 陈子元：中国核农学的进展和展望。见：《陈子元核农学论文选集》。杭州：浙江教育出版社，1998 年，第 843-844 页。

② 陈子元：选准方向，步步深入。见：《院士思维》（卷一）。合肥：安徽教育出版社，1998 年，第 344 页。

九十年代以来的研究

　　90 年代初当选学部委员（院士），延续了陈子元学术人生"十年一历程、十年一台阶"的传奇。随着生物技术的发展，90 年代初期，他及时提出把核技术与现代生物技术紧密结合起来开展核农科学研究。为此，他也进入了一个全新的学习时期。

图 6-32　陈子元在生物工程基因工程等方面的学术研究手稿

　　由于认识到"科学技术在迅猛发展，时代在前进，经济社会发展中新的问题不断产生，作为一个科技工作者，必须继续学习，充实自己，努力适应新形势的需要，更好地承担起历史赋予的使命"①，面对正在到来的生物技术时代，他主动自学"基因工程"，认认真真地做起学习笔记来。

　　他勤奋好学、勤奋工作，即使已功成名就，仍旧孜孜以学。浙江农业大学图书馆管理人员见证了这样一个"奇迹"：馆里有关核农学的新书、杂志"借阅登记卡"上的第一个名字，总是"陈子元"。通过不断学习，他"对世界上各种最新的有关本学科的研究成果十分清楚，从而使研究工

---

① 陈子元：从事核农学科学研究 40 年的回顾。见：《陈子元核农学论文选集》自序。杭州：浙江教育出版社，1998 年，第 3 页。

图 6-33　九十年代初受 IAEA 委托赴英美考察核技术环境应用新动向

作始终处于学科发展前沿"①。案头逐渐增高加厚的"基因工程"笔记本，对应的是科学研究上的掘进，以及 1992 年他在《农业环境保护》第 11 卷第 3 期发表的重要综述《基因工程与环境保护》。他在这篇综述中写道：

基因工程、细胞工程、酶工程和发酵工程，一般被认为是生物工程的四个主要领域……发酵工程和酶工程最为成熟，许多产品已经发展为独立的工业体系。细胞工程也较成熟，从 20 世纪 60 年代以后，进展很快，也有不少产品开发应用。基因工程发展较迟，自 1973 年美国首次报道了不同生物基因转入细菌进行无性繁殖获得成功，其后发展迅速，尤其是微生物基因工程较高等生物的基因工程发展更快。1981 年首批微生物基因工程产品开始投放市场，利用基因工程改造或人工构建的微生物在医药、食品、化工、浸矿等多方面都逐步得到开

①　陈子元：选准方向，步步深入。见：《院士思维》（卷一）。合肥：安徽教育出版社，1998 年，第 342 页。

发应用……

　　1990 年，我受国际原子能机构委托赴英国和美国，在几所有关的大学和研究所对核技术在环境科学研究中的新动向进行考察，通过考察不仅获得这些单位利用放射性标记化合物和同位素示踪技术在环境科学研究中的新信息和新方法：从分子水平上来深入探讨环境污染的机理和防治措施，并且也了解到许多单位正在开发利用微生物基因工程和分子生物学方法来解决环境保护问题的思路，以及一些战略性的研究方向。①

　　他梳理出美国在农牧业生产中农药对环境污染的两个主要问题：畜牧业中使用药浴消毒防治家畜寄生虫而产生牧场大量农药污水，以及作物区和森林保护中使用飞机大面积喷施农药而造成对土壤和地下水的污染，并以前者的防治措施为例介绍了微生物基因工程方法——很多牧场长时期以来较多利用生物活性污泥对农药污水进行生物净化，由于活性污泥中的微生物是一个杂乱混存的群体，其中真正能使某种特定农药降解的仅是一部分微生物，因此对农药的降解速率较慢，而采用微生物基因工程的操作，情况将大为改观：

图 6-34　陈子元（前）1990 年利用氧化燃烧仪进行放射性样本的处理

　　通过这种特定的酶系信息，从微生物中筛选、鉴定和分离出能分解该种农药分子或者某种特异化学结构的目的基因（目标基因或 DNA 片断），在体外或试管中借助酶促反应将目的基因

---

　　① 　陈子元：基因工程与环境保护。见：《陈子元核农学论文选集》。杭州：浙江教育出版社，1998 年，第 675 页。

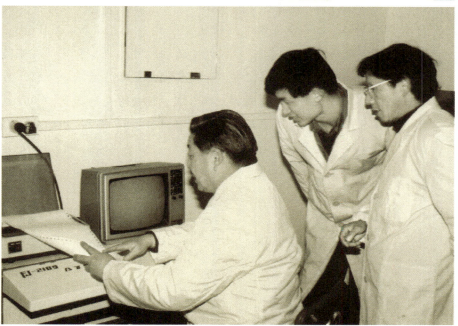

图6-35　1992年利用放射性液闪仪进行测量（上）、利用 Y 色层扫描仪测量放射性样本（下）

（两图中坐者为陈子元）

图 6-36　陈子元（前）1994 年在核农所放射性网室内观察实验植物生长情况

或异源 DNA 片断与适当载体进行重组（构建）成杂种 DNA 分子，然后再将这种杂种 DNA 分子输入到受体细胞中，使其表达目的基因的特征，再经过复制、增殖，获得大量新的特效微生物来净化农药污染物，这将更大地加速和提高净化的效果，简化净化的操作……以后只要了解某种有害环境污染物分子的化学结构，就可以根据环境污染物无毒化的分子结构，选用各种特效的目的基因进行构建（DNA 重组）成新的微生物作为商品出售，来消除污染。这就能成为在治理环境污染物中一种带有革命性的有效手段。[①]

　　他指出，采用微生物基因工程方法后，可以有效清除环境污染物，一些基础性研究已经启动，经过基因重组后的新微生物是否会对生态环境的安全性产生新的问题也有待进一步验证、研究。但是在未来它们将被更好

---

　　①　陈子元：基因工程与环境保护。见：《陈子元核农学论文选集》。杭州：浙江教育出版社，1998 年，第 676 页。

地开发利用，成为解决生态环境污染中最有效、最彻底的方法之一。而在这一研究中，利用同位素示踪技术仍有其独特的优越性，核素示踪是微生物基因工程和分子生物学方法操作过程中最灵敏、准确的检测和鉴定手段，核农学研究因此而保持着旺盛的生命力。

认识是实践的先导。90 年代，他指导研究生把农药对生态环境影响的研究工作置于分子水平上探讨其对环境污染的机理，进而运用微生物基因工程和分子生物学方法，来解决生态环境保护中的实际问题。

进入 21 世纪，年近八旬的陈子元仍然"笔耕不辍"，坚持进行学术研究和交流。2002 年 10 月，他赴南京参加全国农业同位素示踪学术研讨会，并作《同位素示踪技术应用展望》的学术报告。10 月，他在中国原子能农学会会刊《核农学报》2002 年 16 卷第 5 期上发表专论《从辐射育种的发展来展望航天育种的前景》。截至 2008 年，该专论被引 49 次，居《核农学报》引文第四位，《核农学报》编辑部还专门向他颁发了以资表彰的荣誉证书。

世纪之交，陈子元的学术目标是推动自己以及浙江大学核农所的核农学术研究与应用走进"大农业"时代。在 1998 年出版的《院士思维》（卷一）中，他指出：

图 6-37　航天辐射育种专论广被引用

随着 21 世纪的到来，核农学应该将研究和应用领域进一步拓展到包括农、林、渔、牧、副在内的大农业，并且覆盖到它们的全部生产过程。例如前期的调查、勘探和预报，中期的栽培、养殖和管理，后期的产品加工、利用、保鲜、贮藏和品质改良等。对各项实用化的研究成果，要尽快地加以开发和推广利用；对有明显社会和经济效益的成果，要创造条件逐步形成产业化，这是发展核农学的基本动力和活力。我认为，21 世纪的农业将是信息化的农业。核农学具有采集科学信息的重要功能，可以对农业生物、生态环境等各种农业系统的信息进行收集、识别、处理和利用。特别是核农学中的同位素示踪技术、核分析技术等，使人类有可能从分子水平的微观世界，以至农业生产空间的宏观世界进行动态的考察，从而提高人类认识客观世界、改造客观世界的能力。随着核农学与电子计算机、生物技术等高新技术手段的结合，核农学的研究水平、测试效果和结论的解析，必将提升到一个新的高度，在促进科技进步、社会发展、经济发展和提高人类生活质量方面发挥更大的作用。①

　　正因如此，2003年10月，他又发表了专论《不断开创我国同位素示踪技术新体系》，激励核农科研人员向大农业时代进军。

　　根据《风雨同舟锦绣前程——浙江大学原子核农业科学研究所50周年纪实》介绍，在大农业时代，核农学科涵盖三个主要研究方向：示踪技术与应用生物物理，诱变遗传与植物分子改良，以及分子生物物理学。其中，"示踪技术与应用生物物理"研究方向，是在生物技术、现代仪器分析技术配合下，将核技术应用在农业、环境和生命科学等领域，开创新的研究领域和技术方法，成为我国现代农业科学技术中的重要组成部分。具体而言，在核素示踪方面，利用同位素示踪技术及示踪动力学原理，进行农用化学物质、生物大分子（主要针对转Bt基因作物的编码蛋白等）、核电站放射性污染物和重金属等在农作物体内的吸收、运转、分布、代谢以及在环境中的积累、迁移特性、数学模型表征及其分子作用机理、生态学效应及修复和昆虫对农药的抗性机理等研究，为合理使用农用化学物质、转Bt基因作物的环境与生态安全性评价、减少生态系统污染及农业可持续发展提供理论依据和实施措施；在动植物营养生理代谢研究中运用核素揭示养分吸收、分布、转化和物质的合成代谢机理，为高效、优质农业提供理论基础；用放免分析技术进行畜、禽生殖生理、疾病诊断及治疗方法研究，以其可靠性、高灵敏度和精确度为提高动物生产力、疾病的检测与防治等方面的科学研究提供有力的工具。

---

① 陈子元：选准方向，步步深入。见：《院士思维》（卷一）。合肥：安徽教育出版社，1998年，第343—344页。

在具体的科学研究中，陈子元带领研究生利用同位素技术，将苏云杆菌基因转到水稻中，以克螟虫，从而研究出克螟稻。还就禽类蛋体中一种激素受体进行分析，研究出绍鸭产蛋多的机理，以推广于其他蛋鸭生产上。此后，他又将研究对象集中在"生物大分子"上，几年间连续发表了多篇相关论文：2001 年在英文杂志《色谱》上发表英文论文《Bt Cry1 Ab 毒蛋白的离子交换色谱分离和纯化》，在《浙江大学学报（农业与生命科学版）》上发表论文《从转基因水稻种提取 Bt 毒蛋白方法与效率的研究》；2002 年在《高等学校化学学报》上发表论文《转基因水稻表达的 Bt 毒蛋白 Cry1Ab 溶液构象研究》；2004 年在《浙江大学学报（农业与生命科学版）》上发表论文《Bt 毒蛋白 Cry1 Ab 受体基因 pt-r3 在大肠杆菌中的克隆和表达及特性分析》等。2005 年和 2009 年在《核农学报》上又各有 2 篇综述 ① 和 2 篇论文 ② 发表，直到 2011 年，88 岁高龄还在《核农学报》上发表最新研究论文 ③ 。

　　世界上核技术应用领域的基础研究，在 19 世纪 60 至 70 年代已经比较完善，但是其具体应用亟待开拓，需要创建一些新的发展方向。陈子元抓住契机，瞄准前沿，大力开展和推广核技术在农业上应用，尤其是在困难时期带领一班人坚持不懈，保持核农研究"文脉"不断，在利用同位素示踪技术研究农药残留和农药对农业环境污染防治方面独树一帜，作出了代表性的贡献，成为中国核农学的开拓者、创建者之一。在中国核农学界公认的"北徐南陈"局面中，两位泰斗人物，北有徐冠仁，南有陈子元。相比徐冠仁领导的北方核农队伍侧重辐射育种应用研究，陈子元主持的核农浙军则偏重核素示踪技术研究，并兼顾辐射育种应用研究，他本人长期担任核农学科带头人，成为核农学术研究的常青树。

　　陈子元的核农学术、教育水平与贡献，得到了社会和国家的认可。1994 年 10 月，他应中华全国总工会的邀请参加建国 45 周年全国百名

---

① 即《蕨类植物对无机污染物的吸收》和《农药遗传毒性研究进展》。

② 即《盆栽条件下三种植物对污染土壤中放射性铯的吸收试验》和《除草剂对不同耐寒性水稻幼苗的氧化胁迫效应》。

③ 即《夏桑叶的体外抗氧化活性及其主要功能成分研究》。

图 6-38　陈子元（前排左）参加建国 45 周年全国百名劳模观礼团，与新中国首位女拖拉机手梁军（前排中）、"毛主席的好工人"尉凤英（前排右）等在一起

劳模赴京观礼团，走上天安门城楼。观礼团的 100 名劳模，是从新中国成立后的万名全国劳模中选拔出来的优秀代表，浙江省的代表包括他和叶中央、谢亚萍等三人，而百人之中来自高教领域的代表仅有两名，他是其中之一，另一位是同他相仿的原厦门大学校长、中国科学院院士田昭武。这一年，恰逢他执教 50 周年，岁末年初，核农所和浙江农业大学先后举行了"陈子元教授执教 50 周年庆贺会"，浙江省政府领导到会祝贺。

2004 年，陈子元迎来 80 岁生日，中国科学院院长路甬祥代表中国科学院以及中国科学院学部主席团，致信祝贺陈子元教授八十华诞，对他矢志于核农学术和教育给予高度评价：

欣逢您八十华诞，我谨代表中国科学院、中国科学院学部主席团并以我个人的名义向您致以最诚挚的祝贺和良好的祝愿！对您几十年来为推动祖国科技事业的发展所做出的重要贡献表示崇高的敬意！

您是我国著名的核农学家。在从事科学研究的五十多年中，您热爱祖国，献身科学，兢兢业业，治学严谨，为祖国的科技事业倾注了大量的心血。您培养教育的一大批优秀科技人才，已成为我国农学事业的骨干力量。

您作为中科院院士，非常关注中国科学事业的发展，体现了老一辈科学家高度的责任感。值此机会，我们向您表示衷心的感谢！

第七章
执掌农大 科教齐飞

担任浙农大副校长

1978年12月，党的十一届三中全会开始全面纠正"文化大革命"及其以前的"左"倾错误，作出了把工作重点转移到社会主义现代化建设上来的战略决策。浙江农业大学也着手把"调整、改革、整顿、提高"的指导思想贯彻到学校工作中，努力创办既是教育中心，又是科研中心，并具有自己特色的社会主义农业大学。

图 7-1　上任浙江农业大学副校长

1979年3月，中共浙江省委对浙农大领导班子进行调整，任命丁振麟为校长，陈锡臣为副校长兼教务长，朱祖祥、陈子元为副校长。

陈子元回忆说："'文化大革命'以后，1978年学校面临改革开放。1979年3月校领导换班子，让我来当副校长。开始我不太愿意，觉得不是很适合。但省委和学校都决定了，就答应一半时间搞业务，一半时间做行政。"

对陈子元而言，核农学业务研究有着特别的意义，他很难舍弃："核农学研究平台办起来困难很多，但是作为一个学科来讲非常有发展前景，而且有很多志同道合的同事一起在努力，我还想继续干下去。特别是1979年刚刚改革开放，更想重振旗鼓。"

省委和学校党委"看中"了陈子元，是从他的人品和能力等各方面综合考虑的。在当时，他担任学校领导可以加强团结、缓解较为复杂的班子矛盾，有利于学校发展。学校非常需要他出面工作，而他深感责任重大，觉得缺乏这方面才能不能胜任。他是省政协常委，省里就委派平时与他常有来往的政协主席王家扬同志上门做思想工作。"王家扬同志说，父母养育我们，有养育之恩，父母的养育之恩应该以孝顺回报；而每个人的成长，党和国家都有培育之恩，国家培养了我们，更应该有感恩之心，再大的困难也要服从需要。"经过王家扬同志做工作，本着自己提出的行政、业务一半对一半的"设想"，陈子元走上了学校领导工作岗位。

丁振麟曾在"文化大革命"前（从1964年起）做过浙农大的校长，"文化大革命"期间遭到罢免，调任浙江省农业科学院院长。为了克服派系之争，省委此次任命他重返浙农大担任校长。丁振麟一上任就深入各系走访调研，并且每每带上陈子元。这让刚走上副校长工作岗位的陈子元印象深刻："丁先生一来就叫我跟着他到每一个系去听意见。他很认真，结果跑了两个礼拜，我的科研一天都没有时间搞。后来，科研时间就尽可能安排在星期六、星期天。再后来，想想既然委任你为副校长了，主要精力还是要放到行政上为好。"

陈子元设想的"业务行政一半对一半"的方案已经很难实现了。"好在所里同志都支持我，有什么大的会议才叫我去参加一下。"让他欣慰的是，"文化大革命"期间搭建的研究平台和教学科研队伍比较稳固，尽管自己一时没有太多精力投入科研，但只要把握好学术方向，只要这支队伍在，核农科学研究就可以继续往前走。

图 7-2　陈子元（居中者）1980 年在全省农业工作座谈会上

　　1979 年，农业部多次和浙江省政府协商，要将浙江农业大学改为农业部部属重点大学，校领导们为促成此事多方奔走努力。他们找到浙江省委书记王芳、省长薛驹等党政一把手，希望省里能予以支持。但是，考虑到本省大学本来就少，当时浙江大学已经隶属中国科学院，省内一些教研任务不容易落实，如果浙农大再划归农业部，无疑雪上加霜，因此对于浙农大成为部属院校，浙江省坚辞不允。"每个地区农口要有一所重点大学，后来，农业部选择了南京农业大学。"忆起往事，参与当年"重点大学"争取工作的陈子元至今不无遗憾。

　　就在这一年 6 月 23 日，为诸事操劳的丁振麟校长不幸因病逝世。9 月，陈子元开始兼任科研生产处处长，主管全校的科研、技术推广与研究生教育工作。次年 9 月，中共浙江省委任命朱祖祥为浙江农业大学校长，而陈子元则以副校长及核农学者的身份访学美国俄勒冈州立大学一年。1981 年 9 月回国后，他不再分管研究生教育，管理工作的重点是全校的科研及推广。

　　"科研人员都比较单纯，也都了解我，我也熟悉大家，所以管起来不是很难。另一块工作是下乡，去调查研究，了解情况。"由于管理工作的

图 7-3　陈子元（后排左七）与庆祝 50 年教龄老教授合影（1982 年 1 月）

需要，陈子元又有机会"重返"农村和农业生产第一线。他跑遍了学校设在江山、金华、嘉兴等地的农业科研推广基地，听取意见，了解课题需求和工作要求，帮助解决存在的实际问题。"实验室里的东西要搬到大田推广有一个过程，需要依靠下面的基地。只要东西好，农民看到了就会主动来找你，许多老师的课题就是这样接触基层后产生的。这种上下结合，比理工医要紧一些，理工医研究都是自己去找需求的，农业研究则是通过各个县的农技推广站。我经常会下去了解情况，或者是做做报告。"陈子元说，浙农大当时的农技推广工作局面是比较好的，产生了一批关于粮、油、棉、果蔬，以及猪、牛、羊等动物的成果并得到推广，比如吴耕民研究的"浙大长萝卜"，夏英武选育的"浙辐 802"水稻，核农团队的农药残毒研究成果……每每了解到这些成果的应用情况，他都会为科研工作服务于农村、农业、农民直接产生效果而感到自豪："所以我觉得，一个人成功不成功，不是看他名利如何，或者职务上怎么样，更重要的是能够为国家、为社会、为'三农'做出贡献，这是最快活的事情，比什么都让人感到高兴。"

担任浙农大校长

遵照中央关于干部队伍建设"革命化、年轻化、知识化、专业化"的

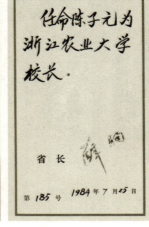

图 7-4　就任浙江农业大学校长

原则，从 1983 年下半年开始，浙江农业大学对学校领导班子进行全面调整。在广泛进行民主推荐的基础上，经过反复酝酿，全面考察和了解，提出了领导班子人选。9 月 26 日，中共浙江省委发文[①] 任命孔祥有为校党委书记，陈子元为校长。

1983 年 10 月，在任命后召开的全校大会上，作为浙农大的新校长，陈子元就学校教育改革、发展形势与任务等重大事项作了报告，阐述了办学理念、指导思想等重要问题。由于长期从事科学研究并具有教研组主任、实验室主任、系副主任、系主任、科研处长、副校长连贯的任职经历，加之担任副校长期间"出国"与"下乡"并举，陈子元具备了就任校长所需要的全部条件与"中外上下"各种优势经验，掌管整个学校已是水到渠成。他在接到任命后所草拟的一份《浙江农业大学教育改革总体设想（提纲）》，显示出对如何通过改革办好浙农大系统深入、驾轻就熟的思考。事实上，这也成为日后他履行校长一职的总剧本、总蓝图。

第一，改革的主要方向——鸟头（指导思想）
瞄准一个目标：中国特色的社会主义农业大学
建设二个文明：建成精神文明和物质文明的基地
贯彻三个面向："面向现代化、面向世界、面向未来"
迎接新的技术革命浪潮，抓住机遇，致力改革。作为浙江省最高

---

① 省委干［1983］109 号《关于浙江农业大学领导班子调整的通知》。

农业教育学府：要"立足浙江、面向全国"，为"振兴浙江、振兴中华"贡献力量，办成"二个中心、一流大学"，多出人才，多出成果，适应新形势，开创新局面。

第二，改革的根本目的——鸟身

（一）多出人才，快出人才，出好人才

1. 改革专业设置——适应目前急需和将来发展

①改造老专业，调整专业方向；②创办新专业，适应农村发展。

2. 修订教学计划，提高教育质量

①调整课程设置；②更新教学内容（教材）；③改进教学方法。

3. 多层次、多形式办学

①五个层次，提高为主：研究生（博士点 5 个，硕士点 16 个，研究方向 49 个）；本科生（11 个系，19 个专业）；专科生；干部生（管理学院、干训班）；函授生；其他留学生、进修生。

②多种形式：自办；合办；委托；（自费走读）。

（二）多出成果，快出成果，出好成果（上天入地？）

1. 调整科研方向

根据"依靠"、"面向"方针；贯彻"应用为主，重视基础"方向；发挥优势，发扬特色（"三新一保"、"三生一遗"）。

2. 抓紧前沿课题，迎接技术革命

（1）生物技术在农业上应用（细胞工程为主）；（2）电子微型计算机在农业上应用（开发软件，农业生态）；（3）农村战略发展研究（新农村）。

3. 加强管理，提高效率

（1）争取编制；（2）三级管理。

（三）建好"三基地"，办好"三中心"，三结合办学方向

第三，改革的基本动力——鸟翼

（一）左：加强师资队伍为中心的几支队伍建设

1. 培养师资队伍

①建立学术梯队；②培养学术带头人。

2. 提高职工素质

（二）右：加强物质建设，改善后勤服务

①为教学科研服务；②为师生生活服务。

第四，改革的重要活力——起飞（为起飞创造力量，减躯增翼）

"对外开放，对内搞活"，学校也需要二个转化：封闭式办学→开放式办学；"大锅饭"→"责任制"

（一）管理体制改革——改革突破口

1. 定编定员，建立制度

建立教师工作规范、职工岗位责任制、教师聘任制、干部任期制、后勤承包制。

2. 简政放权，提高效率，增强责任心

（二）面向社会引进外"智"

1. 技术咨询

2. 兼任教师（人才流动）

第五，改革的整体工程

1. 鸟脑——政治思想工作（精神来源）

2. 鸟嘴——物质条件（能量来源）

3. 鸟眼、鼻、耳——情报信息（第二资源来源）①

新班子成立后，学校面临着许多新的情况和问题，需要加以研究解决，陈子元深感"形势逼人，责任重大"。由于进行了系统思考、谋划，全校在党委、行政带领下迅速行动起来，掀开了深入改革发展的序幕。1984 年 4 月浙江省召开高等教育工作会议，陈子元在大会上作了题为《立足改革，适应新形势，开创新局面》的发言，清晰"再现"了他对于当时形势、目标任务的认识，以及组织带领全校师生所采取的办学改革举措及初步成效。

　　党的十一届三中全会以来，党中央、国务院在经济建设方面首先

---

① 资料为陈子元手稿，陈子元自存。

抓住了农业这一环……我国农村正处在"从自给半自给经济向着较大规模的商品生产转化，从传统农业向着现代化农业转化"。面对农村出现的大好形势，世界新科学技术革命的挑战，浙农大怎么办？是墨守成规，裹足不前，还是立志改革，跟上时代前进的步伐，这是我们面临的新情况、新问题……（我们）认识到作为我省农业教育的高等学府，必须为提高本省的农业科学技术水平和农业生产的发展服务，为农业的"两个转化"服务，使我校的发展与农业生产发展相适应，同时迎接世界新科学技术革命的挑战；必须加快学校的改革步伐，使学校从封闭式办学向开放式办学转化，从低效率、"大锅饭"向高效率、责任制转化；必须改进领导作风与方法，充分发扬民主，依靠广大教职工特别是知识分子办学，发挥他们的积极性、创造性，发扬我校优势，努力办出特色。[①]

走上学校领导岗位之初，陈子元多少还有不善于"做人的工作"方面的顾虑。而事实上，与人相处是他的一个"强项"。担任校长后，他认识到一切改革必须从人的改变开始。为了开创学校工作新局面，从1984年2月23日开始，学校党政领导和机关各部门负责人一起到各系（部）进行现场办公，前后用了近一个月的时间，共听取22个单位的汇报，了解新情况，解决新问题。听取汇报后，继而召开由各系教研组主任、机关科长以上干部和教授、各民主党派负责人参加的联席会议，交流各自的打算和改革设想。各系各部门的调查研究工作，改变了过去中层领导中存在的依赖上级、等待布置的被动局面。

陈子元的办学组织工作，充分借鉴了全国大协作时期积累的经验。同时，他发扬一贯的勤奋、实干精神，兢兢业业，呕心沥血，感染、影响着身边的每一个人。他对自己有一个六字要求：认真、诚恳、团结。即不论大事小事都认认真真去做；不论上级下级待人都坦诚恳切；不论单位个人

---

① 陈子元：立足改革，适应新形势，开创新局面。在1984年4月浙江省召开的高等教育工作会议上的发言。现存于浙江大学档案馆，档号：ND-1984-XZ-0042；纳入采集工程数据库，档号：DA-001-007。

工作相处都要加强团结。同时，他办事公道，顾全大局，着眼长远，凡事与人商量，善于听取意见，充分信任、始终依靠大家干事业。

当时，世界银行贷款提供了 11 台大尺寸教学电视机，而学校教学单位有 12 个，不够分配。12 个系所教学单位多是系管单位，其中核农所比较独立，属于校管单位，并且是陈子元的科研"基地"所在。但结果，恰恰是核农所没有分到电视机。这是陈子元作为校长一种不得已的"安排"，他经常说："这段时期，应该讲我很对不起核农所。不过，核农所的同事们都很体谅我。我心里也想把自己的学科搞好，但当时要考虑其他因素，考虑如何更有利全校的发展。"

在陈子元"儒雅之风"带领下，浙农大的师生凝心聚力抓改革促发展，短短几年间进行了一系列改革探索并取得了实效。1986 年 4 月，学校召开第二届教职工代表大会，陈子元在会上作了题为"提高认识，坚持改革，团结奋斗，开拓前进"的讲话。这一校长工作报告，反映了两年以来浙江农业大学坚持教育三个面向，适应农村两个转化，为发展农村商品生产，为国家的繁荣富强所开展的工作以及今后打算。摘要如下：

Ⅰ 回顾两年来，我们做了以下几方面的工作

一、认真抓好教学改革，努力提高教学质量

1. 积极调整专业设置，抓紧修订教学计划。加强了产前产后方面的专业课程，同时还新建了"农业环境与建筑工程"、"乡镇电气化"、"乡镇企业机械"、"园林花卉"、"化肥农药"、"农产品贮藏加工"、"动物营养与饲料加工"、"茶叶经济贸易"等专业，并根据社会需求成立了食品科学系，讨论修订了本科各个专业和八个专科专业的教学计划，有了一个比较符合当前形势的教育层次，基本解决了原教学计划陈旧、粗糙等问题，为进一步提高教学质量做好了前期准备。

2. 认真开展课程改革，鼓励教师编写教材。两年来，我校先后提出了《关于搞好课程教学改革工作的几点意见》、《教学改革评奖办法》、《关于开展系（部）教学水平评估工作的意见》和《关于制订课程质量标准的意见》等，对教学内容、方法等进行了大胆的探索。

八四年，着重抓了 17 门课程的改革试点工作，去年又进一步扩大了试点范围，各教研组也确定了着手改革的课程。在开出 16 门选修课的同时，试行了允许部分学生对部分课程自由听课、跨系跨专业选课和允许优秀学生辅修基础课相同或相近的另一个专业等制度，并逐步完善保证这些改革措施顺利实施的规章制度。八五年，对在改革中涌现出来的积极分子及成绩优异的教师给予了奖励。同时，还编写了一批内容新颖、适合当今教学需要的教材，有 39 本被推荐到全国讲义交流中心。

3. 努力创建重点学科，加强师资队伍建设。经省政府批准，我校新建了 12 个重点学科，经国务院批准，我校已有 5 个学科获得研究生博士学位授予权，16 个学科获得研究生硕士学位授予权。我们还加强了研究生的管理工作，全面制定了博士研究生的培养方案，落实了课程计划，修改补充了关于硕士研究生的培养及学籍管理的有关规章制度，并汇编成《浙江农业大学研究生工作手册》。开展了研究生招生的改革试点和研究生质量检查工作，为进一步提高研究生培养质量打下了良好的基础。针对我校教师队伍的年龄、知识结构不合理的状况，采取了一些相应的措施：实行教师聘任制，对教师实行考核制，充分调动了教师的积极性，促进了人才流动。对中年教师采取交任务、压担子的办法，鼓励他们开新课，开选修课，主持重点科研项目，使他们尽快在业务上成熟起来接好班。我们还选送了 18 名教师出国进修学习，60 余名教师去兄弟院校脱产培训学习，并举办了电子计算机、英语阅读、口语等多种培训班，为中年教师的知识更新创造条件。

4. 实行多种形式办学，提高招生、分配工作。两年来，共招收本科生 1115 名，专科生 510 名，硕士研究生 184 名，博士研究生 8 名，委托代培研究生 31 名，接受兄弟院校进修生 288 名，函授生 540 名，外国留学生、进修生、研究生 26 名。积极开展了毕业生分配的改革试点工作，试行由学校直接与用人单位联系，实行供需见面的改革措施。两年来，我校为国家输送了 1179 名大学毕业生，70% 在生产第一线。有 80 名毕业研究生获得了硕士学位。

二、面向农村经济发展，大力开展科研工作

针对我校科研工作长期存在的人力、物力、财力、成果分散等问题，从改变现行管理体制中存在的弊端入手，开展了科研的改革工作。第一，制定了科研计划管理、科技发展基金使用、科技成果管理等条例，努力使各项工作条例化，提高管理水平。第二，自定了科研编制，实行定编不定人的办法，加强科研力量。第三，在人力、物力、财力上对综合性研究项目给予重点支持。组织力量进行多学科协作，加强横向联系，逐步把 12 个重点学科、5 个博士点与国家攻关、重点科研项目结合起来，发挥优势，加快研究进程。

1. 取得了一批科研成果。两年来，我校共承担国家和本省有关部门下达的课题 199 项，其中攻关课题 19 个，重点课题 103 个，在多出成果、出好成果方面取得了较大成绩。两年中共获国家和省、市级奖励的成果有 24 项，其中获国家级技术进步奖 3 项，农牧渔业部技术进步奖 5 项，省科技优秀成果奖 14 项。是我校近几年来获得成果最多的年份，也是全国农业院校中获奖较多的单位之一，仅次于北京农业大学。

2. 加速了科研成果的推广。据 20 项推广成果的不完全统计，已为社会创造了 3.5 亿元的经济效益。

3. 继续办好校内外三结合基地。坚持教学、科研、推广三结合的办学方向，是我校实施从封闭式办学向开放式办学转化的一个主要步骤，也是我校的一项重大改革。八四年以来，我校与江山、杭州、德清、丽水等地开展的技术合作开发工作取得了积极进展。对江山县中低产田的改造获得成功，在帮助发展当地传统特产白毛乌骨鸡的同时，还抓了"罗斯鸡"的引进和开发研究，并为当地培训人才，举办技术培训班 60 多期。杭嘉湖中部平原生态农业综合技术研究基地的开发研究，进展较快。联合丽水地区技术开发中心、桐乡县真菌研究所筹建了"浙江省食用菌技术开发部"，经过一年努力成功培养出了人工竹荪，现已能提供菌种 9 大类共 25 个品种，为山区经济致富开创了一条道路。

4. 积极筹备，创建了三个科学研究中心①。

三、广泛开展国内外的协作和技术交流活动，推动我校提高教学、科研水平

继与美国俄勒冈州立大学、马里兰大学建立校际协作关系以来，又先后与弗吉尼亚州立大学、西柏林工业大学、比利时埃诺省高等教育及农业厅、日本岛根大学建立了协作关系。聘请了孔宪锋、汪志馨等7名外籍专家、学者为我校的客座教授和技术顾问。两年来，共邀请或接待了164批432名外国专家、学者来校讲学、访问。

四、以提高工作效率为目标，积极开展管理体制的改革

从85年4月开始，在全校开展了定编定员工作，相关干部试行聘任制，与此同时，制定了《机关人员岗位责任制》、《党政工作人员考核办法》等规章制度，初步完成了1490名教职工的工资调整工作。

五、花大力气抓好后勤，保障教学、科研和其他各项工作的顺利进行

六、坚持开展群众性的体育活动，提高师生员工的身体素质

Ⅱ　关于八六年的工作任务：提高办学效益，多出人才，出好人才，多出成果，出好成果

一、继续进行教学、科研的改革

在增建新专业和改造老专业的时候，既要明确我们的培养目标，又要注意相近专业之间应该有所交叉，专业之间的界限不要非常清楚。在整个教学过程中，要注重智能培养，激发学生的学习兴趣。进一步完善学分制，争取在八六年级学生中全面试行学分制与淘汰制相结合的新的学籍管理制度。可以试行部分优秀学生达到规定学分后提前毕业、分配工作或再学另一专业的必修课获双学士学位的政策，或允许部分优秀学生根据社会需要和自己的爱好兴趣跨系、跨专业选课，灵活组合自己的知识结构，充分发挥各自的聪明才智。

提高我校教育水平的另一个主要因素，是要把我校的科研水平尽

---

① 指与西柏林综合技术大学协作，建立食品科学中心；与美国俄勒冈州立大学协作，建立种子科学中心；与美国马里兰大学协作，建立农村发展中心。

快提高，这也是把高校办成两个中心的要求。要从建立适合学校特点、具有充分活力的科研管理体制着手进行改革。试行科研推广管理条例，改革科研经费管理办法，要支持重点项目、攻关项目和新技术的开发研究。加强现有重点学科的建设，校、系都要明确各自的重点学科，争取增加具有硕士、博士学位授予权的学科、专业，对各自的重点学科要重点保证，在人力、物力、财力上要给予偏吃偏喝。

二、要加强师资队伍的建设

要把提高教师特别是中年教师的学术水平作为当前学校建设的关键来抓，从中年教师中选择培养对象，积极采取措施，给他们以提高的机会，尽快接好班。同时，要充分发挥老教师的学术带头作用，鼓励青年教师勇挑重担，在实践中提高。要为重点学科、专业配备好学术梯队。要制订师资培养计划，做好对教师的业务考核工作，建立教师业务档案，继续实行教师聘任制和定编定额制，对那些教学效果差的教师该换岗的要换岗，该流动的要流动。

三、加强行政管理，做好后勤保障工作 [①]

陈子元的办学思想和一系列改革措施踏踏实实的推进，对浙农大的发展影响深远，在人才培养和科学研究上的成效也很快显现出来。

"2011年院士选举的时候我非常高兴，我比自己1991年选上院士还要高兴。为什么呢？因为两院院士评选浙农大的毕业生都有选进。在工程院，农业方面评上六个，其中就有两个是我做校长的时候毕业出去的学生。一个是浙江省农科院院长陈剑平，一个是中国农科院植保所所长吴孔明。而科学院农业方面新当选三名院士，其中也有一位是我们农学系毕业的研究生，就是北京大学生命科学学院教授朱玉贤。"陈子元说，当时的目的和想法，就是能够培养出高素质的人才，在教学中做了许多改变。现在看来，那些做法是比较成功的。

---

① 陈子元：提高认识，坚持改革，团结奋斗，开拓前进。在1986年4月浙江农业大学第二届教职工代表大会所作的校长工作报告。现存于浙江大学档案馆，档号：ND-1986-XZ-0069-14；纳入采集工程数据库，档号：DA-001-014。

图 7-5　陈子元（左二）与朱祖祥院士等出席留学生博士学位授予仪式

浙农大当时还有来自亚洲、非洲、欧洲、美洲四十多个国家的留学生，回国后许多人成为自己国家农业教育、科学研究和行政管理部门的骨干。其中最为出色的是农学系的越南留学生阮攻藏，他归国后先后担任了越南社会主义共和国农业部部长、副总理。

浙农大不仅仅培养了一批高端人才，还为社会培养、输送了一大批年轻的科技人才和优秀干部，对地方干部开展在职培养，当时的浙农大有浙江农业干部甚至浙江干部的"黄埔军校"之称。

科学研究也有了崭新发展。70 年代末，学校承担的各类科研课题总计 103 项，而到 80 年代末、90 年代初，科研课题总数增长 3.6 倍，科研经费增长 8 倍，期间有 355 项成果获奖，涌现了一大批有影响的研究。

根据《浙江省科学技术志》记载，这一时期，浙农大在国内外有重大影响的农业基础研究有：庄晚芳关于茶树起源的研究，李曙轩的蔬菜栽培生理研究，王兆骞的生态农业研究，高明尉完成的野败型杂交籼稻的基因遗传分析，汪丽泉、朱汉如首次获得小麦与球茎大麦属间杂种创造新的遗传种质等[①]。这些研究成果，均处于国内领先水平。

---

① 浙江省科学技术志编纂委员会：《浙江省科学技术志》（《浙江省志丛书》）。北京：中华书局，1996 年，第 296 页。

图7-6　陈子元（左）与国家一级教授吴耕民在华家池东大楼前合影

同时，也产生了一批具有显著经济、社会效益的科技成果。比如，由夏英武等人1978年育成的早籼良种"浙辐802"在80年代得到了推广应用，据1987年农牧渔业部统计，在全国南方稻区201个推广品种中推广面积名列第一，成为世界上种植面积最大的水稻辐射突变品种。唐觉教授长期从事五倍子研究和蚂蚁、白蚁研究，1983年曾为北京大华衬衫厂与日商贸易纠纷事件提供鉴别蚂蚁的科学依据，挽回了我方声誉和经济损失，被传为佳话。蘑菇健壮剂推广应用，截至1988年十年累计推广近4000万平方米，为我国蘑菇罐头出口创汇提供了优质原料，大大增加了菇农收入。

陈子元任校长时期，被认为是浙农大有活力、有奔头、发展最快的一个时期。"我任校长这段时间，整个国家形势很好，正在发展高等教育，办学的环境条件越来越理想。另外，经过整顿以后，教职工比较和谐一致。因而这段时间也是浙农大发展得比较好的时期。"陈子元说，这是学校始终坚持推进改革，紧紧依靠广大教职员工求是奋进、共同努力的结果。

尽管改革开放之初，浙农大无奈地错过了升格为农业部部属重点大学的机会，但是，时至80年代，

图7-7　1985年9月在全校师生大会上作报告

特别是陈子元治校时期，浙农大各项办学事业兴旺发达，已被农业管理部门和全国农业院校公认为强校，是"不是部属的部属重点大学"。

浙农大毕业的博士生、后来成为美国加州大学河滨分校环境科学系主任的甘剑英教授明确地表示：

> 如果你把浙江农业大学七十年代末到八十年代末、九十年代初这段时间培养出来的人才，和当时的经费比较一下，或者和当时的师资力量比较一下，哪怕是招生数比较一下，可以说浙农大那段时间的办学在全世界来讲都是十分成功的。总共也就是几千人，据我所知，从中培养出来的很多人，无论在国内也好，国外也好，都做得非常好。[1]

1989年9月，陈子元时年65岁，到了退休年龄。尽管浙江省委有意留任他，但是考虑到自己的年龄，他坚决要求卸任校长一职。卸任校长后，他担任了为期十年的浙农大学术委员会主任，在宏观岗位上继续关心和服务于学校的办学事业。

1994年8月，陈子元入选由浙江教育出版社出版的《浙江教育名人》一书。《大夏大学人物志》登载的"陈子元院士传略"中指出：

> 陈子元院士，是一位求实、执著、创新、开拓型的我国著名科学家和教育家。

超前性的办学理念

从1983年9月到1989年9月，陈子元在浙江农业大学校长位置上任职六年。这六年，他的目标始终如一，就是把学校建设成国内一流的高等

---

[1] 甘剑英访谈，2013年7月25日，杭州。材料存于采集工程数据库。

农业院校。他认为，浙农大源远流长，有一批国内外著名的学者、教授，各方面都具有很好的发展基础。长校六年间，他的治校思想可以概括为一句话：坚持"一个方向、两个中心、三个结合"，抓好"三个建设"。

他曾解释说：一个方向，就是坚持社会主义的办学方向。两个中心指一手抓教学，一手抓科研，也就是出人才、出成果。三个结合，是指教育教学上的提高与普及相结合，科学研究中的基础研究与应用研究相结合，以及教学、科研、推广相结合。三个建设，包括学科建设、师资队伍建设和校园建设。其中，校园建设谈不上是高校的中心和重点，却能反映出学校内部的管理水平和整个精神风貌。

他密切关注、始终思考的核心问题主要有五个方面：如何把浙江农业大学办成国内一流的农业大学；如何培养高精尖人才，多出人才，出好人才；如何加强科学研究，快出成果，出好成果；如何搞好学科建设和队伍建设；如何做好推广以及文化等其他各项工作。通过这些核心问题的深入思考和认识，在办学实践中，他逐渐形成了一系列稳定、成熟的办学理念，许多理念极具超前性，在现在看来，仍具有现实指导意义。

第一，教育教学、科学研究"并重"思想。

将浙江农业大学建成国内一流大学，陈子元治校期间念兹在兹。如何

图 7-8　陈子元（右）1989 年 5 月在华家池畔向谈家桢院士（中）介绍学校情况

建设一流大学？他的理念很清晰：必须走教学、科研并重的道路。"教学是传授知识，科研是创造知识。高校必须同时兼顾两者，否则是不可能提高办学档次的。"他认为要建成一流的高校，必须两手抓，始终把搞好教学工作培养高质量的人才和搞好科研工作产出高水平的成果作为主要目标。

如何推进教学工作？他认为，在教学方面应坚持提高和普及相结合。"提高"指的是在办好本科教育的同时，要建设更多的硕士点、博士点，大力发展研究生教育，为国家培养高层次人才。"普及"是指坚持为浙江省的农业生产、农业科学、农业人才培养服务的宗旨，提高干部的科学技术知识和素质，并通过他们领导当地的农业生产，推动农业现代化建设。

1983年，通过向农牧渔业部争取，浙农大设立了"中央农业管理干部学院浙江农业大学分院"，对县级以上农业领导干部进行大专班培训，一时成为农业干部培养的"黄埔军校"。"提高一名农业领导干部的科学知识水平和素养，与培养一名博士相比，对农业生产、推动农村进步、促进学校发展所起的作用更大。因为，一名博士要成长为一名县长，还有很长的路要走。"陈子元说，高校在办学时容易出现重提高轻普及的现象，浙农大当时比较好地"平行"把握了两者的关系。浙农大培养的干部遍布浙江

图7-9　陈子元（左三）1988年与来访客人在"奔腾"双马前合影

全省，一大批毕业生在各地市县担任了主要领导职务，还有一些人走上了省部级领导岗位或进入中央的领导机构。从80年代后期起，学校又选派优秀教师赴地方挂职担任科技副县长，为地方的农业和经济发展服务。

如何开展科研工作？他认为，必须坚持基础研究与应用研究并举。"开展应用研究，为农业生产实践服务，是农业大学的应尽职责。但如果没有基础研究支撑，应用研究是不可能持续的，大学的层次也不会高。基础研究也离不开应用研究，它可以从应用研究中汲取精华，明白问题在哪里，确定研究的方向。"他指出，基础研究、应用研究、开发研究是一个整体性的连贯工作，不能割裂开来，三者是相辅相成，相互促进的。而且，科研工作重在选题："好的选题，能够形成气候，形成产业。我们要从一篇论文、一个鉴定就完成了科研工作的单纯思想中走出来，选题的本身就是要考虑到研究的可能性和转化为生产力的现实性，有一个研究、推广负责到底的全局观念。这是非常重要的。"他还以自己的切身体会鼓励教师参加科研，尤其鼓励基础课的老师搞科研。

第二，科研和育人上的"上天落地"思想。

80年代中期，陈子元在工作札记里写下了关于办学理念的四个字：上天落地。他的学生、时任校党委副书记的邹先定目睹、见证了这一幕。邹先定说："虽然这并没有成为学校一种很明晰的办学指导方略，但陈先生已是有感而写，在他主校期间也进行了这样的部署和安排。这比浙农大90年代末在《光明日报》上宣传的上天入地，

图7-10　陈子元（左）与来访联邦德国霍伊海姆大学校长交流

以及 21 世纪初教育部提出的顶天立地，要早出一二十年，可见他的一些教育理念多么超前。"[1]

陈子元常和邹先定谈起，中国是一个农业古国，也是一个农业大国，但不是农业强国，更不是农业富国，要改变这种状况，主要依靠科学技术。因此，学校的科学研究和人才培养都要既能上天，又能落地。在科学研究上，既要有一流的高精尖的科研成果跻身国内甚至世界先进行列，又要有面向农业、农民和农村的实用技术，为地方经济发展特别是农业生产服务；人才培养也是如此，既要上天，有硕士、博士，勇攀科技高峰，更要落地，有脚踏实地在农业生产第一线、推进我国农业现代化的科技人员。

"浙江省不同意浙农大划归为部属重点院校的时候，我就有'上天落地'的认识了。"陈子元说，既能上天，又要落地，一个人兼顾两者不大可能，但是在人员安排上可以考虑有一部分人从事高精尖的研究，另一部分人的重点则是开展地方服务，"我们浙农大一定要'上天落地'。这一点，后来认识得就越来越清楚了。"

第三，教学、科研、推广"三结合"思想。

陈子元任校长时期，浙农大进一步推行开放式办学，注重教学与社会及生产实际的联系，在具体的教学改革中则注重校外基地的建设。作为校长，他非常重视科技推广工作，认为教学、科研、推广三结合是农业大学的一个重要办学方向，并且是学校实现从封闭式办学向开放式办学转变这一重大改革的关键环节。

科技推广衔接着科研与教学，对于科

图 7-11　陈子元（前）在基层走访

---

[1]　邹先定访谈，2012 年 11 月 10 日，杭州。材料存于采集工程数据库。

研来说，推广带动了科研，拓宽了研究范围，扩大了经费来源，促进了科研对经济建设的渗透；对于教学而言，通过科技推广、扶贫和协作等活动，使师生们的生产实践水平不断提高，理论与实际结合得更加紧密，同时也补充、丰富了教学内容。因此，教学、科研、推广，是相互服务、相互促进的关系。陈子元形象地分析说："教学、科研、推广三个轮子要一起转，这样学校才能稳定、协调地发展。如果只有教学、科研两只轮子，那是不太稳的自行车；要是只抓教育，那么独轮车走得就更慢了。"

针对学校的科技推广、扶贫、协作实际工作中，存在着各个系部之间不平衡、教师发动面不广、思想认识不足等问题，他在专题工作会议上要求学校和各系从思想、组织、措施上进行三个落实，处理好教学、科研、推广三者的关系。学校领导要把科技推广、扶贫、协作工作作为自己的基本任务之一，以及教师的基本职责之一。各级领导和教师要落实责任，工作满负荷的也要千方百计地挤出时间安排好下乡任务。各系要把青年教师下乡锻炼作为提高青年教师素质的一个基本手段，做到晋升讲师要有一年基层锻炼经历。

第四，重视学科建设，力求形成优势学科。

作为核农学科的重要开拓者，陈子元深知学科对于一所大学的重要性，关系到一流大学建设的成败。学科的发展往往是不平衡的，强弱不等。他提出浙农大的学科建设，优势学科要巩固特色，保持领先；薄弱学科，要充实内涵，加强力量，扶补整合（扶持、补充、整合）；新兴学科，要瞄准前沿，树立优势。

他认为，学科建设上要"保强、扶弱、补缺、促新"，一定要形成比较优势，力争实力第一，特别是通过创新加以实现："一所学校一定要有优势学科，可以通过创新产生优势学科。一般新兴学科都是交叉的，要在国际上竞争，所以要瞄准前沿，高起点。而树立优势，就是人无我有，人有我优，人优我创。跟随别人，只能居于人后，要想占据第一，就必须进行创新创造。我所在的生物物理学科也是一种新兴学科，就是这样'创'出来的。"

围绕加强学科建设，学校在经费、人才引进等方面采取了倾斜政策。

80年代中期，浙农大的重点学科建设成效显著。1984年，经评审、批准，土壤化学与肥力、作物营养与施肥、蔬菜栽培生理、果树栽培生理与育种、植物病理、害虫治理、农业生物物理、作物遗传育种、农业生态学、蚕业、农村能源（生物质能）、中兽医等12个学科为浙江省第一批重点学科。1989年，经国家教委批准，农业生物物理、茶学、蔬菜学等三个学科被评为国家级重点学科点。就在这一年，又有植物病理学、昆虫学、土壤学、作物遗传育种、农村能源等五个学科被批准为浙江省第二批重点扶植学科点。

通过学科建设，茶学、园艺、生物物理、土壤化学、农业化学、植保等都持续保持了优势，育种、环保、动物饲料（动物营养）等迅速发展，基本上每个系里都握有一些"拳头"，形成了特色，比较好地实现了"上天落地"和"坐三望二"。

"文化大革命"之初，浙农大的学科发展水平在全国农业院校中大约名列第三或第四位，到了80年代中后期，根据北京农业大学情报研究所的相关评价，已经稳居全国第三位，从"老三老四"跃居到了"坐三望二"的位置。对于一所普通的地方农业院校来说，这是非常不容易的。在陈子元担任副校长、校长期间，浙农大的硕士点、博士点、省级重点学科、国家重点学科、农业部的重点实验室等都得到了蓬勃的发展。

第五，重视哲学社会科学，倡导文理兼备。

作为校长，陈子元在培养人才、科学研究等环节特别强调"基础"教育，重视哲学和人文社会科学的教学、研究与发展，倡导文理交融。学校

图7-12　中科院生物学部常委在浙江农业大学参观访问（陈子元前排左一）

专门设立基础课部，着重加强数理化、生物以及电脑等基础课教学。为了出好人才、出好成果，他一再强调打厚基础的重要性。他形象地指出："打个比喻说，珠穆朗玛峰海拔八千多米，似乎高不可攀，可是真正到了山脚下，就会发现没有想象的那么高。为什么？因为此时站的地平面就有四千多米高。做学问也一样，基础厚，起点高，攀登所谓的科学高峰也就不难了。"① 他要求学生的知识面要广，基础要打得厚实，这样培养出来的能力素质才会比较高。

同时，他认为，自然科学工作者要懂得一点哲学社会科学，哲学社会科学工作者也要懂得一点自然科学，这两大门类的学科交叉、知识融合，有利于拓展学术视野，有利于形成新的生长点，有利于相互交流与合作，对于学生的教育和培养也是非常必要的。他在《院士思维》一书中写道："我认为搞自然科学的，文史哲都懂一点大有好处。"他从自己的学习成长和科学生涯中理解了这一点，并在担任校长期间身体力行，将其作为一个办学理念来指导学校的改革和管理。

1985 年 7 月 25 日，浙江农业大学宣布成立社会科学部。这是在他的直接关心、指导下成立的一个旨在促进哲学社会科学教学和研究的重要机构。在当时，可谓开风气之先。为了使学生能够得到艺术的教育和熏陶，浙农大还在全国农林高校中较早成

图 7-13　陈子元（右）在美作学术访问（1984 年，与美国 Virginia 大学校长威廉－拉维尔（中）交流。照片刊登于该校校报）

———————

① 陈子元：选准方向，步步深入。见：《院士思维》（卷一）。合肥：安徽教育出版社，1998 年，第 342 页。

立了艺术教研组。这样，就形成了比较全面的"文理兼备"施教的环境条件。

此外，作为教育家的陈子元，还非常重视学校的文化传承工作和对外国际交流与合作。

主校期间，他积极组织力量编纂浙江农业大学校史（1910—1984），虽然最终未能刊印面世，但为后来邹先定教授主编浙江大学第一本学院史《浙江大学农业与生物技术学院院史（1910—2006）》奠定了重要基础。该院史出版之时，陈子元欣然题写书名，后来又为新版"百年院史"《浙江大学农业与生物技术学院院史（1910—2010）》作序。

他一直把开展国际交流与合作作为提高学校办学水平和声誉的重要方面来抓，在他主持下与近十所国外高校建立了校际合作关系，一大批学生送出去培养，有近 50 名政府间公派来华留学生求学浙农大，浙农大的留学生管理工作也在农业部、教育部"挂了号"、"出了名"，深受重视和认可。

第八章
国际舞台　展示中华

受聘国际原子能机构科学顾问

1985 年 9 月，陈子元分别接到核工业部外事局和国际原子能机构[①]的通知，聘任他为该机构科学咨询委员会（SAC）[②]成员，任期三年，从1985 年 10 月 1 日至 1988 年 9 月 30 日。这一届科学咨询委员会是根据1985 年机构理事会的决定建立的，由来自全球 16 个国家的 16 名科学顾问组成，陈子元是其中第一位也是唯一一位中国科学家。

该机构对陈子元的任命书，于当年 10 月 24 日由中国常驻国际原子能机构代表团段存华同志转来，同时转来的还有该机构总干事汉斯·布利克斯写给陈子元教授的开会通知函：科学咨询委员会年会将于 12 月 4 日至 6日在维也纳召开。中国常驻国际原子能机构代表团，也向陈子元教授发来贺信，表示：这不仅是你个人和你校核农学方面的教学、科研工作二十多

---

①　即 International Atomic Energy Agency，IAEA。
②　国际原子能机构科学咨询委员会，也称国际原子能机构科学顾问委员会。下同。

年来辛勤工作取得成就的结果，也是对我国核科学技术的肯定。

陈子元当选国际原子能机构（IAEA）科学顾问是我国科教界令人振奋的消息，1985 年 10 月 16 日的《人民日报》（海外版）以 "联合国原子能机构聘陈子元为科学顾问" 为题进行了报道①：

> 著名核农专家、浙江农业大学校长陈子元教授，最近被联合国国际原子能机构聘任为该机构科学顾问委员会委员，并从今年十月一日起任期三年。
>
> 陈子元教授是浙江宁波人，现年六十岁。他长期从事于原子能在农业上的应用研究，成绩卓著。他应用同位素示踪技术，在环保、作物营养生理、土壤肥料、植物激素以及茶叶、蔬菜、蚕桑等生理机制研究方面，荣获六项成果奖。他研究成功的有机砷、有机氯、有机氮、有机磷等十五种合成标记农药，为中国农林系统标记农药填补了空白。
>
> 联合国原子能机构科学顾问委员会，由十六位学者组成。这十六位专家都是从十六个核科学较发达的国家聘任的。去年，中国被接纳为该机构的会员国。

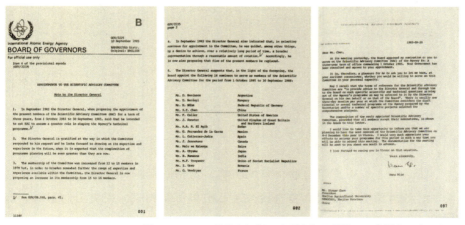

图 8-1　IAEA 总干事汉斯·布利克斯写给陈子元教授的开会通知函

---

① 引文原为繁体字，为便于阅读，此处引文使用简体字。

1954 年 12 月的第九届联合国大会通过决议，要求成立一个专门致力于和平利用原子能的国际机构。1956 年 10 月 26 日，来自世界 82 个国家的代表举行会议，通过了旨在保障监督与和平利用核能两大职能的国际原子能机构的《规约》。1957 年 7 月 29 日，《规约》正式生效。同年 10 月，国际原子能机构举行首次全体会议，宣布该机构正式成立。国际原子能机构是一个同联合国建立关系，并由世界各国在核能和平利用领域进行科学技术合作最具权威性的独立的政府间国际组织。其宗旨为，通过技术合作和援助，促进核能和平利用对于世界和平、健康和繁荣之贡献；受《核不扩散条约》等国际条法的委托，执行保障监督任务，以防止核能被转用于军事目的。

截至 2013 年 10 月，机构共有 159 个成员国。1984 年，我国恢复联合国席位的同一年，中国政府向国际原子能机构递交了《规约》接受书，成为其正式成员国。自此，中国参与了该机构一些国际公约的制定工作，并与该机构签署了一系列公约和协定。

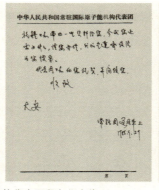

图 8-2　中国常驻国际原子能机构代表团段存华来信

国际原子能机构不是联合国的机构，但与联合国订有关系协定，同联大、经社理事会和安理会有直接关系。机构每年向联大提交工作报告。该机构的主要活动有五项，在履行职能方面做了大量工作①。

---

① 见中国外交部网站，"国家和组织—国际和地区组织—联合国—国际原子能机构"。
http://www.fmprc.gov.cn/mfa.chn/gjhdq_603914/gjhdqzz_609676/lhg_609678/t565676.shtml。

机构的主要活动有：（1）向成员国提供技术援助，帮助他们开展和平利用核能的研究和应用；（2）与有关国家和国际组织订立"保障监督协定"，对由机构本身或经其介绍提供的技术援助项目、对成员国或其他国际组织以及根据核不扩散义务委托监督的项目实施保障监督，以确保这些不用于任何军事目的；（3）组织研究和制定有关核能利用的安全条例，并向世界各国推荐使用；（4）与有关成员国或专门国际机构签订科学研究合同；（5）召集各种科技会议，通过建立情报网，图书馆和出版书刊等方式组织关于原子能和平利用的资料交流。

机构自成立以来，在《规约》规定的两大职能（保障监督与和平利用核能）方面均做了大量工作。在保障监督领域，截至2012年12月，已与170多个国家和地区组织签订了全面保障监督协定及单项保障监督协定，核武器国家也分别与其缔结了自愿保障监督协定。特别是1997年5月通过的保障监督附加议定书，标志着机构的保障监督能力和范围从仅核查各国申报的核活动扩大到可探查无核武器国家的秘密核设施和核活动。在促进核知识和核技术的传播、加强核安全国际合作方面，机构先后主持制定了一系列与核安全、辐射安全、废物管理安全标准有关的国际公约，如《及早通报核事故公约》、《核事故或辐射紧急情况援助公约》、《核安全公约》等。尤其是1997年机构缔结了《乏燃料管理安全和放射性废物管理安全联合公约》、《修订〈关于核损害民事责任的维也纳公约〉议定书》及《补充基金来源公约》。

国际原子能机构包括大会、理事会和秘书处。理事会为该组织最高执行机构，下设科学咨询委员会、技术援助委员会、行政和预算委员会和保障委员会。秘书处是执行机构，由总干事领导，下设政策制定办公室、技术援助及合作司、核能和核安全司、行政管理司、研究和同位素司以及保障监督司。为了履行职责，原子能机构还设有一个具备24小时反应能力、与全世界220个联络点进行通信的紧急情况反应中心。

国际原子能机构理事会下设的科学咨询委员会，成立于1959年。科学咨询委员会为总干事，以及通过总干事为机构理事会提供咨询，所咨询的问题均是总干事本人，或者代表理事会提出的机构项目中特殊的科学或技术问题。委员会的委员（科学顾问）由总干事征得所属国政府同意后提名，由理事会任命。这些委员遴选自不同国家，均为具有广泛工作经验且在核能和平利用各个专业领域中有代表性的资深教授和科学家。委员会最初由7名委员组成，任期一年，连续七年（1959—1965）。后于1966年增至10人，任期也由一年延长至三年，持续了两届（1966—1972）。之后又从10人增加至12人。1979年2月，理事会决定将科学咨询委员会委员扩大至15人，任期仍为3年。1985年9月，理事会再次扩大科学顾问名额，增至16人，任期3年。陈子元即为这一届科学顾问。这届委员会的委员分别为：欧洲7人，其中西欧4人（联邦德国、英国、法国、西班牙），东欧3人（苏联、匈牙利、罗马尼亚）；亚洲3人（中国、日本、印度）；美洲4人，其中北美2人（美国、加拿大），中南美2人（阿根廷、墨西哥）；非洲2人（苏丹、扎伊尔）。

　　1985年，科学咨询委员会换届之时，恰逢我国加入机构第二年。由于我国在核能和平利用方面的成就和国际影响，机构特邀请我国推荐一名委员（科学顾问）。考虑到当时中国的核电尚处于起步阶段，缺乏经验，但是中国核农学却比较先进，IAEA国内对口单位中国核工业部决定推荐核农学领域的专家。

　　当时，中国辐射育种规模居世界首位，核素示踪技术也广泛应用、成效卓著。世界辐射育成的审定品种中，由我国贡献的占到四分之一。我国还有水稻、大豆、棉花等三个辐射育成品种获颁国家发明奖一等奖，这也是一个很高的比例。虽然辐射诱变育种技术初起于德国、加拿大和美国，但是由于要解决吃饭问题，中国的辐射育种应用成果则是最为丰硕的。在中国，辐射育种、核素示踪等核农技术对粮食等农业生产的贡献特别巨大，核农学以及该领域的专家因此成为代表中国走上世界讲坛的最佳选择。

　　经征求有关各方意见，中国核工业部认为时任浙江农业大学校长的核农学专家陈子元教授等三人是比较合适的人选，遂以政府名义向机构推荐。经过机构理事会的讨论，遴选确定陈子元为最终人选，并由曾任瑞典外交部长的机构总干事布利克斯签发了聘任书和开会通知函。

　　受聘委员大多数来自核发达国家，出任这样的科学顾问，是一件很不容易的事情。不仅要有足够的专业水平和综合、分析、判断能力，还要有广阔的学术视野。虽然陈子元的入选身份是核农学专家，但他参与讨论的内容却涉及核能和平利用的几乎所有领域，而且，对外语水平的要求也相当高。考虑到自己对核农学以外其他方面的情况了解还不够深入，为筹集资料，按照会议要求代表中国作会议发言，陈子元建议核工业部也成立一个国内专家组作为自己的顾问和参谋，以提供翔实的研究动态和相关资料。

　　我国加入该机构后，作为世界核先进国将对机构的相关工作做出贡献。同时，作为发展中国家，也接受机构的技术援助。为评审和平衡国内各单位提出的机构技术援助申请项目，国内主管国际原子能机构事务的部门，接纳陈子元的建议，成立了类似科学咨询委员会的组织"IAEA科技活动顾问组"，并聘请陈子元兼任顾问组副组长。顾问组成员十余人，由核工业部提名确定，均为国内核能和平利用各领域代表性的资深专家。国内顾问组专家除了评审技术援助项目外，也讨论机构咨询委员会将要讨论的计划项目，藉此让陈子元了解国内核能界对机构项目的看法，希望他在机构科学咨询委员会年会上尽可能地反映国内的看法

图8-3　国内IAEA科技活动顾问组聘书

和需求。1985 年，为了年会上的首次中国"亮相"，陈子元和国内顾问组的十多名专家，一起忙碌了将近一个月。

在国际原子能机构的主要工作

位于东西欧交界点的奥地利维也纳，是联合国继纽约、日内瓦之后的第三总部所在地，联合国工业发展组织以及其他世界性组织汇聚在当地多瑙河右岸的联合国城办公，国际原子能机构的总部即坐落于此。这里簇拥着一组银灰色的现代化建筑群，由一幢圆柱形会议楼和六幢高度不一的办公楼组成。其中，最高的一幢楼和旁边的另一幢楼，就是国际原子能机构总部的办公场所。

1985 年 12 月初，中国核农学学者陈子元来到这里，作为全球 16 名科学顾问之一，出席为期三天的机构科学咨询委员会年会，并在会上作了题为 "Brief Introduction about the Nuclear Technique Application of Agriculture

图 8-4　1985 年出席国际原子能机构科学顾问委员会年会（维也纳）

in China"① 的报告。这一时刻，距离他赴上海参加原子能和平利用讲习班，时隔 27 年。

这也是他同一年再度走进维也纳 IAEA 总部。此前的 6 至 7 月间，他以中国学者的身份前来参加了利用核技术研究"农药的控释技术开发"讨论会，提交了《¹⁴C – 六六六的残留物在水稻植株和水田土壤之间的相关性研究（英文）》论文，并作了题为"六六六在水稻和土壤中的动态"的学术报告。

2004 年，我国加入国际原子能机构 20 周年之际，陈子元为相关纪念文集撰写了一篇回忆文章《我与国际原子能机构科学咨询委员会》，详细地介绍了首次参加委员会年会的情况，以及三年科学顾问任职有关情况：

> 1985 年 12 月 4 日至 6 日，国际原子能机构科学咨询委员会在维也纳召开会议，主要是讨论机构以后两年中执行的科技项目、经费预算和各部门拟举办的主要学术活动（国际会议、专题座谈会、讨论会或培训班等）计划，并对一些选定的特殊项目进行综合分析和评议。
>
> 第一天，会议由总干事主持，所有的副总干事及各司的处长列席。会议开始先由每位委员分别介绍其所在国过去一年来在核电、核燃料循环、核技术应用（理、工、农、医等）、核安全及辐射防护方面的发展动向（包括成就、问题及设想），以及对机构项目的看法。每人均有书面材料，事前印发给各委员。发言时间控制在 20 分钟左右。经过一天的介绍，机构和各委员基本上掌握了全世界主要核国家在原子能科学技术方面的动向。这种"非正式讨论"效果好、效率高，更重要的是为下一步讨论"项目计划"统一认识打下了基础。
>
> 第二天开始正式会议，讨论机构 1987—1988 年的科技合作项目、经费分配和学术活动计划（资料均于开会前一个月寄给各委员准备意见）。机构的"项目计划"和"经费预算"先由各司、处提出，计划部门归纳，分门别类，将科技项目合成"四级"：领域（Area）、门类（Programme）、问题（Problem）、项目（Project）。每个项目都简要

---

① 译为《中国核技术农业应用的发展和动向简述》。

说明：目的（Objective），提出者（Addresses）；达到目的的主要手段；项目的计划和期限；以及最后成果等几部分。

对"经费分配"估算意见也分门别类，按"正常预算"和"预算外援助基金"分两项列出，可以很清楚地看出每个领域、每个门类和每个项目的经费分配数，同时也可比较出机构在 1987—1988 年中经费使用的重点。

这次总的项目经费估算分配，在"正常预算"中，领域Ⅰ（核电、核燃料循环、核废物管理）及领域Ⅲ（核安全、辐射防护）占 48%，领域Ⅱ（核技术应用）占 52%；在"预算外援助基金"中，领域Ⅰ和领域Ⅲ合占 20%，而领域Ⅱ占 80%。所以总的经费分配中，领域Ⅰ和领域Ⅲ共占 1/3，而领域Ⅱ占 2/3。

在讨论开始前先推选一位委员任主席，再由有关司长或处长说明和介绍所提项目的依据和情况，然后由各位委员发表意见，或提出问题，请有关司长或处长解答和说明。如果当场未答疑，必须事后将解答和书面说明交总干事，以供总干事决策。讨论非常热烈，对一些问题也展开了激烈的争论。例如对核电今后的发展方向问题，因看法不同，争论非常激烈，后来决定在 1987 年 9 月召开一次国际核电发展方向讨论会议，为 20 世界 90 年代的核电发展确定方向。

对总的项目计划和经费分配经过逐一审议后，最后由总干事审定，交机构的技术援助委员会讨论。从这次科学咨询委员会的讨论来看，委员们主要讨论项目的技术问题，对经费分配发表意见不多。

对 1987 年—1988 年机构打算召开的专业会议（包括大会、讨论会、座谈会），首先由各部门提出，由计划部门汇总。对每一个会议必须说明召开该会议的目的、要求、会议范围和时间、预期结果等，书面材料于会前一个月发给各委员，并发给一份表格，要求委员对每一会议按照重要性和必要性，以 1 至 4 分（4 分最高）的优先次序打分。在参加会议时交给秘书汇总记分。在讨论时，将各委员的打分总值（以优先次序排列）与机构的预定优先次序进行对照，有一部分是相符的，有一部分是基本相符的，也有一部分是不相符的。然后再审议讨论决定优先次序。最后还将各委员对每一个会议所打分数汇成表格下发，从而可以观察到各委员对各个会议（学术活动）的立场和态度（实则也是对各委员的考验）。

总之，这三天的会议时间虽然不长，但是效率较高，解决了许多问题。这首先是由于机构对召开会议的准备工作做得充分，其次是这套开会方法、审议项目计划的程序和确定各种会议（学术活动）优先次序的方法比较科学。这些方法很值得参考。

我所参加的 1985 年、1986 年和 1987 年这三次会议，除了上述主要内容外，还对全世界所关心的核科学技术问题进行了重点讨论，提供了咨询意见。例如，1985 年的会议重点讨论了今后核能发展方向和加强核技术开发利用，1986 年的会议主要审议核电新堆型和放射性废物管理，1987 年的会议较多讨论了如何提高现在运行或正在建设的反应堆的安全性、经济性和可靠性问题。

我在三年任期中，在国内核工业部外事局、国内的国际原子能机构技术合作咨询组和国外的我国常驻机构代表团等组织的大力支持和帮助下，较好地完成了作为机构科学咨询委员会中一名中国成员的任务。1988 年以后，根据机构理事会的决定，这个综合性的科学咨询委员会调整为若干专门的工作委员会（组），该科学咨询委员会从此不复存在。[1]

每次参加年会，陈子元都认真地听取每一位代表的发言，并与国内情况进行比照，加以学习和消化吸收。轮到他发言的时候，依然是一贯的学者风度，从容、务实、严谨，他的声音柔和，却给世界讲坛留下了中国科学家谦和、自信的深刻印象。1986 年和 1987 年的科学顾问年会均于 11 月召开，陈子元在会上作了题为 "Trends of Nuclear Industry and Nuclear Technique Application in China"[2] 的报告等。

20 世纪 80 年代，国际原子能机构每年有几亿美元用于支持各成员国

---

[1] 陈子元：我与国际原子能机构科学咨询委员会。见：中国与国际原子能机构：《中国加入国际原子能机构 20 周年纪念文集》。北京：原子能出版社，2004 年，第 135-137 页。

[2] 译为《中国核工业与核技术应用的发展趋势》。

尤其是发展中国家申请的核能和平利用项目。哪些项目优先考虑，由科学顾问们通过"打分"的方式进行酝酿。由于打分体系中嵌有一套"对比打分"的机制，每位科学顾问打出每一分都非常审慎。陈子元说，对比之后，过高或者过低的给分，可能意味着某种问题："要么你不懂，要么你有私心。所以，这个分数不能乱打。我到国外做科学顾问，二机部专门组织的国内顾问专家组在背后支撑我，实事求是地先期进行评价。并且，收集相关情报，支持我在年会上对中国情况作出准确介绍。比如，当时我国核电站才刚刚起步，国内顾问组所收集的信息就由我到年会上去汇报。"

同时，陈子元也把国际核能前沿信息带回国内，通报给核工业部、中国核学会等，为国内核电建设等工作提供参考，助推事业发展。"做了几年的科学顾问，没有什么报酬，但是掌握的学术信息却很多。每次会前，IAEA 都寄来大量的会议资料，会后又寄来会议总结材料，从中全面、及时地获得了各国核研究、核应用的动态和课题资料。"陈子元对领域内国际上的最新研究进展及其成果一清二楚，这让他了解了世界，开拓了科学研究的国际视野。

当时，美、英、法、德、日等发达国家的核能和平利用水平较高，国际原子能机构也主要是把发达国家好的经验转移到发展中国家，因而参加项目的发展中国家比发达国家多。虽然主要目的在于帮助发展中国家，但并不是所有的发展中国家，而是有条件做这方面工作的才能获得资助。发展中国家的核能和平利用主要体现在农业、医学、水利等方面，巴基斯坦、印度、巴西、埃及等国情况相对较好。中国也比较出色，除核电发展薄弱外，核农、核医情况喜人。当时，法国、比利时等国的核电产能已占到 70%、80%，而中国即使目前也仅占 2.5%。中国的核农研究与应用则异军突起，在当时就已达到国际先进水平。陈子元担任机构理事会总干事科学顾问，代表了中国在核能和平利用领域越来越挺拔的国际形象，发出了中国科学家越来越响亮的学术声音。

由于 16 名科学顾问分别来自不同的国家、不同的领域，提供科学咨询尚可，一旦进行集体事项讨论，却不易达成一致意见。1988 年陈子元任期届满的时候，科学咨询委员会的建制随之进行了变革，解散为多个专业委员会或小组。国内顾问组仍旧保留，1988 年 7 月，陈子元被中国核工业总公司聘任为 IAEA 国内顾问组成员（1987—1997）。

虽然不再"任职"，国际原子能机构依然看重陈子元在核农学研究领域的水平和成就，在他卸任两年后，又委派他专题考察先进国家核技术农业应用最新动向。"1990 年，国际原子能机构找到我，让我代表 IAEA 以专家身份到英国、美国专门考察，进行科学访问，然后将了解到的核农应用最新情况报告给 IAEA。"1990 年 5 月 21 日至 6 月 28 日，陈子元很好地执行了 IAEA 科学考察访问任务。

受聘担任 IAEA 科学顾问这段经历，是陈子元学术人生中精彩的一笔，时任中国常驻国际原子能机构代表团参赞的傅济熙在接受书面采访所写的"陈子元教授与国际原子能机构"一文中说："陈教授在该委员会的最后一届任期中，出色地完成了任务，为我们国家赢得了荣誉，也成为他的一段可引为骄傲的人生经历。"[1]

傅济熙与陈子元初识于 1979 年。由于工作上的关系，在陈子元担任 IAEA 科学顾问和国内顾问组副组长后，两人接触渐多，彼此成了朋友。傅济熙也对陈子元有了更深的认识："他留给我的深刻印象是，学养深厚，为人谦虚敦厚，淡泊名利，与世无争。从他身上，我看到了一个真正学者的风范。"[2]

与国际原子能机构的长期合作

1984 年我国加入 IAEA 之后，浙农大核农所进入与国外同行开展广泛的科技合作和学术交流的新时期。校长、核农学科带头人陈子元教授受聘担任 IAEA 科学顾问，更是将这种国际化合作交流推向了深入和持久。

1984 年 9 月，IAEA 派遣官员首次造访浙农大，商讨双方合作办班事宜。

---

[1] 傅济熙：陈子元教授与国际原子能机构。采集小组书面采访，2012 年 12 月 27 日撰。

[2] 同上。

后经 IAEA 副总干事齐弗雷洛（M.Zifferero）教授以及多名官员的数次考察，最终选中浙农大核农所承办"FAO（联合国粮农组织）/IAEA 亚太地区植物诱变育种培训班"。

1986 年 9 月 15 日至 10 月 26 日，培训班在杭州举行，浙农大核农学科另一带头人高明尉任班主任，徐步进任协调员。这是 FAO/IAEA 在我国举办的第一个核农学培训班，也是我国加入 IAEA 后承办的首个培训班。

来自孟加拉国、中国、埃及、印度尼西亚、韩国、马来西亚、巴基斯坦、菲律宾、斯里兰卡、泰国、越南等 11 个国家的 18 名学员参加了学习。学员中有博士、硕士，多是所属国家中央一级研究机构的中、高级研究人员，部分为来自高等院校的讲师或副教授。授课教师，包括来自 IAEA 的专家 3 名，来自美国与印度的专家各 1 名，国内专家 16 名，还有多位教学和科研人员参与实验指导工作。

培训班通过授课、实验室试验和田间实习，传授了诱变育种的基础理论、诱变的技术方法、突变体的选择和利用、植物组织培养等四个方面的知识与操作技能，开展了课堂讨论、经验交流与工作报告会等活动，并组

图 8-5　陈子元（左）与来访的 IAEA 副总干事和 FAO-IAEA 联合处负责人交流

图 8-6　陈子元（中立者）在 IAEA 亚太地区植物辐射诱变育种培训班开学典礼上讲话

织参观科研院所与生产单位。最后用一周时间赴上海市农科院、复旦大学与上海植物生理研究所，以及北京中国农科院原子能应用研究所、作物研究所，北京市蔬菜研究所等单位参观考察。学员们普遍认为，中国有许多核农应用的成功经验可以为本国以及其他国家分享。

通过这次培训班，IAEA 官员和专家进一步了解了我国核技术农业利用上的工作成绩，我国核农学专家也进一步了解了 IAEA 的性质、作用和职能，这为促进我国与 IAEA 之间开展更为广泛深入的合作打下了基础。

1986 年到 1988 年间，IAEA 又多次派人前来商讨进一步合作事宜，在核农应用方面达成了两项技术合作：1989 年，由 IAEA 援助在浙江农业大学设立"核农学培训示范研究中心"，接待 IAEA 安排的多个国家的高级科学访问和考察人员，接受来自越南、印尼、菲律宾等国的技术骨干赴核农所培训半年至一年；与中国水稻研究所合作，实施诱发突变培育水稻新品种项目。此外，仅浙农大核农所与 IAEA 签订的研究合作项目就达 10 余项，在 IAEA 资助下，核农所参加国际会议、出国进修与考察达几十人次之多，有力地促进了人才培养和学科的建设与发展。IAEA 合作研究项目

图 8-7　1987 年聘请国际水稻所所长斯凡米诺升博士为浙农大名誉教授（左为陈子元）

往往具有"跨国性"，吸引发展中国家乃至发达国家等共同完成，这也从客观上刺激提高了核农所的国际交往水平，并对提升声誉影响起到了积极的作用。

IAEA 官员和专家每次到访，陈子元都亲自接待，并进行深入细致的交流和商讨。1994 年 1 月，IAEA 副总干事、技术合作司司长钱积惠先生访问浙农大，陈子元在与其交流中详细介绍了浙农大核农学研究、应用与国际合作情况。通过实地参观考察，钱积惠留下了深刻印象。1998 年 2 月，核农所建所 40 周年之际，钱积惠代表国际原子能机构技术合作司并以个人名义，专门致信核农所表示祝贺。他在贺信中说：

　　祝贺您们在四十年不懈的努力奋斗中，为中国核农学科学技术的发展，为增强世界人口最多的国家的农业基础，在如此有限耕地的条件下，使世界四分之一的人口丰衣足食的伟大事业中作出了杰出的贡献。

　　近年来，国际原子能机构国际合作活动的经验表明，核技术在农业方面的应用方兴未艾。我相信，只要我们坚持核技术为成员国的可持续发展目标服务的方针……我们的科技研究事业一定会得到国家政府和国际援助组织更多的支持，我们的科技研究事业一定会更加兴旺。①

1996 年以来，核农所的对外交往面更广，国际合作更深入，FAO/IAEA 在核农所又召开了三次科研会议和协调会议，举办了两期培训班。1997 年 11 月，高明尉教授被 IAEA 聘为评议委员。2003 年 8 月，徐步进教授被 IAEA 聘为"国际合作专家顾问组成员"，舒庆尧教授被聘为 IAEA 项目官员，所内 30 余人次先后出国讲学、合作研究和考察交流。2004 年 11 月 1 日，经 IAEA 认可并于半年后正式同意，在核农所建立了"IAEA-浙江大学植物诱变种质创新与研发合作中心"。这是 IAEA 全世界十个合作中心之一，也是国内第一个。核农所一直作为中国"国家队"，保持着与世界的紧密联系，至今仍与 IAEA 签订有各种合作项目合同。它与 IAEA 的技术合作，被定为国际示范项目，获得了高度评价和赞赏。

核农所是 IAEA 走进中国、中国参与 IAEA 的重要窗口之一。担任 IAEA 科学顾问后，陈子元就及时把了解到的国际前沿信息以及各国学术研究情况，在学术圈广为传播。1988 年 4 月，他在长沙召开的中国原子能农学会第三次代表大会上，作了题为"国际原子能机构核农学研究动向——IAEA 与绿色革命"的专题报告；12 月，又在广州召开的全国第三次示踪技术农业应用学术交流会上，作了题为"FAO/IAEA 联合处近年来的研究方向和动态"的会议报告。

在长沙报告中，陈子元重点介绍了世界粮食生产的"绿色革命"与核技术贡献：

> 在国际原子能机构里，核技术在食品与农业中的应用，是一个比较活跃的领域，每年用在技术援助和研究协作项目的经费为 2000 多万美元，占总经费的 1/4。
> 在国际原子能机构建立三十周年的特刊中，FAO/IAEA 联合处处

---

① 摘自钱积惠于 1998 年 2 月 7 日从奥地利维也纳发给浙江农业大学原子核农业科学研究所传真。

长发表了有关绿色革命的文章。"绿色革命"这个词最早确切指的是一些20世纪60年代开发出来的高产谷类品种。随着越来越多地使用化肥和农药，这些高产品种引发了一场粮食生产的革命。这一革命主要是在亚洲进行的。一些周期性地出现粮食短缺的国家，突然间在谷类方面变得自给自足起来，它们贮存了大量的粮食，并且最终成为粮食的出口国。

回顾历史，可以清楚地看到，这就是一场农业革命的开端。在短短的20年间，它否定了20世纪70年代会普遍地发生粮食匮乏的预言和悲观的论调。现在世界上许多地方还存在着严重的营养不良，但是，这种情况的发生通常是由于自然灾害、政治因素以及其他方面的原因所引起的，而不是由于缺乏生产粮食的技术。粮食生产的增长速度已超过了人口的增长率，而取得令人惊讶的进展的原因，主要还是在于先进的植物育种和作物培育技术的应用。

绿色革命伊始，核技术就起着重要的作用，为农业研究和开发增加了一种新的方法。核农学研究和开发，在许多情况下都被证明是十分重要的。以植物和动物营养元素的放射性同位素和稳定同位素的独特性质为基础所作的研究，已大大增进了我们对动物生理和作物营养的了解。这一研究工作为作物培育的发展提供了一个最根本的基础，并且丰富了我们对动物营养、动物繁殖和动物疾病诊断的知识。而所有这些，都是以提高动植物生产率为先决条件的。

电离辐射证明对提高作物遗传变异特性是非常有价值的，它诱导了既有害又有益的变种，使得进行植物育种工作的研究人员能够使用新的基因和基因组合，培育出抗病性强、适应性广、产量高的作物品种。

通过相同的机制，电离辐射能使害虫不育，从而阻碍它们的繁殖，并且能使病原体和有机体——这些有机体能引起食物腐败变质并通过食物传播疾病——不育或者杀死这些病原体和有机体。

这样，不论是单独使用，还是与其他先进的技术一起使用，核技术已经广泛地应用于粮食生产的全过程，从土壤、水、种子、植物和动物的开发到对所贮藏的粮食进行保护这样每一个阶段，从而对绿色革命作出了贡献。人们为保护环境开展了针对大量使用具有潜在危害性的农用化学制品的研究，核技术对这些研究工作帮助极大。

......

提高优质粮食生产的条件仍然继续存在。全世界的人口已超过了50亿大关，没有迹象表明人口会有所减少。未来的挑战是要以更低的代价来保持目前全世界的粮食生产，减少投入，并更多地注意环境保护。要使作物育种和作物、畜牧生产得到进一步的发展，需要有更为先进的技术。

崭新的生物技术和遗传工程技术无疑将加速发展的进程，这些技术几乎在各个方面都依赖于同位素示踪和电离辐射的使用。核技术已逐步地成为发达国家和某些较发达的发展中国家农业实验室中所使用的常规工具。机构的目的是要帮助各国在农业研究中，把以上这两种技术作为常规工具来使用。在研究和开发工作中，核技术很少是单独使用的。核技术作为现代科学技术的一个必不可少的组成部分，正越来越广泛地与其他现代科学技术一同使用，推动着粮食生产并使"绿色革命"继续下去。[1]

这一报告，也清晰透露出陈子元在80年代末对生物技术作用的预见，关于核农学"多科结合"往前走的思想显而易见。而他对于FAO/IAEA联合处情况的介绍，则帮助人们比较全面地了解了IAEA农业研究项目的"来龙去脉"：

国际原子能机构在1957年建立起来之后就聘请了一位农业专家，他与世界上一些最早进行辐射诱变育种的研究人员签订了研究合同，从而开始了农业研究项目。五年以后，机构组织了第一个协调研究项目，通过同位素示踪这一技术的使用来帮助亚洲生产水稻的国家建立起更为有效的施用化肥的方法。紧接着又开始了其他研究项目，这些

---

[1] 陈子元：国际原子能机构核农学研究动向——IAEA与绿色革命。见：《陈子元核农学论文选集》。杭州：浙江教育出版社，1998年，第803-810页。

项目揭示了在麦田和玉米里施用化肥和确定化肥施用时间的好办法。后来这些项目分成了许多成果卓著的子项目，极大地提高了豆科植物的固氮作用并改进了灌溉的方法。

……联合国粮农组织和国际原子能机构联合处所编的《诱变育种手册》，在过去的20年时间里已被全世界的植物育种学家所使用，对诱导突变作物品种的培育方面所取得的巨大成功作出了贡献……其结果是许多在欧洲种植的最佳大麦品种，在意大利种植的最佳硬粒小麦品种，在加利福尼亚种植的最佳水稻品种以及在发展中国家普遍种植的一些产量最高的作物品种的基因型中都携带了诱导突变体……目前，大约有1000种通过辐射诱导变种得来的作物品种，其在全世界的播种面积达几百万公顷。如果把所有以变种作为亲本的品种也算进去的话，这个数目可能就是成千上万了，而全世界每年的经济效益则要以十亿美元为单位来进行计算了。（注：以上源自长沙报告[①]，以下源自广州报告[②]）

自从1964年联合国粮农组织和国际原子能机构达成协议，组成联合处，原子能在农业上的应用走上一个新的发展道路。

FAO/IAEA联合处由IAEA的"研究和同位素司"分管，该处的任务是利用同位素、辐射及有关的生物技术来研究和开发农业科学和生产上的重要问题。

FAO/IAEA联合处开展的活动主要有：

（一）合作研究和资助

IAEA成员国内约有400个研究实验室及试验站，共同协作参加35个合作研究项目，这些项目主要为发展中国家解决一些经济效益明显的实际问题。参加合作研究项目的一些发展中国家的单位，通过研究合同可以获得一定的经济资助，每个合作研究项目一般签订15个

---

① 陈子元：国际原子能机构核农学研究动向——IAEA与绿色革命。见：《陈子元核农学论文选集》。杭州：浙江教育出版社，1998年，第804-805页。

② 陈子元：FAO/IAEA联合处近年来的研究方向和动态。见：《陈子元核农学论文选集》。杭州：浙江教育出版社，1998年，第811-813页。

研究合同和协定。

（二）技术合作：培训、专业咨询、特用设备

联合处为58个发展中国家提供170个以上的技术合作项目，提供培训、专家咨询和特用设备，其中有6个大型的项目分别在印度尼西亚、秘鲁、泰国、埃及和尼日利亚。另外还有培训人员奖学金，在过去5年内已有1200名农业科学家获得该项奖学金。

（三）信息传播交流

一般联合处每年召开一次学术会议和二次专题座谈会，以及若干次小型的科学家会议，并将有实际应用的重要科研成果文章出版。从1964年以来，联合处已经出版了100多本书刊。

（四）实验室支助

IAEA塞伯斯道夫实验室为联合处农业生物技术的研究和开发提供实验场所、培训人员和各种服务，例如化学及同位素分析，突变体处理，模拟试验及其他辅助研究。食品贮藏方面的培训业务得到荷兰政府农业渔业部的赞助，在荷兰华根宁实验室进行，这两个实验室每年举办4—6次训练班。

FAO/IAEA联合处1987—1988年技术合作和研究合同项目，涉及土壤肥力、灌溉和作物生产；植物育种和遗传；动物生产及保健；昆虫及害虫防治；农用化学物和残留；食物保藏等六个方面。

从华家池到维也纳，是陈子元科学人生的一条独特的轨迹，这条轨迹既展示了中国学者睿智从容、叩问世界的良好形象，又铸就了他个人学术航向上的重要一程。这一程，从空间上，将他与世界学术舞台联系得更加紧密；从时间上，让他提前将视野与思维贯通21世纪的未来。凭借IAEA科学顾问经历，结合IAEA国际合作在中国、在身边的生动实践，早在上世纪80年代末、90年代初，陈子元就对21世纪的农业进行了系统深入的思考，并获得了前瞻性的认识。邹先定教授制作的一张学术卡片上，记录了1993年7、8月之交他与陈子元教授的一次学术对话，"保真"了陈子元当时所达到的"世界眼光"。

这张卡片的标目是"陈子元教授谈 21 世纪农业",题注:1993 年 7 月 31 日上午,8 月 2 日上午,笔者与陈子元教授在双方办公室交谈了 21 世纪农业和农业发展趋势。根据卡片原件记录和邹先定教授的补正,具体内容如下:

陈子元教授为中科院学部委员,国内外著名的核农学专家。他认为我们应该在自然科学与社会科学交叉领域里工作,搞社会科学的懂一点自然科学,搞农业科学的也懂得一点社会科学。在农业大学工作,应该研究农业科技、农业教育问题。陈教授本人就相当仔细地研究了 21 世纪农业、人才工程等。

陈先生认为未来农业发展有:

(1)三色农业革命

a 绿色革命:主要提高粮食的单产,解决粮食—人口矛盾,其中亦有优质问题,不光小麦和水稻。

b 白色革命:第一,指高新技术、基因工程等转化为农业生产力,实现微生物资源产业化;第二,生产牛奶,这一点印度最为成功;第三,人造温室、地膜,工厂化生产。因采用地膜覆盖,亦称白色革命。

c 蓝色革命:未来农业面向海洋,耕耘海洋,在海藻中提取蛋白质、油脂。海洋牧场。

在谈了绿色革命、白色革命和蓝色革命之后,感觉未来农业应该是多彩的,不囿于三色,还在不断拓展中,例如象征饲料和畜牧业的"黄色农业",所以补加了一笔。

d 黄色革命:发展饲料工业,将植物性生产转化为动物性生产。后又感觉黄色不恰当,改作"金色农业"。亦指其含金量高,前景诱人。

(2)五大工程

a 生物工程:此乃核心,非单指基因工程、发酵工程等,乃广泛的生物技术。

b 生态工程:21 世纪是持续农业,保护资源与环境,实现农业的持续发展。

　　c　人才工程：提高农民科技文化素质，发展农民职业教育，发展各个层次的农业教育，我国67所农业大学仅占1000多所中的6.7%，全部年教学投入不如一所清华大学。

　　d　信息工程：信息技术与生物技术都将成为未来农业的主导技术，农业生产中获取、处理、利用信息的能力将获得进一步解放，农业信息化成为趋势。

　　e　农业工程：这与生态工程有些交叉。工程措施是改变外界环境来提高农业生物的产量、质量。

　　21世纪农业：

　　（1）农业生产的国际化趋势；

　　（2）农业为本的思想，大农业，但不能变为非农业；

　　（3）资源与环境的保护；

　　（4）农业不仅解决物质文明建设问题，同时注重精神生活的丰富、温馨和愉悦。食品工业、轻纺工业、精细化工、医药工业、花卉园林。[①]

　　而真正进入21世纪以后，在接受媒体采访时，陈子元对核农技术对粮食和农业生产的贡献充满了自信：

　　　　袁隆平院士通过生物学杂交培育杂交稻，我们通过物理学方法培育。利用核技术对植物进行辐射诱变，培育新品种，并创造突变体，这已经成为核技术和平应用、造福人类的一个重要方式。[②]

　　中国是世界上利用核技术诱变育种规模最大的国家，核诱变育种占全世界的1/4——全球核诱变的3000多个作物品种中，中国占有900多个。在全国作物耕种面积中，核诱变育种的耕种面积占到二成；全国核诱变育

---

①　转引自谢鲁渤著《陈子元传》。宁波：宁波出版社，2004年，第265-267页。
②　引自2005年11月7日香港《文汇报》报道：陈子元开拓中国核农学。

种的油料作物每年达 10 多亿千克，核诱变育种的粮食每年增产 30 亿千克。

仅在浙农大—浙大核农所，陈子元支持开展的"辐射植物诱变育种"研究已成功培育出 20 多个突变植物品种，涵盖水稻、小麦等众多农作物。其中，"浙辐 802"早在 80 年代就已成为全球推广面积最大的诱变水稻品种，问世以来累计推广面积 2 亿多亩，按每亩比普通水稻增收 40 千克稻谷计算，经济效益已逾 20 亿元。

第九章
社会兼职 尽责务实

对社会工作诚心竭力

改革开放以后，陈子元的学术兼职，以及其他重要的社会兼职日渐增多。

"担任副校长、校长期间，我参与的全国和省里的学术机构或学会的工作以及活动比较多。从校长岗位退下来以后，特别是做了院士后就更多了。当时兼了十几个社会职务，多的时候达到二十几个。都是学术上的，非学术性的我不参加。我想作为一名教师，不一定只在自己单位发挥作用，应该多做一些工作。从这些交往交流中，也可以获得有益的信息、经验，帮助自己拓宽学术思想。"多为社会做贡献，始终保持学习进步，是陈子元长期以来积极参与社会工作的动因。

他参加社会工作，有两个显著特点：一是只参加能力范围内的学术性的社会兼职。特别是针对学术评审中院士"很吃香"的社会现象，他始终坚持一条原则，只参加自己学科的以及与农业相关的学术评价活动。前者为他能力所及，后者则是出于他毕生关心农业的情结："尽管我不是学农的，但是在农业大学工作了一辈子，对农科还是有点发言权的。"第二，担任的各种社会职务，无论做什么，只要答应了，都力求务实地去开展工作，做实事，不只是担任虚职。这一点贯穿了他所有兼任的社会工作，赢得了普遍的认可和尊敬。

在担任国务院学位委员会学科评议组成员期间（1985—1991），由于工作从不应景，他经常被抽去检查、评议全国高校的重点学科、博士点。同时，作为植物栽培、遗传育种分组召集人之一，他组织大家深入相关学校，积极主动地了解情况、开展工作。

1986 年陈子元被聘为霍英东教育基金顾问委员会委员，他和其他委员一起，认真履行职责，对通过该基金培育青年英才发挥了重要作用。

霍英东教育基金会由原全国政协副主席、香港著名实业家霍英东先生（1923—2006）出资一亿港元，与原国家教委合作，于 1986 年成立并长期设立。基金会旨在鼓励中国高等院校青年教师脱颖而出和出国留学青年回国内高校任教，对从事科学研究和在教学与科研中做出优异成绩的青年教师进行资助和奖励。基金会设立高等院校青年教师基金基础研究课题和应

图 9-1　陈子元（二排右八）1988 年 9 月出席霍英东教育基金会第一次高校青年教师基金及青年教师奖颁授仪式

图 9-2　1997 年参加在香港举行的霍英东教育基金会会议（前排左一为陈子元）

用研究课题，每项提供五千到二万美元的资助；设立青年教师奖，每项奖金一千到五千美元。该项基金覆盖面宽，既资助科研，又奖励教学，还奖励科研成果，大大调动了高校青年教师从事教学、科研工作的积极性，特别是基金直接以美元的形式拨付给获奖者，极大地方便了他们的对外交流活动。截至 2009 年底，基金会共襄助近 3000 名青年教师，资助金额逾 2100 万美元，已成为最受我国高等教育界瞩目和赞誉的奖项之一，大多数受助者在自己的研究工作领域有了相当的建树，成为各学科的带头人。

为了运作好这一基金，当时成立了以霍英东先生为首的，教育部门主管领导、国务院港澳办领导以及有关人员参加的理事会。同时，聘请杨振宁、陈省身、雷洁琼、张光斗、丁石孙、方惠坚、谢希德、谈家桢、路甬祥、陈子元等国内外知名的专家学者组成顾问委员会，对基金和奖励学科及名额的设定，基金及奖金的力度等进行通盘考虑，并参与评审工作。

"顾问委员会委员由当时的国家教委遴选，分别来自香港、北京、上海、西安、杭州等地的十几所高

图9-3　陈子元（左二）任霍英东基金会顾问期间与张光斗、谈家桢院士等合影

校。我是农学领域代表。"陈子元回忆道："改革开放以后，国内许多人才送出去培养，但是回来的不多。因为回到国内会遇到很多实际的问题，要课题没课题，要队伍没队伍，无法发挥作用。霍英东教育基金会的一个作用就是吸引、支撑人才回来。"从 1987 年起，基金顾问委员会每年召开一次会议，委员们聚在一起共同评审富有潜力的英才，以提供资助，"2011年基金会成立 25 周年的时候做了一个统计，发现送出去的人员中，后来成为院士的有二三十人，可见其作用之巨大。"

霍英东教育基金的奖励作用非常明显，当时国家基金平均为三万至四万元人民币，而霍英东教育基金则在 1.5 万美元左右。第一届颁奖大会在人民大会堂举行，党和国家领导人接见获奖者，杨振宁等科学家也到场授奖，这对年青一代起到了很好的激励、推动作用。

1988 年 4 月，在中国原子能农学会[①] 在长沙召开的第三次代表大会上，陈子元当选为理事长[②]。次年 3 月，学会成立十周年之际，陈子元组织本校核农所为学会会员做了一件大好事：囊括全国 31 个省市核农学研究成果信息的《中国核农学获奖成果与论文目录汇编》正式面市。编写这本"目录"是份苦差事，陈子元就安排核农所承担编写任务，学会副秘书长、核农所谢学民同志"硬着头皮"接受和落实了任务："我说没有人手来做，陈先生说一定要接下来。具体工作非常烦琐，所里整整花了两年时间。但是，做了以后影响比较大，获奖成果目录全有了，查起来特别方便，对全国同行很有帮助。"[③]

陈子元连任了两届中国原子能农学会理事长，他在第二任上为学会做的又一件实事是，在他领导下，1994 年 5 月 9 日，学会经国家民政部核准成为全国性学术团体。"中国核农学在国际上处于先进地位，世界各国的核学会比较常见，但有原子能农学会的，恐怕只有中国。"他自豪地说。

---

　　①　粉碎"四人帮"以后，全国的学术活动得以恢复，成立了一批新的学会，其中包括中国原子能农学会。鉴于在陈子元领导下浙江省原子能在农业上的应用成绩突出，该学会成立仪式于1979 年 3 月 26—31 日在杭州举行，陈子元任副理事长（第二届连任）。

　　②　中国原子能农学会第一、二届理事长徐冠仁，第三、四届理事长陈子元，第五、六届理事长温贤芳。

　　③　谢学民访谈，2012 年 11 月 10 日，杭州。资料存于采集工程数据库。

陈子元对中国原子能农学会的"领导"，受到了全国同行的高度认可和评价。接任第五、六届理事长的温贤芳研究员说：

> 陈先生从不争名逐利，人品非常好，为人很谦虚，总是带着跟你商量式的口气，对不同的意见都处理得非常好。所以，我们核农学科、核农学会如果碰到什么问题，都请他来跟大家讲讲，大家很尊重他，都听他的意见。①

图 9-4　中国原子能农学会第四次代表大会留影（前排左起为与会的原子核科技界的前辈：王淦昌、徐冠仁、张爱萍、朱光亚；后排右起：陈子元、温贤芳、王传英）

推动浙江省核电发展

中国原子能农学会和浙江省原子核科学技术学会（简称"浙江省核学会"），是陈子元参与发起以及积极参加的众多社会学术团体组织中最重要

---

① 温贤芳访谈，2013 年 4 月 18 日，杭州。资料存于采集工程数据库。

的两个。尤其对于后者的创设，他发挥了奠基性的作用，该学会成为他推动中国核农学发展以及核技术进步的一方重要平台。

在陈子元等人的积极倡导和发起下，1986 年 3 月 30 日，中国核学会成立六年之后，浙江省核学会正式成立。陈子元当选学会第一、二届理事长，之后历任名誉理事长和荣誉理事长。他的务实真干带动了整个学会的工作，产生了良好的社会影响。学会先后被评为浙江省科协先进学会、省"九五"科普工作先进集体，连续十年被中国科协学会部授予"学会之星"称号。2010 年，又荣获国家民政部"全国先进社团"荣誉称号；2011 年，中国科协"八大"会议上，入列民政部和中国科协 300 个"先进学会"受到表彰，并获评其中的 20 个"标兵学会"之一。

在陈子元之后，核专家徐步进教授也承担了浙江省核学会两届理事长的工作。重忆当年往事，徐步进说："我国第一座核电站能够在海盐秦山落户建成，陈子元先生起了不小的作用。浙江省核学会也因为在核电科普等方面的出色工作而在全国享有盛誉。"

70 年代初，周恩来总理亲自批准了开展核电站建设的"七二八工程"。由于许多人对建核电站心生害怕，反对的声音较多，十年之后的 80 年代初期，建设任务仍未落实。赞成核电站建设并深知核技术清洁、安全的陈子元非常着急，他把国外的情况和带回来的资料"推销"到浙江省领导面前，积极宣传、游说。1981 年 12 月，国家建委在杭州召开"七二八工程厂址复查会议"。根据会议要求，第二机械工业部七二八工程研究设计院提出了《浙江省核电站预选厂址技术经济初步分析》和《浙江东海渔场初步调查分析》两个材料，二机部将材料及时专函转给了陈子元等专家。专函指出：

七二八院根据现场调查和资料分析的结果认为：

一、经过对各预选厂址的技术经济的综合比较，海盐秦山厂址条件较好，杭州会议初步同意七二八核电站在秦山定点是正确的，在秦山建设核电站是合理的。

二、核电站建在秦山是安全的。废水排放对舟山渔场附近海域的水产，不会产生有害影响，不论在正常运行或事故情况下，对环境安全也是有保障的。

后来，陈子元参加了核工业部在上海召开的核电站最后定点论证会，会议最终确定我国第一座核电站在海盐秦山建造。会后，他又做了大量宣传和核电普及工作。1984年，秦山核电站建设一期工程动工。1991年12月，30万千瓦核反应堆和核电机组建成并投入运行，实现了并网发电。作为当时中国大陆投产的唯一一套核电机组，测试运行了两年后，正式投入商业运营。一期建成后不久，秦山核电站又先后开工建设了二期和三期工程，浙江成为中国核电重要的生产基地。

秦山核电站的建设，汇集了浙江省核专家的智慧。建设过程中，他们及时酝酿提出了一项"制定秦山核电厂场外应急计划"的建议。徐步进教授是该建议的提出和起草人之一，他遇到的主要难题是当时国内相关资料不多，急需"国际资讯"。此时，恰逢陈子元担任国际原子能机构科学顾问期间，他早已经未雨绸缪："我在国外工作时，就有意识地收集我国缺乏的核技术应用和安全方面的资料，以供国内参考使用。"于是，他把收集到的全部核电资料交给了自己的学生徐步进，支持建议起草工作。

1987年10月，浙江省科协组织包括陈子元在内的各方面的专家、学者就最终形成的几万字的"建议书"进行研讨，认为这是一项十分及时、非常合理的重大建议。建议受到浙江省领导和中央有关部门的充分重视，所提出的各项科学措施均被采纳，并且得到了落实，为秦山核电站并网发电构建了场外安全保障体系。后来，这项建议被评为浙江省首届科技建议一等奖和中国科协首届科技建议二等奖。

徐步进念念不忘陈子元的幕后支撑："我们在前面做具体的工作，陈先生非常热心地从背后出了很多主意。这项建议能够及时提出和顺利实施，他起了重要的作用。"[①]

---

① 徐步进访谈，2012年10月30日，杭州。资料存于采集工程数据库。

主持农民技术职称评审二十年

　　陈子元与"科协"有着不解之缘。早在 1950 年春季，他就参加了中国科学工作者协会。1955 年 12 月 11 日，参加了中华全国科学技术普及协会浙江省分会，积极开展科普工作。50 年代，他还参加了浙江省的化学学会和物理学会。并且在他和其他专家先后发起成立的浙江省原子能农学会和浙江省核学会等各种学会组织中担当领导职务。

　　陈子元长期担任浙江省科协常委，并于 1991 年、1996 年先后当选第五、六届省科协副主席。在省科协，他兼任了二十余年的浙江省农民技术

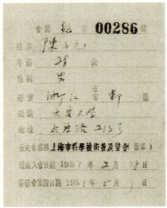

图 9-5　陈子元参加的学会协会会员证（四五十年代）

职称高级技师评审委员会专家组组长和浙江省青年科技奖专家评审委员会主任，并且投入相当精力做好这两项"评选人"的工作。2008年10月省科协成立50周年纪念日前夕，也是自己整整做了20年"组长"和"主任"的时候，他表示："浙江省科协的这两项工作都很重要，很有意义，只要我还干得动，科协还需要我干，我就干下去。"

农村技术人员的职称评定对促进农村各类人才成长、推动社会主义新农村建设、发展现代农业、振兴农村经济、传播传统技艺、推广先进技术、带动农民科技致富，具有重要的意义。1987年3月，中国科协在总结四川等省开展农职称评定工作经验基础上，与农业部、林业部等中央部门联合颁发了《农村技术人员职称评定和晋升试行通则》等文件。根据这些文件精神，浙江省于1988年3月成立了省农职称评定领导小组和办公室，由省科协牵头，与农业厅等部门密切协作，在全省范围铺开这项工作。

当时陈子元以省科协常委和农业口专家的身份，担任了省农职称评审专家组组长。他对这项工作十分重视，每会必到，认真负责地对市县申报的农民高级技术职称人选进行评审，并不断对评审工作进行思考和总结。工作开展过程中遇到了不少的困难和阻力，但他总是鼓励大家坚持往前走："这件事情是很受农民欢迎的，农民能拿到我们发的证书很高兴。这可以提高他们的积极性。我们要为农民朋友服务，把这项工作做好。"谈起陈子元以及他的坚持，长期从事农职称评审具体工作的王央杰同志颇为感动："陈先生平易近人，一点架子都没有，他是个大院士，但对最基层的农民技术职称及其评定工作非常看重，每次都耐心细致地评审。而且他一再表示，这项工作是培养和促进农村科技人才成长的一件大事、好事、正事，不管怎样我们都要坚持做下去。"[1]

由于种种原因，这项原本在全国蓬勃开展的工作，后来在许多省市都停顿下来，能够坚持的几个省份也是"物易其主"，工作由省人事厅或农业厅接管，科协退居二线或者干脆退隐了。现在，全国只有浙江省仍由科协在主管，牵头其他有关部门坚持常年评定。从1988年至2008年的20年

---

[1] 王光明："我离不开科协"——记我国核农学开拓者、中科院院士陈子元的科协情怀。《科学时报》，B2版，2008-12-12。

间，浙江省共评出农民高级技师 1380 多名，中级技师和初级技术员 30 多万名，在全省农村建立了一支"养得起、留得住、用得上、作用大"的农民技术队伍。这既是省科协与市县科协携手共同努力的结果，也与陈子元一直以来的热心、实干和坚韧分不开。

"浙江省青年科技奖"（省青奖）是省科协与省委组织部、人事厅共同举办的一项与"中国青年科技奖"相衔接的重要奖励，评上"省青"奖的还可以申报"国青"奖（国家青年科技奖）。而后者是中国科协设立的第一个综合性大奖，与中组部、人事部共同评审颁奖，由于要求高，每届获评人数不多，荣誉非常难得。

对于这一奖项，陈子元特别关心，从第一届开始就担任专家评审委员会主任，并把它作为省科协交给的一项重要任务去完成。每次评审前，他都仔细审阅报送上来的材料；评审之中，他既发扬民主，广开言路，又一丝不苟，认真审评，严格按照评选条例办事，确保评审客观公允。在他的带领和影响下，浙江"省青"奖的评审规范、公正，工作水平比较高，受到了中国科协的表彰。从 1988 年到 2008 年的 20 年间，共进行了九届，每两年评选一次，总计评出 128 名青年科技专家，其中 14 人又获得了中国青年科技奖。他们中以后有的成了学科带头人，有的成了高校负责人，有的获得了更大的科研成就，在青年科技人员中起到了榜样的作用。

在陈子元眼里，农民高级技术职称评审专家组组长和青年科技奖专家评委会主任，都是实职，都要实干，来不得半点儿应付和马虎。他曾说："什么工作我都可以放一放，科协的这两件事情我是一定要去的。"

在他人眼里，陈子元不仅是一位可敬的科学家，还是一名积极的科协和学会的工作者：科协和学会的活动请他参加，他都尽量来，没有汽车接送，他就骑自行车赶来；开会安排主席台座次，无论是前后左右，他从不讲究；具体工作上有什么困难，他都设法帮助解决。科协和学会的事情，就犹如他的一项本职工作。

对于科协，他特别强调"建家"：科协是广大科技工作者之家，是畅通党和政府与科学家之间联系的组织，这是英美等国家所没有的，无论是老中青科技人员，还是海外的科学家，我们都要团结好、联系好。大家要像家里的兄弟姐妹一样，团结、民主、和谐、协作，共同营造和睦温馨的氛围，增强吸引力和凝聚力，使科技工作者在科协得到温暖和实惠。他经常现身说法："我在科协和学会开展的学术活动中受益不少，这对于我的科学研究和教学工作很有启发。因此，我们要创造条件，努力在科协和学会中搭建一个让科技人员能够广泛进行学术交流的平台以及广交朋友的渠道，不同专业，不同学科，不同领域，包括与社会科学的学者、专家都能交融相汇，启迪创新思想。"让科协人感慨的是：陈先生如此的高位、高龄，长期干科协工作，一干就

图 9-6　陈子元参加科教兴农和青少年科普等工作

是二十九年，而且认认真真地干，干出了显著的成绩，这在科协的历史上是极少见的。

　　陈子元的学生徐步进教授对此感同身受："因为勤奋实干和平易谦和，

图9-7　1999年春在杭部分两院院士参加完浙江省推荐院士会议后合影（前排左起：陈耀祖、阙端麟、侯虞钧、毛江森、沈之荃、曹楚南；后排左起：高从阶、金翔龙、董石麟、陈子元、苏纪兰、汪槱生）

陈先生在省科协是出了名的。科协有关部门负责人、跟他交往过的人，二十几年前的同志，现在还念念不忘，一碰见就说起陈先生怎么怎么好。陈先生近90岁高龄了，更加受到尊重，大家都愿意跟他打交道，有的时候跑上门来拜访，或者打电话过来交流讨教，听取他的意见。反过来，他也善于倾听和吸收大家的意见。"[1]

进入新世纪以来，陈子元又有了新任务：积极参加学校和地方举办的各项支农、兴农活动，和其他专家一起迎着农忙上路，将科技咨询送到农民和农技人员身边，利用专业所长和业余时间大力宣传推广绿色农业、生态农业，助推现代农业"落在田间地头"。作为一个梦想，他希望看到沿海发达地区率先实现农业现代化。

随着苏丹红、三聚氰胺等事件发生，食品安全问题成为重大的社会关切。2009年，他联合王乃彦、陈达、陈君石、潘自强等院士和专家，通过中科院院士建言渠道，向国家提出了"关于发展食品辐照技术保障食品安全的建议"，社会服务的步伐始终在路上。

由于学术研究精深，并且长期服务基层、奉献社会，他也成为最受媒体欢迎的科学家之一。浙江媒体在新中国成立"50年50科技人"专题报

---

[1]　徐步进访谈，2012年10月30日，杭州。资料存于采集工程数据库。

图 9-8 媒体眼里的陈子元

道中，对他的评价是：以谦和与忠诚铸就科学丰碑。"60 年 60 人——传媒人眼中浙江最具影响力人物"评选中，包括他在内的 60 位各界精英获选，被视为浙江风云人物和"推动进步的力量"。

第十章
毕生儒雅　长者风范

一 所 之 长

　　作为我国核农学界的一面旗帜，在浙江农业大学和浙江大学阶段，核农所在国内和国际上均有着较大的学术影响。陈子元是核农学科带头人，核农所的辉煌业绩凝结着他的聪明才智和倾心付出。但是，他从来都认为这是集体力量共同努力的结果。他常说，之所以比人家好，是因为核农所的队伍比较全，"科研院只是做科研，而我们这里还培养学生，科研力量也强。好的学生可以直接留下来，实验室就容易得到持续发展。所以，即使 60 年代最困难的时候，我们还是坚持下来了。加上一个一个项目，也是一个一个机遇，这样天时地利人和就凑齐了，而做成、做好任何事情，天时地利人和都非常非常重要。"他始终认为并经常鼓励大家："我们在一起不是搞一个职业，而是搞一个事业。"

　　作为他早期的助教和科研助手，长期一起工作的孙锦荷对陈子元在科研、教学上的投入和耐心历历在目：

图 10-1　陈子元（左二）早年与高明尉、凌备备、孙锦荷三位博导讨论博士生培养计划

　　在担任学校行政领导以前，他都和我们一起做试验。从研制标记化合物开始，到合成之后根据他的思路进行在农业上应用研究，他都亲自参加，而且很有耐心，遇到困难很会坚持。

　　我们的放射性标记化合物研制，跟农药厂或者化工研究院的生产路线是有差异的，我们是半微量、微量合成，不是宏观量的，正式投产前需要做很多空白试验和进行最终鉴定。我记得70年代一个炎热的酷暑，我们做"放射性标记杀虫脒"合成试验，空白试验做成功了，但复做时一连十几次都失败了。当时实验室又闷又热，通风就靠门跟窗对流，而使用的试剂中含有致癌物，做不出来很着急。陈老师鼓励我不要灰心，并从一边悄悄地观察我的操作，帮着分析问题所在。看到我操作都规范严谨，就怀疑是不是试剂出了什么问题？我把所用试剂重蒸一下，通过沸点发现果真是它"对不上号"。那时是"文化大革命"期间，比较乱，试剂生产厂家把瓶上的标签贴错了。原因找到了，问题也就很快得到了解决。研究中，陈老师总是耐心鼓励、帮助我们找到问题所在。我对这个印象非常深刻。①

　　进口试剂价格昂贵，为了节省试剂，核农所常在试验后加以回收。一次，陈子元在回收试剂时不小心打翻了试剂瓶，手背皮肤顿时被溅上的

---

① 　孙锦荷访谈，2012年11月10日，杭州。资料存于采集工程数据库。

溶剂烧坏了，边上的人吓得目瞪口呆，他却极为镇定。让大家更为敬佩的是，每次做大剂量的放射性同位素试验，面对可能的高辐射风险，他总是第一个靠前站。

核农所初创之时，调集了一批全校最优秀的青年教师和青年学生。"能够把这样一些人团结在一起，靠的是陈先生个人的魅力、个人的品德。没有个人的品德，一个单位很难有凝聚力，尤其是大家都是那么强的一些人，你没有威信，很难形成团队。像陈传群同志、沈守江同志等，工作能力都很强，都愿意在陈先生手下干。后来沈守江去了农科院，陈传群被推荐到省科委担任领导。学生当中像蒋玉铭等人也都有很好的发展。一个所里聚集了这样一大帮优秀的人，人人都非常尊重陈先生，没有一个说二话的。这从一个侧面说明了陈先生的成功。"第五任所长徐步进教授认为，核农所极强的凝聚力与陈子元独特的个人魅力密不可分。这种个人魅力，包括渊博的知识、开阔的视野和豁达的胸襟。他用"学者、长者、尊者"六个字概括了对陈子元的总体印象："陈先生是一位学者，一位长者和一位尊者。作为学者，他十分认真严谨。他对自己所从事的工作、对他自己培养的学生以及对待科学，都是非常严谨的。他从来不说自己不了解的东西，从来不夸夸其谈，自以为是。作为长者，他总是以慈祥和善的态度平等地待人接物。像他这个年龄，是我父辈的人，他对我们晚辈是非常关心的。这方面我也受到他很大的影响，包括后来担任一定的领导工作时，也像他一样关心下一代，关心他们的身体健康、业务成长和思想状态。作为尊者，他非常有道德，可谓德高望重，深受尊敬。之所以受到尊敬，当然有很多因素，有一点是他自律，不会去做违反规定、违反常理的事情。他就视自己为一名普通的社会成员来对待周围的人和事，从来没有伸手要过什么，从来不这样做。"①

在众人眼里，陈子元是一位非常儒雅之人，内外皆修，表里如一。他穿衣服，再随意的衣着都理束得整洁有致，从来不在任何场合下把自己打扮得邋里邋遢。笔记本上，他的字写得非常规整、清爽。他说话，始终是

---

① 徐步进访谈，2012 年 10 月 30 日，杭州。资料存于采集工程数据库。

和婉商量的口气，而且不在背后议论人。即使在"文化大革命"期间，也很少议论人事，从来不表现出对别人的私见。他容得下人，与人无争，把与上上下下、左邻右舍的关系处理得妥帖恰当，一路得到同事、同校各系所以及金孟加、徐冠仁、汪志馨等领导和学术大家的支持与帮助。他领导下的核农所为农学院、农大历届党委领导所关注和重视，特别是困难时期，受到了来自国家和浙江省农业教育、科技部门的大力支持。同事的信服，领导的重视，使得很多重大节点上，包括"文化大革命"期间，他能够带领大家做事情，而且领导放手让他做事情。事情做出来了，取得了成果，他也不争名争利。一直以来他都是先人后己，处事公道、大度。

至于个人学术研究上的成功，在徐步进看来，除了陈子元本人常说的天时地利人和，主要出于他个人的勤奋，敏锐的观察力，以及善于吸收：

> 陈先生是接受了新中国成立之前的基本教育，随着新中国真正成长起来的一代优秀知识分子的代表。在个人成长过程中，他是非常勤奋的一个人。那个时候他已经是系里主持工作的副主任了，学校最早上课是七点半，七点一刻他一定坐在办公室里面了，而且还经常一大早背外语单词。他通晓俄语、德语、日语和英语等四国语言，德语、日语可以简单地写，英语可以写文章，德语是在大学之前就学习了，俄语是新中国成立后因为需要学习的。所以，他能够在业务上查阅、吸收很多国家的科技文献。都是系副主任、副教授了还在背单词，可见多么勤奋好学。
>
> 另外，他观察问题特别敏锐，可以在科学研究领域很明确地看到一些新的发展趋势，对于一些新的观点也非常敏感。他谈问题总能深入浅出地讲出观点，这都是敏锐观察的结果。
>
> 他看的东西很多，而且非常善于吸收。吸收过程中不断地思考，方向该怎么走，可以有哪些新的发展。思考的过程就是消化的过程，然后就进行吸收借鉴。他能够在业务上不断地往前推进，这是一个很重要的因素。[①]

---

① 徐步进访谈，2012 年 10 月 30 日，杭州。资料存于采集工程数据库。

尽管自身有着极强的科学研究能力，但是在学术研究上，陈子元从来不搞"孤家寡人"。在他年富力强的时候，就认识到一个重要的道理：科学不是某个人抓在手里的东西。科学作为人类对未知世界的探索，需要一代又一代科研人才的共同努力，一个人的能量再大，都不可能穷尽其全貌。科研是合作性很强的工作，老中青各有所长，形成一个梯队，是科研的重要前提条件。由于有了这些认识，在争取自己多出成果的同时，他毫不吝啬地把机会让给青年科技人员，并热心指导他们，创造各种条件，不断加以鞭策鼓励，使他们得以成长。

图 10-2　陈子元（左）与孙锦荷老师在实验室

孙锦荷教授就是这样"被成长"起来的。1985 年，陈子元从国际原子能机构举办的一次学术会议回来后，推荐她申请参加下一次将在泰国召开的会议，去介绍核农所与国际上趋于同步的科研工作情况，然后争取申请 IAEA 资助项目。没乘过飞机、没出过国门的孙锦荷，在陈子元的推动下，硬着头皮参加了学校里举办的英语业余补习班。这次出国以后，她连续跟国际原子能机构签订了五六个课题的研究合同，拓展了国际协作。1991 年，她晋升为教授。此时，陈子元又鼓励她去申请国务院学位委员会学科评议组成员，并获得了成功。

谈起"陈老师"对年轻人的帮助，孙锦荷说："核农所从成立生物物理教研室开始不断地发展，在所内、校内、国内的协作工作一直做得很好，一代一代的所领导配合得也很好，这都跟陈老师比较重视队伍建设有关。陈老师对我们的成长很关键，说实在的，核农所许多老师晋升教授、做博导，都是跟他分不开的。"①

培养青年后学，不管学科内的，还是学科外的，只要用得上力，陈子元从不拒绝"托一把"。对于青年才俊的助推，他的视野也不囿于核农所

---

① 孙锦荷访谈，2012 年 11 月 10 日，杭州。资料存于采集工程数据库。

一隅。为了支持年轻人郭江峰更好地发展，让他做自己的助手，为他提供生活补贴以便备考核农所的博士生。读博期间，陈子元把郭江峰送到国外进修，毕业后把他留在核农所。当发现他离开学校有更好的发展机会时，又支持郭江峰出去闯荡。离开核农所后，郭江峰在业务

图 10-3　陈子元（右）给博士生作指导

上很快有了起色，目前已升任浙江理工大学生命科学学院副院长。

80 年代，陈子元利用自己的影响，通过国际合作，将一大批人送到国外培养深造。现在核农所 50 岁左右的科研人员，包括现任所长华跃进、副所长舒庆尧等，基本上都有国外留学的经历，就是那时打下的基础。

在核农所，陈子元以人为本、以所为家，对核农所的科学研究和队伍建设，倾其一生。如今，耄耋之年的他一如往常，每天都按时来核农所实验室转转、看看，与年轻的老师和学生们一起交流新知、探讨新思。他说，这也是自己一种继续学习、不断学习的方式。由于儒雅、亲善而好学，在同事们以及年轻人眼里，陈子元是一位可尊可敬的长者和榜样。

世纪之交，在总结自己大半生从事核农学研究和教育事业的甘苦得失时，陈子元曾说："人这个字写起来很简单，一撇一捺，只有两笔，但是

图 10-4　陈子元（左四）在实验室与师生进行交流和指导

图 10-5　陈子元和核农所（"核农所"三个字由陈子元题写）

做起来却很不容易。"[1] 他的成功，靠的就是为人之道，以诚待人，以勤从事。人文之情、事业之心以及科学之志，是他的胸襟与怀抱，也成就了他和谐统一的做人、做事、做学问，并由此形成了求是务实、严谨勤奋、淡泊名利、宽容大度的人格魅力。概而言之，最合适的字眼，莫过两个字——儒雅。

一 校 之 长

陈子元的儒雅似乎与生俱来，但更重要的是由一份自觉的内省践行不断保持着。无论主导核农所，还是升任系领导，乃至执掌整个学校，他的谦逊儒雅始终如一。

浙农大领导班子和校部机关的办公地点设在东大楼，216 室是陈子元

---

① 谢鲁渤：《陈子元传》。宁波：宁波出版社，2004 年，第 245 页。

图 10-6　1985 与林乎加、李丰平等老领导在华家池中心广场（左五为陈子元）

所在的校长办公室。1985 年 11 月，当选为校党委委员、宣传部长的邹先定进入东大楼办公，与 216 室相隔不远。1989 年 1 月，邹先定升任分管学生工作的党委副书记，作为校领导班子成员有了与陈子元直接接触的更多机会。从陈子元担任副校长、校长到校学术委员会主任，两人有 13 年时间在一起办公，共同为学校的发展操劳。

　　每次说起"陈校长"，邹先定的记忆时空一定会首先回到与陈子元的第一次接触，以及陈子元给他上的"第一堂课"：

　　　　我跟陈子元先生的第一次接触是 1961 年 9 月 1 日，那个时候我 18 岁，从杭四中高中毕业考取了浙江农业大学农业物理系农业气象专业，9 月 1 日我在父亲的陪同下来华家池报到。当时陈子元先生是农业物理系主持工作的副主任，因为我家庭经济比较困难，父亲想找系领导缓交学费，接待的恰巧就是陈子元先生。我第一印象到现在还是很深，陈子元先生身着一件白色的短袖衬衣，高大、英俊、潇洒，但态度极为和蔼可亲，温文尔雅，非常善解人意、乐于助人，没有我想象当中大学教师的架子。当时陈先生要我父亲填一张缓交学费的申请单，然后他自己签上字。我父亲是个中学教师，也擅长于书法，看到陈子元先生的签名以后赞不绝口，"陈子元"三个字写得端庄秀丽，一丝不苟，透发着一种深厚的人文修养功底和科学严谨的态度。所以，我父亲对陈子元先生的印象是极好的。这就是陈子元先生给我的第一印象，也是一名高中毕业生眼中的科学家的印象。从那个时候到现在整整51年了，通过半个多世纪的风雨兼程，我对陈先生有了更全面的理解，从单一到多面，从平面到立体，从感性的印象到理性的本质，逐步深化对陈子元这位杰出的科学家的认识。事隔半个多世纪以后，陈子元先生有时候碰到我还提起我的父亲，我的父亲有时候也要问起陈子元先生，他们就这样半个多世纪以后还是互相通过我转达彼此的问候，可见陈子元先生的平易近人，和蔼可亲。可以说我踏上华家池这块土地，进了浙江农业大学认识的第一位老师就是他，而且他是我一生当中最尊敬的老师之一。到今天我已经70岁了，陈子元先生也年近90了，我还是经常到他办公室向他请教各种各样的问题，也都得到了他非常和蔼的指点和帮助。

还有一件事情就是1961年的专业介绍。我是农业气象61（1）班的，1961年9月的一个夜晚，我们在东大楼朝北的教室里面聆听系里关于专业的介绍。当时在场的有陈子元先生和乐锦瞻老师，陈子元先生是系领导，并负责生物物理这块的介绍。乐锦瞻老师是气象教师，负责农业气象专业方向介绍。其中陈子元先生讲的一段话我今天印象还很深刻。他讲：小学生是老师把着走，中

图 10-7　庆贺浙江农业大学建校 80 周年题词（1990 年）

学生是老师领着走，大学生是自己走。这三个不同的阶段，三种不同的教学方式和学生的学习方式，他讲得非常透彻。这句话我当时听了觉得很新鲜，印象也很深刻，让我记了

图 10-8　为浙江大学农业与生物技术学院院史（1910—2006）题写书名（2006 年）

一辈子，到今天还是记忆犹新，恍如昨天。我后来自己也当了老师，也面对着不同层次的学生，有博士生、硕士生、本科生、专科生，还有进修生，陈先生当年在我大一新生时讲的这个话对我的教育和启发很大，面对我的这些学生我也绝对要让他自己走，要启发、开掘他的自主创新的精神。这个可以说是陈先生给我上的第一堂课，他的教育理念给我很深的印象和影响。①

邹先定毕业后从军，后攻读中央党校研究生。毕业后回到母校浙农大任教，教授科技哲学。进入校部机关与陈子元成为同事以后，师生二人除了谈工作，交流最多的是关于学术研究特别是农业发展方面的探讨。通过讨教，邹先定了解了陈子元关于农业发展、农业变革的很多想法。陈子元成为邹先定一生的导师，师生间坦诚的交流，至今还在进行：

最近有农学院的研究生、本科新生叫我去做报告，介绍浙大农科的传统和使命，我讲了两次，形成了一个文字稿。但不是很放心，就请陈子元先生过过目，指导一下。他修改别人的东西基本上都是用铅

---

① 邹先定访谈，2012 年 11 月 10 日，杭州。资料存于采集工程数据库。

笔改，很少用红笔。这次他又是用铅笔，很仔细地从头看到底，有几个地方给我改掉，最后很谦和地写上：供你参考。一个是讲到农业的问题，我说农业有一万年的历史，是名副其实的"万岁"的事业，由于产业的分工和社会功能不同，农业还将继续"万岁"下去，因此农民也绝不会断后。这句话陈先生改掉了，他说因为产业分工和社会功能不同，农业将延续下去是对的，但农民就不一定了。国外的农民只有2%，而且慢慢地转化成农业工人，其身份就变掉了，以后是不是有农民就不一定了，这句话不好这样讲，我建议拿掉。这是他作为科学家严谨的地方。第二个讲到浙大农学院农科的求是、勤朴的传统，他在后面又多加上"勤俭"两个字。他说，勤就是勤奋，勤能补拙；俭了以后人就很谦虚谦和，俭可以养谦。这本身就是他非常谦善的一面。①

2011年当选中国工程院院士的浙江省农科院院长陈剑平，于1981至1985年在浙江农业大学植保系学习。期间，陈子元接替朱祖祥担任了校长。尽管当时没有深入的接触，但是透过一些偶然的机会，陈子元没有架子、平易近人、讲话和善的形象，以及毕业证书上工工整整的签名，都给陈剑平留下了深刻的印象。毕业之后，陈剑平到浙江省农科院工作，后来又赴英国读书深造，1995年回国后两人的交流机会渐渐多了起来，时常在一些学术活动中碰面。讲起陈先生与自己的交往，陈剑平有说不完的点点滴滴：

　　我记得非常深刻的是1996年浙江省的科技大会，我有幸参会，并且在会议上获奖了，陈子元先生跟朱祖祥先生两个人把我叫到他们的房间里面，给我很多的鼓励，这是我第一次近距离地跟陈先生交流，可以说是促膝谈心。他当时谈了很多他自己的成长过程，怎么做学问，核农学怎么发展起来，条件有多么艰苦，多少年他跟同事们一块

---

① 邹先定访谈，2012年11月10日，杭州。资料存于采集工程数据库。

创业，怎么把这个学科建起来、发展起来，培养了不少人才。陈先生始终以非常平缓的口气讲述他以前的一些事情，非常困难的事，在他的嘴里说出来好像也是轻轻松松的。同时他也对我有很多的鼓励，很多的希望，要求怎么做学问。

以后，我有更多的机会跟陈先生一块儿进行考察活动。1997年4月，我陪陈先生到福州去参加一个会议，到了福州那天晚上，主人谢先生招待我们吃饭，一上来就有蛋糕。我说，今天怎么吃蛋糕啊？陈先生说今天是你的生日。我自己都忘掉了，陈先生居然记得那天是我的生日，提前就跟谢先生说了。两位院士给一位小青年过生日，我特别感动，那时候我只30出头，一个院士，把一个很普通的小青年学生的生日记牢了！也不知道他哪里来的信息，什么时候开始记的。

我跟陈先生一起出去，他和我交流最多的，是怎么做人。我当选院士之后，我们一起参加活动的时候，他会非常主动、非常自豪地把我介绍给人家，说浙江的院士一头一尾，头是他，尾是我，我们两个人都姓陈，我们两个人都是宁波人，然后就拉着我的手一起走。他总是与人为善，自己有多少东西就要全部地给学生、给别人，并且不用谢，不计回报。就是这样的。

陈先生从不骂人。他什么话是骂人？这个人做得真是太过分了，这就是骂人了。我记得可能是学校里学科建设，核农学没有得到应有的支持，陈先生就觉得不公平，很生气，那他怎么说？陈先生说，这件事情办得太糟糕了，这些人太过分了。这就是陈先生的骂人。

陈先生很纯粹，我觉得他第一个是"净"，干净的净。因为干净，所以有第二个"静"，宁静的静，安静的静。我从来没有看见他急躁，他没有功名欲望，真的叫清静自在、光明无限。跟陈先生在一块儿心里就能够得到一种宁静，真的会感觉到一种陶冶。经常跟陈先生在一块儿，在处理生活、工作、学习、人际关系问题上面，以及遇到困难的时候，你想想陈先生是怎么干的，你只要模仿他，肯定效果很好。陈先生从来不跟人家争利争名，对某些学术上搞关系的不正之风，他非常不满意，也经常批评。用他的说来说，本来是科学"钻研"，现在变成"钻营"了。

如果细心研究、琢磨陈先生，里面有很多文章可以体会出来。这就是为什么他能够做出巨大的贡献，这么多年来没有人说他不好，所有人都说他好，都愿意追随他，愿意跟他去说心里的事，甚至以他为榜样，作为一种精神的支撑、精神的源泉。我觉得他真的是一个"大家"，从他的身上能够体会到很多很多的大家风范。如果我们的学者、我们的大学者都像陈先生这样，如果我们整个教育系统、科技系统的那些老师和研究人员都像陈先生一样，或者有他的一半，我们的世界、我们的学术界会很美好。①

一 家 之 长

图10-9 1962年全家在浙农大宿舍8幢1号（小二楼）家门前

为了事业，陈子元是一个"不太着家"的人，但他又是一个最合格、最优秀的丈夫和父亲。在"四世同堂"的大家庭中，作为一家之长，他也得到了儿媳和孙子孙女们的尊敬和喜欢，他好学、踏实、谦虚、敬业等诸多优良品格给子辈、孙辈们带来深刻的影响。

---

① 陈剑平访谈，2012年11月10日，杭州。资料存于采集工程数据库。

当年陈子元从上海到苏南，又从苏南到杭州，都没有受到家庭的羁绊。特别是面对他到浙江农学院去工作，当了解到学院刚刚组建，学生还不多，专业也不太齐全时，妻子李秀珍明白了，选择南下对于丈夫的教学和研究可以有更大的空间。1954年，陈子元在浙江农学院安顿妥当之后，李秀珍带着大儿子中甲、二儿子中放、三儿子中玉随迁到杭州，一家人住在刀茅巷泰和村老浙大宿舍。1960年，全家搬到华家池小二楼教工宿舍。当时，正逢困难时期，中玉回忆道：

> 我们过来的时候，家里还有一个保姆，第二年就不雇用了。当时家里困难，粮票也不够，保姆没户口就没粮票。我们自己是22斤，要多年工作以后才25斤，更缺少油票。这种情况下，我跟我二哥，我三年级，他四年级，我们就到食堂买饭，吃食堂。当时所谓的吃食堂，就是用罐子装好米自己去食堂蒸饭，爸爸很晚下班回来一家人吃饭。衣服也是我们自己洗。爸爸不烧饭，但是有一个绝招，当时烧煤饼炉子，封炉子是他的专利，封得好第二天才打得旺。这是他的专利，每天我们吃完饭他就来封炉子，把他的科学知识也用到这上面了。

> 爸爸从来不搞特殊。三年自然灾害时期，每一个人一个月配到三两到四两油，当时他算是高级知识分子，对他是有额外补贴的，可以分到五两油，但是我们家里过得好像总是紧巴巴的，吃不饱，油水不够。大概五、六年以后我在书架上一本书里面找出了好多油票、粮票，这些当时都是补助给他积攒下来可以直接去买粮油的，但他却没用。那时是最艰苦的时候，我们三个14、16、18岁左右的男孩子，都是最要长身体的时候，补贴给他的票他都没有用掉。[1]

陈子元一家两代人都与教育有着不解之缘。1993年9月25日的《经济生活报》上有一篇报道《一门皆园丁——访学部委员、著名核农业科学家陈子元教授之家》，反映了这个情况：

---

[1] 陈中玉访谈，2012年10月30日，杭州。资料存于采集工程数据库。

陈教授一家，是一个"园丁之家"。他的老伴李秀珍，原是浙医大附属儿童保健院兼任教学任务的儿科医师；三个儿子，也都从事教育工作。一家五口，心系教坛，默默耕耘……陈教授夫妇俩的乐业、敬业精神和工作成就，对孩子们的影响很大……三个儿子在父母的"言传身教"之下，从小就对"教师"这一职业产生了向往……（但）都是"老三届"，只能走支边支农的道路。面对这种"无可奈何"的安排，陈教授夫妇没有"怨天尤人"，而是鼓励孩子们到边疆、农村去接受锻炼。陈中甲和陈中放支边支农后，表现得都很好。陈中甲在杭州郊县（富阳农村）插队落户，和农民同吃同住同劳动，颇得大家好评。陈中放在黑龙江（嘉荫）生产建设兵团战天斗地，干得很出色，不仅入了党，还被提拔为干部……70年代末，我国恢复了高考制度。中甲与中放，经过刻苦的复习准备，终于又重新跨入了学校大门。此时，他们一度泯灭了的"从教"之念，在父母的熏陶之下再次涌起，毕业后先后走上了教育岗位。其后，老三陈中玉步父母兄长后尘（凭着初中二年级的知识水平考入了杭州师范学院外语系），一读完大学，也献身于我国的教育事业。而今，陈家的第二代教师干得很好。陈中甲作为留美学子，在伊利诺伊州大学任教[①]；陈中放因具有

图10-10　1969年在杭州闸口送二儿子中放赴黑龙江建设兵团（后排左起中甲，中放，中玉）

① 实为在伊利诺伊大学攻读博士。

领导才能，不久就走上学校的领导岗位，担任一所中专的副校长；陈中玉由于精于英语教学工作，现被深圳一所重点中学借调去担任英语教师。还值得一提的是，陈教授的大儿媳妇赵薇薇，几年前赴美"伴读"，不久便在当地的一所中学任教。前些日子，陈教授出访美国时，曾顺便去探望过他们。回国后，他不时给她寄去一些我国出版的有关教材和资料，以便让她对东西方文化的交流有个透彻的了解。

三个孩子中，老大中甲长得最像父亲陈子元，年轻时的性格也最像，按照陈珊妹的话说，叫作"调调皮皮的，会出主意，脑子快得很"。陈中甲说，父亲没有太多时间顾上孩子们的事，而对自己的影响是实实在在的：

杭州的夏天是很热的，我记忆中，父亲在家时就在房间里面看书，再热的天也很少出来。我母亲叫他出来乘凉，他出来一分钟、两

图 10-11　1974 年 1 月在杭州拍摄的全家福（陈子元前排右）

分钟，陪你们讲讲话，完了又进去了。我很少在睡觉前看到我父亲睡觉的，都是我一觉醒来了，睁开眼睛他还在那里，这是一个根深蒂固的印象，一张桌子一把凳子，他还坐在那里看书学习。他每天都要弄到很晚。这不是一天两天，而是每年每年如此。

他开始研究农药残留的时候，我记得很清楚，一次，不知道哪里拿到的报纸，对着一排照片，他和陈传群等，两三个人，很兴奋，说我们也搞这个，我们也搞这个！那时我念初中，已经有点概念了，所以记得很清楚。

搞研究，搞教学，我父亲一直踏踏实实。这种踏踏实实，对我们子女都有影响。我们在学习当中也踏踏实实，从没想过偷工减料啊，占便宜啊，想歪路啊。看到父亲天天在那样搞研究，你自己也想做出点东西来，也想学习优秀。没有办法，只有刻苦地去练去干了。我们三个子女，学习上都很认真，这确实是跟父亲有关系的。①

陈中甲后来选择赴美留学，陈子元也起到了重要作用。恢复高考后，经过努力，中甲考上了浙大化工系，并且担任了系学生会主席，学业成绩及各项表现优秀。毕业后先是到杭州玻璃厂工作，帮助厂里开发了计算机配送系统。由于工作挑战性不大，他在父亲从俄勒冈州立大学访学归来了解到留学申请的信息后，决定出国留学。经过艰苦的语言学习和考试，1986 年 1 月，他赴美国伊利诺伊大学攻读核工程硕士。由于大学学的是硅酸盐，研究生读核工程废物处理，而核废物的处理方式之一是烧成玻璃，所以也算"专业对口"。但是毕业时，恰逢发生切尔诺贝利核电站事故，美国的核工业受其影响也一时停摆。他又花了五年半时间攻读伊利诺伊大学材料系博士。毕业时已经四十六岁，工作不好找，就自办了一家贸易公司，往来于中美之间。现在一年回来三四次，比起三弟中玉每年寒暑假从深圳回家两次，他经常打趣三弟说："我一年三四次，你也一年二三次，我比你还勤呢。"

---

① 陈中甲访谈，2013 年 4 月 30 日，杭州。资料存于采集工程数据库。

陈中玉的学习、工作，也同样深受父亲的影响：

　　每天生活在一起，朝夕相处，父亲的教育是一种潜移默化的影响，我觉得有"三个实"：诚实、朴实、踏实。就是说对人要诚实，对自己要朴实，不去追求什么花里胡哨的东西，也不要什么名利，对工作要踏实，踏踏实实工作。

　　我退休后经常回来看看，有时候爸爸到北京开会，我就陪他去。我爸爸有什么活动都可以学校里叫车的。不过，我每次来杭州看他，都是打车或乘公交车到家里或者到车站、机场，从来没有沾过他的专车的光。他任校长的时候，包括现在年纪大了，有时省里、学校里开会比较多，距离比较远的活动，他也会叫汽车来接送，但是有一点，叫汽车来的时候他绝对不会迟到的，不会让司机在下面等。这点很重要，就是对别人尊重。他从来不会让人家等他，而是早早就做好准备了，所以司机看到他都很客气。①

随着年岁增高，陈子元很期盼子女们能够常回家看看，不光是看自

图 10-12　2011 年聚在杭州拍摄的大家庭合影（陈子元前排左三）

---

①　陈中玉访谈，2012 年 10 月 30 日，杭州。资料存于采集工程数据库。

已，更多的是陪陪老伴李秀珍。由于自己的时间和精力长期以来几乎全部花在了工作、研究上，他最感亏欠和忧虑的，就是少有陪伴的李秀珍。他内心的这种忧虑，不知不觉中感染到了陈剑平：

> 陈先生对师母特别特别好。他的性格比较内向，师母稍微外向一点。陈先生在家里对她特别关心，想找个保姆，没有什么特别要求，除了料理家务，主要是能跟夫人聊聊天，不要让她太孤独。保姆很难找，我都托过很多人帮他找过。①

图 10-13　与妻子李秀珍在家中合影

近年来，大儿媳赵薇薇经常回到国内的婆家，看望两位老人。谈起公公陈子元，她说自己在这个家里一直受到特别的尊重和疼爱：

> 我是 1976 年 1 月 1 号和中甲结婚的，他们家小二楼的一个小间给我们做新房，就一直住在一起。后来搬了一次房子，也是跟着他们住在一起，直到我出国，一共是 13 年。我公公蛮尊重我的。我在这个

---

① 陈剑平访谈，2012 年 11 月 10 日，杭州。资料存于采集工程数据库。

家里很自由，大家说说笑笑，不会感到很拘束。他从来没有批评过我们，从来没说过我们，整个家庭都非常和睦。我公公一直激励我们要向上，要进步。他鼓励我们考大学，我和先生都进大学了，他又鼓励我们入党。我婆婆也是这样，有一年我说想吃时鲜菜，回到家发现满桌子都是的，烧了一桌子，我非常感动，自己的父母也不过如此。我们关系非常好，还曾经被评上"五好家庭"。

我公公平时喜欢剪剪、画画，他属鼠，我也属鼠，他经常说他是大老鼠我是小老鼠。有一次过年的时候，他画了两个老鼠，一个大老鼠，一个小老鼠，给我一个。①

赵薇薇说，自己最佩服公公陈子元两点，一是孜孜不倦地学习，活到老、学到老；一是事业第一、工作第一。的确，对于晚年的陈子元来说，什么都可以停下来，唯有两样东西停不得，那就是"学习"和"上班"。

现在，通过操作电脑，每天网络上的新闻他从不落下，还经常与人通电子邮件，甚至网上购物。有时喜欢上的东西不敢付钱，就找孙子帮忙支付，并说："一定要记住，我一定会还你钱的。"他活跃的想法还很多，完全不像九十岁的老人，思路依然非常清晰。

他的书房里至今还悬挂着他自书的条幅，也是他的座右铭：凡事勤则易，凡事惰则难。他至今没有"退休"，上班的习惯一如往常。陈中玉说，在这个问题上可以说是"风雨无阻"：

早上八点上班绝对不会迟到的，中午不到12点不到家，下午一点半离开，五点回来。偶尔家里有点什么事情，叫叫他，他说会早回来的，就像我嫂子回美国，我回深圳他会早回来半个小时。前年87岁的时候还骑自行车，我们都担心，他的同事也都担心，同事们劝他多在家里休息，至少不要骑车了，留心安全，说了没有用。后来同事们跟我和大哥说，不能再骑自行车了，我印象当中是骑到前年。②

---

① 赵薇薇访谈，2012年10月23日，杭州。资料存于采集工程数据库。
② 陈中玉访谈，2012年10月30日，杭州。存地同上。

出于安全起见让陈子元停止骑车上班，一度成为众人的一个难题，徐步进回忆了三年前的"停骑"始末：

> 前年，为核农所搬迁的事开会，校长、书记也都来了。开好会很晚了，陈先生冒雨骑车回家。结果刚刚跨上自行车，就跌了一跤。我后来一看，是车前刹脱出来了。陈先生摔了一跤，屁股上都是泥巴，从那以后我们坚决不让他再骑了。他说会小心一点，找没人的地方骑。家人也"勒令"他停骑，后来逐渐就不骑了，改成步行继续上下班。①

直到现在，陈子元还是每天上班。在他看来，每天到办公室至少有两个好处，一是可以让自己的生活有规律，二是有人来找时容易找到他。说到底，他心里装着的还是别人，还是工作，陈中玉感慨地说："我爸爸最自豪的有一点，就是他是整个农大工龄最长的职工，他始终以工作为荣。"

2003 年，浙江大学在本部盖了一幢"院士楼"，每户 180 平方米，用来改善院士们的居住条件。但陈子元一直没有搬过去住，原因是校本部距离农学院所在的华家池校区太远，他离不开核农所，离不开东大楼 216 办公室。他说，若是搬了过去，每天路上来回要花很多时间；其次，自己在农大校园生活了几十年，住习惯了，实在不愿走出华家池。他舍不得离开跟他一起共事半个多世纪的那些老朋友，离不开为之奋斗不息的往事场景，这里的实验室，这里的山水、树木、房屋，都牵动着他的视线和心扉，他舍不得到别处去！

现如今，在华家池这个难舍的校园中，在美丽的杭州"小西湖"湖畔，每天都还出现陈子元行走的身影。不同于以往的，只是步履不再那么匆匆。稳健笃定的步伐里，是他更加从容、淡定的人生态度……

---

① 徐步进访谈，2012 年 10 月 30 日，杭州。资料存于采集工程数据库。

结 语
陈子元核农学术研究实践的特点、归因与启示

　　原子核科学技术（简称核技术）是当代高新技术之一，对世界政治、社会、经济和科学产生了巨大影响。核素示踪技术是一项提供科学信息，

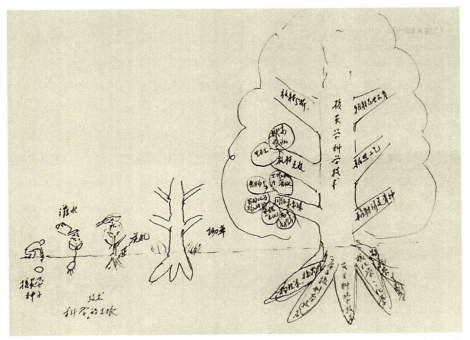

图结－1　陈子元手绘"中国核农学从种子到参天大树"图

图结 −2　陈子元（右二）与徐冠仁（左三）等在浙农大核农所五十年代建筑前合影

揭示宇宙奥秘，阐明物质运动规律的极其有效的研究方法，采用不同的示踪剂和示踪方法（即同位素示踪技术）可以提供丰富的科学信息，对揭示生物科学、医学、农学以及药物学等领域的奥秘非常有用。其中，核技术在农业上的应用被称为"原子能工业上的轻工业"。经过近半个世纪的发展，截至 20 世纪 90 年代初，核技术在农业上的应用已取得了极其显著的经济效益和社会效益。核技术与农业科学之间相互渗透、结合，逐步形成了一门新兴的交叉学科——核农学。核农学是现代农业科学体系中一个重要组成部分和分支学科，对农业可持续发展所起的作用全面而巨大，成为农业现代化的重要标志之一。

　　讨论中国核农学，必须提起两位学术大家的名字：徐冠仁和陈子元——前者是早期核农学科带头人[1]，后者是核农学持续发展的重要开拓

---

　　[1]　于 1957 年 9 月组织创建了我国第一个原子能农业应用研究机构中国农业科学院原子能利用研究室。

者①，二人成为中国核农学一北一南遥相呼应的两位泰斗。他们的私交和学术关系都非常好，陈子元教授 1991 年 11 月当选中科院生物学部委员（院士）之后，徐冠仁院士写来了贺信：

您在科学与教育方面均作出了卓越贡献，道德学风也令人敬仰，所以超越群英而当选。尤其令人鼓舞的是，您的专长为核农学，这在所有学部委员的专业中是唯一的由我国

图结–3　徐冠仁院士致陈子元教授当选学部委员（院士）的贺信

兴起的学科，它将载入中国的科学发展史。②

徐冠仁作出的评价是权威的，相当客观、精到：科学与教育上表现卓越，道德学风令人敬仰，学科专长自主唯一。这些为综合分析陈子元的学术面貌与成长历程，提供了不可多得的指南。下面就分别从特点、归因、启示等几个相互关联的方面，尝试作出探讨和解读。

特点：选准方向　步步深入

综观陈子元的核农学术研究历程，其最主要的学术实践面貌是始终瞄准核技术在农业和环境科学中应用的前沿方向，不断拾级而上，登攀学术

---

① 于 1958 年赴上海参加苏联和平利用原子能专家讲习班后牵头创建了我国高等农业院校中第一个放射性同位素实验室，自此从未中断过核农学术研究，而且不断取得重大研究成果，代表了中国核农学的发展走向和水平。

② 徐冠仁 1992 年 1 月 10 日写给陈子元的书信，毛笔。

高地，造就学科高峰。这一特点，十分鲜明突出。具体表现在两个方面：

首先，与农结合，为农服务，选准方向，把握契机

陈子元的老本行是化学，调到浙江农学院执教后，他认真学习农业科学知识，力求把自己的化学专长与农业科学在原有基础上更紧密地结合起来，围绕国家经济建设、农业发展，开展科学研究。1958年，当世界各国竞相和平利用原子能之时，他有幸"入局"，有了新的使命和选择：原子能在农业中的应用研究。他带领同事们建起我国高等农业院校中第一个放射性同位素实验室。但原子能在农业中应用是一个新的研究领域，缺乏经验，起步之初研究方向很多，重点不够明确，并最终影响了研究人员的积极性和前景预期。总结经验后陈子元认识到，必须充分考虑同位素应用科研工作的特点，找出对促进农业生产有价值的研究方向。通过反复下乡调研，他在60年代头几年找到并锁定了科研新靶标——聚焦农药残留研究。实事证明，这是极富远见的明智之举，历史性地回应了国际、国内重大环保需求。方向正确、准确了，发展之门随之打开，前行道路豁然开朗。

图结 -4　陈子元（后排右二）主持农业部门重点科研项目协作组会议

60 年代是一个"增长"与"自然"彼此思考的时代，农业生态环境污染问题已经显现。1962 年，美国海洋生物学家蕾切尔·卡逊的著作《寂静的春天》出版，克林顿政府时期的美国副总统阿尔·戈尔曾在为该书再版所写前言中指出：当该书 1962 年第一次出版时，公众政策中还没有"环境"这一款项，没有此书，环境运动也许会被延误很长时间，或者至今还未开始，它的出版应该恰当地被看成是现代环境运动的肇始。戈尔因此说："一些人已经上路，但很少人像卡逊那样将世界领上这条路。她的作为、她揭示的真理、她唤醒的科学和研究，不仅是对限制使用杀虫剂的有力论争，也是对个体所能做出的不凡之举的有力证明。"[1]

对比当时的国际国内"环境"，长期从事科技哲学研究的浙大教授邹先定说：

> 1962 年卡逊出版《寂静的春天》之时，作为核农学者的陈子元，已经在华家池畔默默无声地用放射性同位素技术研究农药残留问题。以后又在 70 年代花了整整六年时间，协同 43 家高校和科研单位，近 200 位科技工作者制定出我国农药安全使用标准。在美国，即使到了克林顿时期，农药标准也是不完整的，或者有标准而不甚管用，但是在陈子元主持下制订的中国农药安全使用标准，研制出来以后就在全国施行，服务于农业，造福于人民，沿用至今。[2]

在"与农结合、为农服务"思想主导下，走在科学研究道路上的陈子元，极具预见性和方向感。对于这一点，似乎也可以作出一个仿"戈尔式"的评说：至少在中国的大地上，"防治"农药残毒的科学研究，一些人已经上路，但很少人像陈子元那样，如此深刻地预见到农药残留污染问题的严重性。他的作为和研究，也是对个体所能做出的不凡之举的有力证明。

---

① 卡逊：《寂静的春天》。吕瑞兰、李长生译。北京：京华出版社，2000 年，第 19 页（前言部分）。

② 邹先定访谈，2012 年 11 月 10 日，杭州。资料存于采集工程数据库。

自陈子元"开山"之后，我国农药残留研究领域涌现了一大批优秀学人，目前已有三人成为两院院士。除了陈子元本人，另外两位是年轻他十岁左右的中国工程院院士：2001年当选工程院院士的土壤农药残留研究专家（农药环境毒理学专家）蔡道基，以及2003年当选工程院院士的茶叶农药残留专家陈宗懋。

其次，由点到面，由表及里，步步深入，锲而不舍

陈子元从事核农学研究是从利用同位素探测农药在作物上的残留开始的。其早期研究不但查明农作物表面附着的农药主要为物理吸附，也有被叶片或根系吸收并进一步转运到其他部位的，而且理清了附着量多少、残留量大小的关联因素，从而为安全使用农药、减少农业环境污染提供了重要的实际指导。

进入70年代，国内农药公害问题突显，造成人畜伤亡和外贸出口创汇严重损失，在陈子元持续自主追踪农残研究之际，农业部门也开始"追踪"能够进行科研攻关的人员，并最终将"农药安全使用标准研究"重点项目交由他主持。通过组织全国四十多个科研单位大协作取得的成果，经过应用后从部颁标准上升为国家标准（GB 4285—84），我国农药残毒从此有据可查，有准可依。

80年代初，农业生态环境污染的状况日益严峻，他又牵头承担了农业部门下达的"农药对农业生态环境污染及其防治研究"重点项目。通过再次组织全国协作攻关，并开展国际合作，采用放射性同位素示踪法和气相色谱等测量技术，将农药残留研究从作物扩大至土壤和水，以及对整个农业生态环境影响的研究。相关成果对于开发高效、低毒、低残留的新农药、新剂型具有重要参考价值。同时，首次引进了示踪动力学理论，研究的广度和深度不断发展。

90年代，随着生物技术的发展，他及时提出把核农学技术与生物技术结合起来，从分子水平上探讨农药对环境污染的机理，进而运用微生物基因工程和分子生物学方法，通过"以核为本，多科结合"来解决生态环境保护中的问题，相关研究持续推进。他还将核农学与电子计算机等高新技术手段相结合，把研究水平、测试效果和结论的解析提升到一个新的高度。同时，他集中梳理中国核农学发展脉络，夯实学科发展基础，核农学"破土而出"，正式出现在中国学科门类中。核农学对农业的贡献率，在90年代的十年间已占到整个农业的10%。

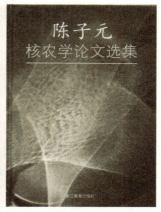

图结-5　《陈子元核农学论文选集》书影

进入21世纪，他指导浙大核农所研究力量将核农学研究和应用领域进一步扩展到包括农、林、渔、牧、副在内的大农业，覆盖到它们的全部生产过程，并且加大产业化推广应用力度，促进新兴产业发展。他自己继续笔耕不辍，坚持学术研究，并积极倡导将传统核农学一分为二，分化成核农学和辐射农学，以适应和有利于学科的丰富、发展，增加核农学术的动力和活力。

追随时代步伐，围绕一个个国家、行业层面的大项目，陈子元的学术研究实践回应社会需求，依托国际视野，追求学术进步，由点墨扩散为江河，内涵不断深化，外延不断扩大，基本上呈现"10年一个发展台阶"的态势。在中国广袤无垠的土地上，他推动核技术不断"接地气"，中国核农学研究与应用异军突起，达到了国际先进水平。中国被公认为核农业应用大国，国际原子能机构评价，中国的核农学走在世界前列。中国农业科学院教授、中国工程院院士卢良恕，国际原子能机构核技术农业应用联合司司长梁劬等九人，在2007年4月联名写给温家宝总理的信中指出：

中国核农学的成就在国际上产生了积极的影响，中国人依靠自己的力量使中国成为世界公认的核农大国。在中国国家原子能机构的领导下，我国科学家在核农学领域的国际活动中，积极活跃并发挥了重

图结 –6　核农所年轻学生和陈子元教授在一起（2012 年摄）

要的作用。1999 年经各国推荐，国际原子能机构正式确认，中国为 IAEA/RCA 核农学领域牵头国。①

选准方向、步步深入的特点，也集中地体现在他所创建和依托的核农所研究平台的发展上。作为其一生组织创建的多个学术、教育平台中最重要、最核心的一个，通过不断发展，浙江农业大学—浙江大学核农所成为生物物理学国家级重点学科（1988—2001 年、2007 年至今）与省级重点学科（1994 年至今）、国家农业部核农学重点开放实验室（1993 年至今）、浙江省核农学重点研究实验室（1993 年至今）和国际原子能机构 IAEA "植物诱变种质创新与研究合作中心" 的依托单位，也是生物物理学硕士、博士学位授予点，核技术与应用（工学）硕士、博士学位授予点和博士后流动站学科点，

① 联名信另外七人为：浙江大学教授、中科院院士陈子元，中国科学院教授、中科院院士李振声，中国核学会理事长、中科院院士王乃彦，中国农科院研究员、工程院院士方智远，浙江大学教授、中国原子能农学会理事长徐步进，中国农科院研究员、中国农业生物技术学会理事长郑企成，中国农科院研究员王琳清。

以及"IAEA 核农学培训示范中心"。

回顾几十年走过的道路，他在浙农大培养的第一代学生、曾接替他担任核农所第二代负责人并从核农所走上浙江省科委、浙江省农科院、浙江省科协等领导岗位的陈传群教授认为，陈子元作为领军人物把握住了几个关键的环节，一步步推进了核农所的发展：

图结-7　1978 年被评为全国先进科技工作者

第一，勇挑重担，艰苦创业。当时创建同位素实验室（核农所前身）是学校领导定下来的，但谁来挑这个担子？要人没有，要装备没装备，学术上没有任何基础，真是白纸一张。在这种情况下陈先生挑起了这个担子，确实很不容易。从起步这个点上来说，他是具有战略视角的。

第二，审时度势，抓住机遇。实验室初建时走过了一段弯路，没过几年又遇上了"文化大革命"。从地方到北京，全国的同行单位包括中国农科院的原子能所，基本上都关门了，就剩下我们一家坚持着。陈先生带着大家白天搞批判，晚上搞试验，并且抓住了机遇。什么机遇呢？就是农药问题，当时金华等地发生农药中毒事件，我们及时开展农药残留研究，后来受到农业部门的关注、重视，才有了全国 40 多个单位参与的大课题。抓住这个机遇，学科就稳住了，而且得到了发展。

第三，走向国际，博采众长。陈先生第一次到阿尔巴尼亚当专家，把我们国家

图结-8　1985 年当选为省劳模并被聘为 IAEA 科学顾问

图结-9　1988 年当选中国原子能农学会理事长

图结–10　1991年当选中　　　图结–11　2005年获浙江　　图结–12　陈子元教授近
科院学部委员（院士）　　　　大学竺可桢奖 *　　　　　　影（2011年）

核农学技术带到国外去。后来他到俄勒冈州立大学作访问学者，跟美
国合作。最后被聘为国际原子能机构科学顾问委员会的委员，中国第
一个。这样，就把我们学科带出去，同时也把国外的好东西带回来，
建立了联合国核农学的培训基地。走出这一步，博采众长，为我所
用，促进了我们学科的新发展。

第四，与时俱进，适时转型。我们原来都在一般的农学这个领域里
面，随着整个学科的发展，就从一般农学领域的研究转到环境、生态领
域的研究，也就是说经历了一个从农学到农学、生物学的转型。这样转
型以后，就与整个经济的发展、农业的发展有了更好的结合，放射生物
学、环境学等也就在农药研究的基础上发展起来。①

在自己的学术成长过程中，陈子元就是这样始终坚持和比较好地把握
了"选准方向，步步深入"这两点。也正是这两个要点、特点，让他拥有
了"卓越"、"厚实"的学术造诣——虽然没有留学经历，他却以个人能动
的学术研究实践成就了一个立足中国本土的新兴交叉学科"核农学"，成

---

　　* 　浙江大学竺可桢奖：是浙江大学授予本校教职工的最高个人荣誉称号，奖项重大，奖金
丰厚，主要用于表彰在学科建设、人才培养和学校管理等方面成绩卓著的教职工个人。陈子元教
授获得浙大竺可桢奖之后，将所获奖金全部捐赠给了浙江大学教育基金会。
　　①　陈传群访谈，2012年11月10日，杭州。资料存于采集工程数据库。

为一名卓越的科学家，一位走上国际原子能科学舞台的本土科学家。选准方向，"卓越"才有可能；不断坚持和深入，结果势必"厚实"。

归因：时代造就　个人作为

时代造就个人，个人把握成功。透析陈子元教授斐然的学术成绩背后，首先离不开国家建设、社会发展和时代进步催生的重大现实需求的预设。核技术应用研究尤其如此。

50年代，加强原子能技术的研究和应用，是我国彻底摆脱核威胁、核讹诈的战略安全需要。和平利用原子能技术应用研究，就在这种重大的国际国内发展形势下上路。任何一门新兴科学技术要想获得发展和壮大，必须在促进国家建设和满足社会需求中发挥作用，同时也必须主要依靠国家的重视和大力支持。由于我国1956年制定的"12年科学发展规划"中把原子能和平利用列为重点项目，核技术农业应用研究迎来第一个发展高潮，为以后的发展奠定了良好基础。在这一轮高潮中，陈子元融入潮流，并

图结-13　香港《文汇报》对陈子元的专题报道

站立在了潮头。"文化大革命"十年动荡，全国的科研活动退潮、降温，核农技术研究力量普遍萎缩。但是，陈子元和他的团队坚持科学研究，并将目光聚焦到农药残毒领域。在《1978—1985 年全国科学技术发展规划纲要（草案）》中，原子能和平利用仍被列入 108 项重点项目之一，核技术农业应用研究迅速出现了蓬勃发展的局面，陈子元的核农学术研究更是迎来"科学的春天"。如果说进入核技术应用领域有一定偶然性的话，那么低潮里不退却，顺逆如一，从未间断地进行研究，则更多地属于个人的选择和作为了。这代表的，既是一个人的眼界，更是他的志向。

所以，在时代、国家、社会与个人关系的把握和因素分析中，更应该看中和注意的，是个人的行为特征和创造力，甚至他的想象空间。时势造英雄，可这个"英雄"为什么是陈子元而不是别人？在他个人身上以及学术成长经历中，促其成功的主要因素有哪些？我们认为以下几点应有借鉴意义。

第一，思想：力争第一

做任何事情都要争取第一，这是陈子元反复强调和不断实践的一点。学术研究要力争最好，学科建设要拔得头筹，办学要创建一流，培育一流人才，产出一流成果。在他看来，争取第一，既是目标，也是方法，最终为的是加强各项工作的内涵建设，保证质量，突出特色，提升实力。他常

图结 –14　宁波籍院士铜像雕塑群（右二陈子元像，右一朱祖祥像）

说一句话：要人无我有，人有我优，人优我特，人特我创，不去跟随人家，尽量做第一。这一语道破，争取第一的捷径是"创造第一"。

他凡事力争第一，但又不"唯第一"。他说：第一往往不大容易做到，目标是这个，只能尽量去努力，失败了也正常，也要接受。成功了，要淡薄；失败了，要坦然，下次有机会再来。"心态要好，不能像钱江大潮那样，还是平一些、淡一些为好。"这可谓又参透了"保持第一"的秘诀：既要争取第一，又要平常心，不唯第一，这样才能不为第一所累，从而常怀争取第一的欲望和干劲，更好地保持第一。他力争第一的思想观念，概括起来是辩证的两个方面：争取第一，而创造第一；不唯第一，而保持第一。

第二，思维：善动能静

就思维特质而言，陈子元从小就被认为很会动脑子，爱思考，喜欢新东西，乐于学习，动手能力很强。同时，他又有"静"的一面，可以静下心来沉潜于思考、学习和探究之中。这种好学、好奇、好动，以及动静皆宜的思维状态，他至今都还"保持完好"。

从某种角度上来看，"善动"滋长培养了他日后浓厚的创新意识；"能静"让他做事能够坚持和专注投入。而动、静两者的和谐统一和互相转化，最终让他善于识别、把握机遇，具有极强的战略预见性、创新行动力和久久为功的韧劲。这些内在特质，对于科研工作者特别是学术大家而言，无疑是非常重要和宝贵的。

第三，性格：儒雅谦卑

在性格特征上，陈子元最鲜明的特点是温厚、儒雅、谦卑。他的儒雅谦卑，发自内心，由来已久，恒久不变。这种儒雅谦卑何以形成，受了哪些影响？这种个性对他的学术研究又有怎样的影响？

陈子元先生谈到，对自己成长影响最大的，首先是家庭环境的熏陶，特别是父亲的言传身教，其次是大学里德高望重的师长和进步同学。谦虚谨慎、勤奋爱国、追求卓越、淡泊名利、敬孝长辈的父亲陈贤本，以及父辈身上传递的刻苦、务实、图强、和谐、互助的精神，对他一生的成长和做人做事做学问影响极大、极深。

注重内在修养的陈子元自觉地集许多优良品质于自身，谦善儒雅如同镌刻在基因中。比如，他很看重孝道，常对后辈人说：孝不孝其实会影响一个人的做人做事，如果你孝，很多事情都好办了；如果不孝，事业就做不好、做不大。他的孝还演化出一种挥之不去的宁波情结——他不在宁波生宁波长，只因祖先父辈居住在鄞州，就始终称自己是鄞州人、宁波人；凡是宁波的活动，他总积极地尽力参与。

恰如陈子元所说，好的个性品格是影响"做人做事"的。儒雅谦卑，反映、展示的不只是严谨治学的优良品格，更有科学大家敬畏真理、虚心探索的心灵。优秀的科学大家往往是谦卑的，比起那些傲慢者，谦卑的心态更能帮助谦逊者攀登上科学的高峰。事实上，为人谦和，豁达大度，也是陈子元团结、吸引、带动一批人协同进取不断拓展核农学术研究天地的不二法宝。

第四，团队环境支撑

陈子元是核农所的"灵魂"人物，在他创建时期的治理下，以及后期的学术指导下，核农所的队伍和事业虽有波折，但总体上比较稳健。当初被推荐为浙农大副校长人选时，他心里就舍不得离开核农所，但最终正是考虑到核农所队伍的稳定性，才肯改变态度走上更需要自己的新岗位。即使继而升任校长更为繁忙了，但依托核农所团队，他的学术研究活动仍可以继续，而且学术指导能力更为强大，发挥的作用也更大。他嘴上常挂着一句口头禅：主要靠大家，都是靠大家。这确是一句心里话，因为对于一位科研、管理工作"双肩挑"、"两头忙"的学者来说，集体力量的存在、团队环境的支撑，对于维系他的学术研究是至关重要的一点。

访谈中，他依然感慨地说："核农所这支队伍好，我都是靠他们。一代一代的，现在是第六代，五十四年了。这个所啊，不管经历怎样的风雨和什么样的困难，都是一代一代人为了共同的核农事业，这一点很要紧。"

第五，依托科研协作

科研协作是自身研究力量的延伸，陈子元向来重视和擅长组织开展科研协作。基于一个个项目，他将协作的链条不断伸展，层次不断提高，从所内协作上升到校内协作，扩大至国内协作，推演为国际协作，形成了一个蔚为壮观的协作体系。农药安全使用标准研究、生态环境影响研究等全国农业战线上的重大科研攻关项目，都是通过全国大协作完成的。

面向经济建设主战场，为了研究和解决一批具有重大经济社会效益的关键性的科学技术难题，需要打破部门界线，组织多学科、多行业协同作战，在较短的时间里，作出成绩，取得成果。而科学研究不同于一般的行政管理工作，为了提高科研效率，迅速取得成果，就必须加强学术领导。在这方面，陈子元的条件得天独厚，他不仅有极强的研究能力和学术指导能力，更有一般人缺乏的独特的人格魅力。其实，也正是这种大规模、高质量协作的有效开展，提升了他在国内外的学术地位和威望。这揭示了一个重要道理：达人才能兼己，借力才能扩大，科学研究尤其是现代科研和工程应用研究，需要重视和搞好合作。

第六，管理科研互动

陈子元的学术成长案例，还有很重要的一个因素，就是教育管理工作对科学研究和学科建设的反哺。这里首先涉及的问题是，一个人同时从事行政管理工作和科学研究工作可以兼得吗？怎样才能兼顾好？或者说，教学育人工作与科学研究工作矛盾吗？怎样才能不矛盾？

就陈子元在浙农大这一专业性较强的学校的管理、科研的具体案例而言，两者是不矛盾的，也是兼顾得很好的。怎样做到的呢？他不但协调、平衡好了两者的关系，更为关键的是让两者互为补充、互相推动。副校长、校长任上的大学管理工作，开阔了他的学术视野和思维，对于"以核为本，多科结合"思想的形成和实践，起到了重要的作用。同样，他关于核农所"文化大革命"期间为何不倒的认识，也是建立在良性互动的观点上的："科研院所只是做科研，而我们核农所还培养学生，科研力量也强。好的学生可以直接留下来，实验室就容易得到持续发展。"认识好、把握好管理与科研、教学与科研的正确关系，就能创造双赢。关键问题是，事在人为。

第七，学科学术与共

学术应该是学科下的学术，学术要找准学科归宿。在陈子元的核农学术成长历程中，他个人的学术研究活动始终与核农学科建设交相辉映。

陈子元非常重视学科建设问题，认为学科建设是学校改革的龙头，并把学科和学术统一起来认识、对待。在一次谈到处理学科建设与专业设置之间关系的时候，他曾指出：专业设置面向社会，学科则对应于学术的发展，两者是有所区别的。学科发展方向问题实际上反映了学科水平、学术水平的问题，要重视学科、学术发展方向，突出重点，与学校办学目标、国家下达的任务和人才培养工作相结合。他强调说，问题是现在关注的往往是专业设置而不是学科学术，往往是人头，而不是人才！①

这些认识，可以从一个重要侧面揭示，陈子元的核农学术研究是怎样在与学科相互依存中获得建树的。

启示：精诚致远　谦勤为功

具有化学专业学习背景的陈子元先生，大学读书期间"为人正直勤勉"，"大有发愤忘食之概"，毕业时被寄望"日后为我国化学界放一异彩"。机缘巧合，他日后转战核技术应用领域，以创新精神开拓核农学术，独树一帜，大放光彩，今日验之，果真"君其一人也"。偶然乎？必然乎？偶然不在意料之外，必然却在情理之中！

陈子元主要从事核技术在农业和环境科学中应用的研究与教学工作，

图结-15　陈子元先生的自画像与签名（自画像作于2004年10月八十周岁之际。由陈子元名字的三个拼音首写字母CZY，结合个人生肖"鼠"的形象构成。落款日期上面的仿英文体"字样"，如果按顺时针方向旋转90度再作翻转透视观看，则显示为"陈子元"汉字连笔签名）

---

①　陈子元在浙江农业大学党政联席会议上的发言（时任校学术委员会主任），1993年9月18日。转引自：邹先定访谈，2012年11月10日，杭州。资料存于采集工程数据库。

以及教育组织领导工作。他善于创新、能做大事：在高等农林院校中，首先开展了标记农药合成的研究并取得成果，开拓了应用同位素技术研究农药，以及其他农用化学物质对环境污染及其防治的新领域；组织全国协作，主持"农药安全使用标准"、"农业生态环境影响"重大项目研究，为制订国家标准、防治环境问题提供了科学依据。他勤于耕耘、论著丰硕：1998年10月出版的《陈子元核农学论文选集》收录了他核农学代表性研究论文85篇，综述与专论15篇，国内外学术会议论文16篇，专著简介7篇。

他的品格魅力和学术能力，用政治词汇讲，谓之'又红又专"；用百姓话语说，叫作"人好，学问好"。他吸引、启发后学学习达到的，应该是像他那样止于至善，像他那样务到实处。

学习他人生写意三项——做人做事做学问，立德为先，精诚致远

在交流、接触中，陈子元反复提到做人、做事、做学问的问题，作为"家传"，他很早就理解了父亲所说的"做人要诚，做事要勤，做学问要精"的道理，并且内化为自己一生的修为遵循，汇集到工作事业上，就是始终敬业、勤业，精业。做人，他自律、自信、自强，容人、容事、容言，对他人无论长幼，待之以诚，持之以恒。哪怕帮助学生，也总是希望拿出"干货"：要么帮助争取项目，要么创造出国机会。做事，他奉行业广惟勤，勤以砺志，踏踏实实。做学问，他精益求精，一丝不苟，步步为营，善于吸收、借鉴，视野、思路开阔。做人做事做学问三者关系中，他又一直抱持做人最重要，做人要在先：做人，特别是做一名合格的科技工作者，首先要有良好的道德修养。

良好的道德修养的内涵是什么呢？他在1999年应邀在浙江省第二期党员科技专家理论研修班上所作的报告中，作了解读：

1. 求是务实。科学研究，就是通过科学工作者的辛勤劳动和探索，寻找事物本身固有的本质特点和运动规律，因而来不得半点虚伪和浮夸。毛泽东同志曾经说过，科学是老老实实的学问，科学家是老实人。说的就是科学工作者应坚持实事求是的态度，善于修正错误，不能片面、固执。在科学研究中，有些时候，开始的见解、想法后来被证实不正确了，这就要认真去改正，不能只顾面子，固执己见。科学工作者不能热衷于追名逐利，否则会浮躁，甚至剽窃他人成果。

2. 团结协作。当代科技中的重大课题，一般都需要通过多门类科技人员群体的协同攻关才能完成。孤家寡人是难有大作为的。比如，我们从事农业科技研究的，从基础研究、应用研究到农田推广，哪个环节都少不了。要团结协作，就要学会尊重其他同志的工作，做到不忌贤妒能，不文人相轻。特别是学科、学术带头人，更应注意调动大家的积极性，善于团结大家一起攻克科学难关。

3. 豁达大度。在这里我要特别提出怎样培养后人，并使他们超过自己的问题。因为一个人的生命是有限的，而他所从事的事业是无限的。所以，应大力培养年轻人，使"青出于蓝胜于蓝"，让事业更加兴旺发达。在苏步青教授90大寿时，他的学生谷超豪等一大批著名学者去看他。苏老感慨地说道："今天我很高兴，因为我看到有大批学生超过了我自己；但是，我也不高兴，没有看到你们的学生超过你们。"从事科学研究，就要有这样的博大胸怀。有些青年同志提出，当他们取得一定成就后，容易受人妒忌和非难。我们承认，这种情况在现实生活中是会存在的。对待这类问题的正确态度就是豁达大度。要更加主动地与周围同志合作共事，更加虚心地学习和勤奋地工作，以真情实意、真才实学和真抓实干去赢得大家的信任。科学工作者当自己成了学术和技术带头人的时候，更要善于容得下各方面的人，听得进不同意见。我们农业讲杂交优势，不搞近亲繁殖，不同学科互相交融。

4. 无私奉献。马克思说："科学绝不是自私自利的享乐。"纵观人类发展史，是科技推动了人类进步。很难想象，没有一代一代的千千万万的献身于科学事业的人们的辛勤工作，能有今天这样高度文明的社会。科学工作者特别是党员科学工作者，无私奉献是工作和学习的根本。比如，我们研究农药和核农技术的，既辛苦，又清苦，甚至还有伤害身体的危险。但是，这项工作意义重大，事关千千万万人的吃饭问题。我在几十年的工作中，每当取得一点研究成果应用于农业，农民高兴了，我也感到满足。因为从中能体会到科技工作的价值和意义。①

"经常地开展自我批评，团结周围同志发挥集体力量，克服一切困难，加强科学研究工作，在自己一定的科学领域内，迅速地追赶上世界科学技术水平"②——此刻，重温他50年代中期入党时的科学"誓言"，不难发现：不论日常生活里的为人处世，还是从事科学研究活动，立德为先、精诚致远的道理是多么的显而易见，千真万确！

学习他人生写实三项——学习积累抓机遇，力争第一，谦勤为功

陈子元"好"学习，既勤学苦练，又善学活用，使其落到切实之处。他常说，要警惕知识老化，不进则退。当选院士后他更是从头学起，"基因工程"等学习笔记做得认认真真。在做学问上，他从不吝惜花"笨功夫"，那就是老老实实做小学生，"好好学习，天天向上"。他的学习，坚持始终，活到老学到老用到老。同时，他的学习非常得法，总能转化为切实成果。

这些"转化成果"，学术上的不说，仅生活里就比比皆是。在俄勒冈州立大学访学的时候，他"喜欢动脑筋，鱼煎得很好"。早年在家里，技术含量高的"冬天封炉子"是他的专利。进行同位素示踪研究试验操作，他"承受的辐射剂量教师当中不低于任何人"，但自我防护技术最为过硬。晚年保持身体健康自有"高招儿"，散步时坚持使用腹部呼吸和挺直腰走路，"年龄大了以后容易弯腰，把腰挺起来走路，对于老年人是一种最好的锻炼身体的方法。这里面包含了心理、生理两个方面的因素"。他并无刻意追求的养生之道，也没有特殊的保健方法，只是让一切尽在平常中，让生活有规律地进行，保持良好的习惯，保持心情开朗，心境豁达。毫无疑问，这些都是非常科学的"工作方法"。

他的学习，为的是积累，为了以后好做事情、做好事情。有了学习、

---

① 陈子元：怎样做一名合格的科技工作者（1999年在浙江省第二期党员科技专家理论研修班上所作的报告）。转引自：谢鲁渤著：《陈子元传》。宁波：宁波出版社，2004年，第248-250页。

② 陈子元：为共产主义事业贡献出我的一切力量。《浙江农学院》院报，1956-04-28。

积累的准备，当机遇出现时就可以抓住了。陈中甲说："一个人要做出一点有成绩的事情有两点，一点是平时的积累，一点是机会。父亲在这两个关键点上我都有印象。"①

在陈子元看来，创造第一多依靠抓住好的机遇，而机遇出现之前必须做足积累功夫。要积累，就必须从小事做起，从实处求得。他经常告诫年轻人，不要轻小失大："没有手柄，钻子再尖也没有用；箭上的羽毛是轻的，但是直奔目标就靠它。所以不要轻视羽毛的辅助，不要看不起辅助的小东西。小东西不注意，就会错失大方向。"

在 90 年代初一次回答媒体记者提问时，他就自己事业成功的秘诀，敞开了"科学家心扉"②：

问：您事业上的成功靠的是什么？

答：一是靠认真。我以为，无论大事小事，只要认真对待，成功的可能性就大。再就是集体的力量。工作 30 多年，我离不开一个团结协作的集体，很多同志默默无闻中做了很多工作。

问：在为人处事上，您认为最重要的是什么？

答：诚恳。人与人之间的交往离不开"诚恳"两字。谁都会碰到一时不被人理解的事，但是只要是出于真心，以诚相待，最终总是能够取得理解的。

问：您是个老教育工作者，对您的学生，您最想跟他们说句什么话？

答：要用发展的目光看待学习，努力打好基础。一分力气一成收获，只要舍得花力气，会成功的。

陈子元先生的学术创造和为人处世，值得后进诸生长久体味。

---

① 陈中甲（陈子元长子）访谈，2013 年 4 月 30 日，杭州。资料存于采集工程数据库。

② 见 1992 年 3 月 20 日《杭州日报》第 3 版"科技园"专栏同题文章（文：橙；责编：刘志奋）。

附录一　陈子元年表

1924 年

10 月 5 日（农历甲子年九月初七），诞生于上海斜桥。家谱名俊龙，祖籍浙江鄞县（现为宁波市鄞州区）。父亲陈贤本，1900 年生，1926 年起合伙创办国内第一家骆驼绒厂"先达骆驼绒厂"，任技术厂长，后独资经营"中国统一呢绒纺织厂"，是一位爱国的实业家；母亲余照云，1905 年生，宁波镇海人。

1929 年

9 月，上私塾，接受启蒙教育。

1931 年

进公平路小学一年级学习。

1932 年

1 月 28 日，日军突袭闸北，挑起"一·二八"事变（上海事变）。
9 月，转入沪东公社（沪江大学附小）初小二年级学习。

1933 年

9 月，进沪东公社初小三年级学习。

1934 年

9 月，在沪东公社初小四年级学习。

1935 年

9 月，由沪东公社转入正中小学高小五年级学习。

1936 年

9 月，在正中小学高小六年级学习。

1937 年

4 月，由杨树浦搬家至上海法租界太原路 213 号。

7 月 7 日，卢沟桥事变，抗日战争爆发。

本月，正中小学毕业。

8 月 13 日，日本帝国主义为扩大侵华战争制造第二次"上海事变"，上海军民在淞沪奋起抗击。

9 月，考进中国中学，读初中一年级（上学期）。

1938 年

2 月，考进和衷中学（即原市立吴淞中学），读初中一年级（下学期）。

暑期，在肇和中学读暑期班，读初中二年级课程。

9 月，以同等学力跳级考进肇和中学，读初中三年级。

1939 年

7 月，在肇和中学初中毕业，考进省立上海中学理科高中一年级学习（校址设在上海美术专科学校内）。

6 月，因学潮省立上海中学解散（后改称私立沪新中学）。

9 月，以同等学力跳级考进光厦中学，读高三（上学期）。

每周三次参加由德国驻华大使馆举办的德语培训班学德文（为将在沪成立的德国医学院挑选生源）。

1941 年

7 月，光厦中学高中毕业。

9 月，考入私立大夏大学（上海分校）化学系学习。

1942 年

3 月至 6 月，在中共地下党员殷云芳（后改名陈赓仪）家以做化学试验为名，与一批进步同学学习共产主义思想。7 月后转移到自家（陈子元家）附近的仓库，并成立诚正工艺社，以制作日用化学品为掩护，团结进步青年学生开展活动。

1943 年

与土木工程系同学许诚开、殷云芳（均为中共地下党员）在上海福熙路开设买卖旧书的"文心书店"（后遭反动当局查封）。

1944 年

7 月，修满 144 学分，提前大学毕业，并获上海大夏大学理学院化学系理学士（新中国成立后补发毕业文凭为 1945 年毕业），毕业论文《化学构造与生理作用》，由邵家麟教授指导。

9 月，经李博达老师介绍进入虹桥路四维化学农场，为中国无土栽培商业化经营单位，任化学师。该场技术负责人为 Geoger Czako（匈牙利籍犹太人，植物生理学家）。

1945 年

5 月，四维化学农场停业，转至吉美罐头食品公司任化学工程师。

8 月 14 日，抗日战争胜利，一些地下党员同学先后离沪赴延安、苏北解放区。

1946 年

2 月，大夏大学贵阳赤水学校本部返沪，应邀回校参与复校、重建工作，任化学系助教，参与分析化学、有机化学、工业化学、无机制备等课程的教学工作。

5 月，参加中国化学会上海分会。

1947 年

4 月，由张伟如老师介绍进入上海商品检验局化学组任兼职技佐。

先后还在上海维他富汽水厂及天然味精厂等单位兼任技术顾问。

本年，与李秀珍结婚。

1948 年

在大夏大学担任"分析化学"、"化学工程"、"工业分析"及"陶学概论"实验指导；课余为校友所办的工厂研究活性碳生产、复印纸制造及其他化学产品。

1949 年

5 月 4 日，上海解放。

9 月，升任大夏大学化学系讲师，讲授"分析化学"、"工业分析"等课程。

新中国成立后，工厂先后复工，除在校教学外，课外为一些校友在化工厂、制药厂、食品加工厂做技术咨询工作。

1950 年

春季，参加中国科学工作者协会（发起成立中国科学技术协会的四个科学团体之一）上海分会。

1951 年

9 月，被国立上海水产专科学校聘为兼任教授（自本年 8 月 1 日至 1952 年 7 月 30 日）。

10 月，国家进行高等院校调整，大夏大学、光华大学及圣约翰、沪江、复旦、同济等校部分系组建为华东师范大学。

参加"思想改造"运动，之后留校继续承担教学任务（部分教师赴安徽参加土地改革）。

1952 年

9 月，华东高教局下调令，由华东师大支援苏州苏南蚕丝专科学校任教，任化学教研组组长、副教授。除教学工作外，还合作研制成功转型蚕具、蚕卵消毒液速测及耐酸蚕卵纸。

1953 年

4 月，又一次参加"思想改造"运动，任学习小组长。

8 月，华东高教局决定苏南蚕丝专科学校并入浙江农学院。

9 月，到浙江农学院化学教研组任主任、副教授。

1954 年

9 月，化学教研组迁到和平馆新址，组织全组教师协作进行教学改革，并在教材、教具创新建设中不断取得成绩。

1955 年

12 月 11 日，参加中华全国科学技术普及协会（简称"全国科普"）浙江省分会，积极开展科普工作。

1956 年

1 月 14—20 日，中共中央在北京召开全国知识分子问题会议，宣布我国知识分子"已经是工人阶级的一部分"，号召"向现代科学进军"。

2 月 9 日，加入中国共产党，成为浙江农学院第一位入党的高级知识分子。

本月，由浙江省人民委员会授予 1955 年省先进生产（工作）者称号。

9 月，浙江农学院恢复土壤农业化学系，任系副主任，兼任化学教研组主任。

1957 年

3 月 24 日，参加在浙江省人民大会堂广场召开的报告会，听取周恩来总理"国内外形势及正确处理人民内部矛盾问题"的报告。

4 月，兼任中共浙江农学院土化系党支部副书记。

8 月，"反右"运动在浙江农学院全面展开。

1958 年

10 月，浙江农学院下农村办学，任金华大队队长（湖头、高畈），不久接省委令回校，接受新任务。

11 月 1 日，赴上海参加由苏联原子能局在中苏友谊馆主办的"和平利用原子能展览会及专家讲习班"，任学习委员会秘书长之一，兼任同位素在农业上应用组组长，讲习班由苏联专家讲课。

12 月，浙江农学院建立"同位素实验室"，任该实验室副主任（院长金孟加兼任主任），主持日常工作。

1959 年

1 月 12 日，"和平利用原子能专家讲习班"结束。

3 月中旬，国内农业高校首座面积为 $300m^2$ 的放射性同位素实验室全面建成，组织开展原子能农业应用研究。暑、寒假期间，举办两期校内"同位素农业应用培训班"，学校选派各系骨干教师参加，组织编写了约

40 万字的《同位素农业应用知识》教材，在研课题达 23 项。除组织涉及各专业的科研外，根据化学专长，主持开展了利用放射性磷 −32 标记物进行施肥及生理等方面的研究。

6 月，赴天津参加全国射线探测仪器技术经验交流会。

11 月，赴北京参加由国务院召开的高等学校科研工作会议。

发表《用放射性磷 −32 研究桑苗吸收磷肥的情况》、《大蒜鳞茎形成期间放射性磷的运转与分布》等研究论文。

1960 年

2 月，接待苏联季米里亚捷夫农学院生物物理实验室主任、斯大林奖金获得者泽利舍夫院士（С.П. ЦелишеВ）来访，进行学术交流。

3 月，中共浙江省委决定由舟山水产学院、天目林学院、省农科所、省林科所、省水产所、省茶科所与浙江农学院合并成立浙江农业大学与浙江省农业科学院，实行两块牌子、一套班子统一领导。

7 月，成立农业物理系（所），任副系主任（副所长），主持工作，下设数学、物理、气象、生物物理及同位素室等五个（组）室。

暑期，从农学、植保、茶学、园艺、农机等系抽调部分优秀学生，组成农业生物物理专业 58 级、59 级两个年级，同时，又招收了 60 级新生，学制五年（理科）。

在开展教学工作的同时，加强了同位素实验室核技术农业应用的科学研究工作。

1961 年

7 月 16 日，中共中央作出《关于加强原子能工业建设若干问题的决定》，决定自力更生，组织力量，突破原子能技术。联合其他科技人员向国家提出原子能农业利用 8 项重点研究项目。

本月，浙江农业大学由全国统一高考录取招收的农业生物物理 61 级学生（32 名）入学，学制五年（理科）。

1962 年

9 月，组织编写多门教材，具体负责编写《放射化学》。

浙江省科委拨专项经费建造放射性辐照室，由钴 -60 照射室与 X 射线照射室组成，开展处理各种农作物种子和农产品进行辐射应用的研究工作。

本月，美国海洋生物学家蕾切尔·卡逊（Rachel Carson）的著作《寂静的春天》（*SILENT SPRING*）出版，揭示农药残留的严重危害。及时阅读到了该书出版的有关信息。

1963 年

我国部分农村地区发现有机磷农药中毒，与中国科学院有机化学研究所合作研究合成放射性标记化学农药 $^{35}S-E605$ 和 $^{35}S-1059$，开始利用放射性核素标记农药示踪技术系统进行农药在农作物（茶树、桑树、稻、棉等）上残留的研究工作。

1964 年

3 月，参加国家科委在京召开的全国同位素及核辐射在生物学及农业上应用学术会议。

发表论文《利用放射性同位素研究茶树上喷洒有机磷杀虫剂——"乐果"后的渗入、消失和残留情况》。

4 月，国家科委与农业部发布《1963—1972 年农业科学技术发展规划（草案）》，把电离辐射的农业生物效应、农业科学研究核素应用等项目列入规划。

6 月，与中国科学院上海有机化学研究所合作，研制成 $^{35}S-$ 杀螟硫磷，供科研教学使用。

1965 年

中共浙江省委决定：浙江农业大学和浙江省农业科学院分别建制，教学编制人员归浙江农业大学，科研编制人员归浙江省农业科学院，建立原子能利用研究室。学校决定撤销农业物理系（所），生物物理教研室划入农学系，暂停招生。

9 月，农业生物物理 61 级学生转读于农学系，于 1965 年寒假（1966 年 3 月）毕业。

12 月 15 日，赴北京参加由国家科委五局召开的同位素与辐射农业应用研究工作会议。

发表《水稻抽穗期施用 ^{35}S—E605 后在稻叶与稻谷上的残留动态》等多篇论文。

1966 年

5 月后，全国"文化大革命"全面开始。科学研究和教学工作基本停顿，抽时间整理科研资料。发表《环境条件对乐果残留动态影响的初报》、《应用 ^{35}S 研究杀螟松在水稻上的残留、输导和分布》等论文。

1967 年

白天参加运动，夜间坚持科学研究工作，学习英文版《毛泽东选集》。

1968 年

浙江省工人阶级毛泽东思想宣传队进驻学校，参加学习，利用空隙时间坚持科学研究。

1969 年

参加浙江农业大学金华地区教育革命小分队（驻孝顺、雅畈），深入农村投身农业生产第一线，广泛接触农民，了解和帮助解决农业生产中存在的问题。

1970 年

下工厂，在杭州味精厂搞技术革新，利用离子交换树脂分离提纯结晶味精（麸氨酸钠）和"九二〇"（赤霉素）。

10 月，去上海树脂厂合作研究筛选适用树脂。

1971 年

浙江金华地区发现水稻使用"稻脚青"（甲基胂酸钠）不当，发生人畜中毒，作物受害。奉调回校进行 $^{76}As-$ 标记合成 $^{76}As-$ 甲基胂酸钠农药，并进行安全合理施用方法研究。

1972 年

5 月，国家科委在北京召开首次辐射和核素农业应用座谈会，提交研究报告《利用 ^{76}As 标记农药研究稻脚青在水稻上的活性情况和残留动态》；发表研究论文《^{35}S 标记杀螟腈的制备》、《$^{76}As-$ 甲基胂酸锌的合成》。

12 月，接农林部通知，赴广州参加"广交会"，作"农产品中化学农药残留的防治措施"的报告，会前向农林部汇报了农药残留研究工作情况，并探讨了全国农药使用中残留危害情况。

1973 年

受农业部委托，由浙江农业大学牵头，主持制定"农药安全使用标准"的重点研究项目，组织协作组，全国 43 个农业、卫生、环保及化工等单位，近 200 名科研人员参加。

与高明尉等教授共同主持编译"农药残留与污染专辑"及《农业科技译丛》。

由于农产品（包括外销、内销）中有机氯农药"六六六"超标，影响人体健康，进行 $^{14}C-$ 六六六的合成及作物和土壤中的残留研究，将作物上的残留研究拓展到土壤与环境中的残留、降解研究。

8 月，参加由燃料化学工业部召开的全国农药会议。

1974 年

5 月 15—20 日，赴北京参加全国农业环境保护会议。

在全国农药残留协作研究年会上，作题为"农药残留的研究"报告。

发表论文《应用同位素示踪法研究六六六在水稻上的残留动态和土壤中的污染程度》。

发表论文《六六六在水稻上的吸收和运转》，以及与上海昆虫研究所白蚁组合作研究论文《利用放射性同位素示踪法观察灭蚁灵对家白蚁的毒效》等。

7月26日，接待阿尔巴尼亚原子能应用考察组来校参观考察。

11月，赴沈阳出席全国农药技术情报交流会。

1975 年

1月20—29日，参加中国农林科学院在杭州召开的全国原子能农业应用会议。

将放射性标记农药在作物和土壤、环境中的残留、降解研究扩张到其他农用化学物质（新农药——杀虫脒和氮肥增效剂）在环境生态上的残留、动态和变化的研究。

6月，接待朝鲜原子能研究所所长金景春为团长的核素应用考察团来访。

9月15日，接待扎伊尔原子能应用代表团来访。

11月28日至12月6日，参加由中国科学院在无锡市主持召开的农药污染与污水灌溉科研座谈会，为会议领导小组成员，并作"大办农业，积极开展农业环境保护科学研究"的报告。

12月，赴北京参加由石化部召开的氮肥增效剂研究工作会议。

发表论文《杀虫脒的残留研究》。

1976 年

参加由中国农业科学院原子能利用研究所主持的"应用同位素示踪法对氮肥增效剂在农作物和柑桔果树的肥效和残留的研究"。

3月，主持"全国农药安全合理使用试行标准科研协作总结会（杭州）"。

6月，赴武汉参加中南地区同位素农业应用会议。

发表《螟铃畏的残留研究》、《放射性标记新农药的合成》等多篇论文。

10月，接受农业部援外任务赴阿尔巴尼亚，任农药残留研究分析专家组组长，帮助建立阿尔巴尼亚农业部农药残留分析实验室，培训技术人员。

1977 年

5 月，完成援阿尔巴尼亚任务回国。

7 月，赴株洲出席由农林部召开的全国农业环境保护工作座谈会。

8 月 7 日，所带领的浙农大生物物理教研室全体同志团结合作，在科学研究上做出突出贡献，中共浙江省委、省革委会授予"浙江省科技工作先进集体"称号，为全省十个单位之一。

9 月 4—12 日，赴北京出席由国家科委五局召开的同位素和射线科研规划座谈会。

在全国农药残留协作研究年会上作"放射性同位素在农药残留和安全使用标准研究上的应用"报告。

12 月，当选为浙江省第五届人大代表（1977—1980）。

1978 年

3 月 18—31 日，出席在北京召开的全国科学大会并获"全国先进科技工作者"称号，主持的"农药残留研究"协作项目和"放射性同位素标记农药的合成研究"分别获得全国科学大会优秀成果奖。

发表综述《农药残留和代谢研究中放射性同位素的应用》。

5 月 10—19 日，出席在南宁召开的全国原子能农业应用会议。

7 月，出席农业部在太原召开的全国农业学术讨论会。

10 月 18 日，所在的浙农大生物物理教研室由中共浙江省委、省革委会授予"浙江省科技工作红旗单位"（全省十个单位之一）。

本月，晋升为教授。

12 月 15—25 日，赴厦门参加中国科学院环境科学理论研究座谈会，为会议领导小组成员。

发表研究论文《氮肥增效剂（CP）在水稻和土壤中的残留》。

参研成果"氮肥增效剂（CP）的残留研究"获浙江省科学大会奖。

1979 年

1 月，赴大连参加氮肥增效剂（CP）推广应用会议。

2月，赴河南新乡参加由农业部召开的农业环境保护科研规划会议。

3月，被任命为浙江农业大学副校长。

发表论文《农药残留和安全用药研究中同位素示踪法的应用》，对自1963年起利用放射性核素标记农药的示踪技术，研究十余种农药在主要作物上的残留动态实验结果进行了归纳综述。

发表综述《利用核技术研究农药在环境中残留和代谢的进展概况》。

本月26—31日，在杭州召开第一次"中国原子能农学会代表大会"，当选为副理事长，中国原子能农学会的成立标志着我国原子能农业应用事业进入新阶段。

4月2日，浙江省原子能农学会成立，当选为理事长，学会挂靠浙江农业大学生物物理教研室。

本月，新示踪楼（880m²）建成，示踪室由东大楼迁入新示踪楼。

本月，浙江省委、省政府召开"浙江省科学大会"，被授予"浙江省先进工作者"称号，并宣布任命为浙江科学院副院长。

5月，赴沈阳参加农药工业科技情报会议。

"全国农药安全使用标准（第一批）"科研成果获浙江省科技大会科技成果奖二等奖。

6月，赴厦门参加由中国科学院召开的农药与环境研讨会。

9月，兼任科研生产处处长，主管全校的科研、技术推广与研究生教育工作。

1980 年

2月22—28日，中国核学会在北京召开第一次全国代表大会，当选为第一届理事会常务理事（第二、第三届连任）。

4月24日至5月8日，受农业部派遣，任中国农业环境保护考察团副团长，赴联邦德国考察农业生态环境保护概况。

所撰《环境中农药变化规律的基础研究》作为中国科学院《环境科学研究与进展》书中一章，由科学出版社出版。

6月16日，接待日本放射性核素代表团团长斋藤信房等12人来访。

9 月，由农业部派遣赴美国俄勒冈州立大学合作研究，被聘为该校放射中心客座教授；与该校放射中心主任汪志馨教授、访问学者徐步进一起利用放射性核素 $^{14}C-$ 标记农药研究其在小麦及环境中的残留动态及归趋，研究工作持续到 1981 年 9 月中旬。

发表论文《脒基硫脲在水稻和土壤中的降解》。

发表论文《利用模拟生态系统研究 $^{14}C-2，4-D$ 在水生生物中的转移和积累》。

1981 年

4 月，受中国原子能农学会委托，组织举办首次"全国同位素示踪技术训练班"。陈传群教授具体组织实施培训计划。

9 月，进修访问结束，由美国俄勒冈州立大学回国。

本月 29 日至 10 月 5 日，赴北京参加全国农业环境保护工作会议与中国农业生态环境保护协会成立大会，并当选为协会第一届副理事长（第二届、第三届连任至 1995 年）；在会上作"美国农业环境科学研究动态"的报告。

11 月，所在学科被国务院学位委员会批准为"生物物理学科"硕士学位授予点，被遴选为导师，开始招收研究生。

11 月，赴北京参加中国原子能农学会常务理事扩大会，在会上作"美国原子能农业应用概况"的报告。

12 月，协作组"全国农药安全使用标准研究"成果获农业部技术改进奖一等奖。"氮肥增效剂（CP）的肥效和残留研究"成果获农业部技术改进奖二等奖。

本月，在杭州参加中国科学院土壤所召开的土壤环境化学学术讨论会，并作"美国、联邦德国农业环境保护的概况"报告。

1982 年

2 月，赴北京参加国家科委召开的全国同位素会议，被选为国家科委同位素专家组成员。

在浙江省科技报告会上作题为"核技术为国民经济和人民生活服务"的报告。

2月19日，经浙江省教委批准，成立浙江农业大学原子核农业科学研究所（核农所）。

3月，农牧渔业部下达"农药对农业生态环境影响研究"重点项目，主持由"北京农业大学、南京农业大学、北京市农业科学院"参加的合作研究，对几种取代"六六六"的新农药在农业生态环境系统中的变化规律开展深入研究，为开发高效、低毒、低残留的新农药提供科学依据。研究中，首先运用了示踪动力学的理论和方法。

本月，赴上海参加中国科学院召开的核技术应用座谈会。

10月28日至11月1日，受中国核学会、中国原子能农学会委托，在杭州主办了"全国第一次核技术在农业环境科学中应用学术研讨会"，作"同位素示踪法在环境科学研究中的应用"报告。

1983 年

1月，与温贤芳、胡国辉共同主编的专著《核技术及其在农业科学中的应用》由科学出版社出版，国际原子能机构（IAEA）培训部主任兰纽济阿塔（L'Annunziata）博士给予该书高度评价："此书会对中国农业科学的发展产生重大的影响，开拓了应用同位素技术研究农药及其他农用物质对环境污染防治的新领域，为该学科的发展起到了奠基和推进作用。"

3月，赴上海主持"全国农药残留安全标准研究"协作组会议。

本月，赴北京参加中国农学会第三届全国代表大会，当选为常务理事。

本月23—29日，中国原子能农学会第二次全国代表大会在昆明召开，继续当选为副理事长（理事长为徐冠仁院士），并作"核技术在环境保护科学研究中的应用"报告。

4月，当选为浙江省六届人大代表（1983—1987）。

5月，在杭州参加核技术在中医中药研究中的应用学术交流会。

6月23—29日，参加中国科学院原子能所在天津蓟县召开的放射性同位素科学技术报告会，作"同位素在农业上应用"报告。

9月22—28日，赴四川乐山参加中国农业生态环境保护协会年会。

本月，被浙江省人民政府任命为浙江农业大学校长。

10月，召开全校大会，就学校教育改革、发展形势与任务等重大事项作了报告，报告阐述了办学理念、指导思想等。

发表论文《土壤和水稻植株中可溶态和结合态 ^{14}C- 六六六残留物的残留和分布》。

12月，浙江省原子能农学会召开第二届代表大会，继续当选理事长。

1984 年

1月，赴北京参加全国农业工作会议。

2月，核农所单独建制，隶属学校直接领导。

本月，核农所生物物理学科被国务院学位委员会批准为博士学位授予点，为首批博士生导师之一（自此，先后指导培养了十位博士生，包括甘剑英、俞颢刚、汪俊强、黄建中、王校常、杨培新、沈生荣、吴志平、郑洁敏、崔永等）。

3月，与谢学民等合编《简明核农学应用手册》。

4月，中国核学会召开第二次代表大会，继续当选为常务理事。

发表论文《^{14}C- 六六六（BHC）在水稻和土壤中的残留动态及其相关性的研究》。

完成农牧渔业部课题协作组工作总结报告"有机氯杀虫剂（六六六）对农业生态环境影响的研究"（专论）。

6月5日，接待日本宇都宫大学校长马场来访，签约建立校际合作关系。

9月8日，IAEA 官员达德利（M. Diete）等来核农所商讨举办培训班等有关事宜。

本月，出访美国弗吉尼亚理工大学（Virginia Polytech）及马里兰大学（Maryland），建立校际协作关系。

1985 年

3月4日，被任命为国务院学位委员会第二届植物栽培、遗传育种学科评议组召集人之一（1985—1991）。

4 月，率领中国原子能农业应用代表团赴日本考察。

5 月，参加"中国大学校长代表团"赴比利时、卢森堡和荷兰，进行文化交流与校际协作。

6 至 7 月，赴奥地利维也纳 IAEA 总部，参加利用核技术研究"农药的控释技术开发"讨论会，提交《$^{14}C-$ 六六六的残留物在水稻植株和水田土壤之间的相关性研究（英文）》，并作"六六六在水稻和土壤中的动态"报告。

7 月 28 日，赴烟台长岛主持"农药对农业生态环境影响的研究"总结会议。

10 月 26—30 日，IAEA 官员米克（A.Micke）来访，讨论安排 1986 年举办国际植物诱变育种培训班等有关事宜。

自本月 1 日起被国际原子能机构（IAEA）聘为科学顾问委员会（SAC）委员，任期三年。

11 月，"农药对农业生态环境影响的研究"通过鉴定。

12 月，被浙江省人民政府评为浙江省劳动模范。

本月，赴奥地利维也纳参加 IAEA 科学顾问年会，并在会上作了题为"Brief Introduction about the Nuclear Technique Application of Agriculture in China（中国核技术农业应用的发展和动向简述）"的报告。

"全国农药安全使用标准"获国家科委科技进步奖三等奖。

1986 年

3 月 30 日，浙江省核学会举行第一次会员代表大会，当选理事长。

4 月 24 日，接待 IAEA 副总干事济弗雷络（M.Zifferero）教授和夫人来访。

6 月 28 日至 7 月 5 日，应邀访问德国柏林工业大学，进行学术交流。

7 月，赴日本与日本岛根大学访问，签订校际交流合作协议。

9 月 15 日至 10 月 26 日，在国内第一次举办 FAO/IAEA 亚太地区植物诱变育种培训班，来自 11 个国家的 18 名学员参加。

9 月 25 日至 10 月 8 日，率中国原子能农学会代表团访问日本。

10 月，被核工业部聘任为"IAEA 科技活动顾问组"副组长（1986—1988）。

本月 19 日，FAO/IAEA 联合处处长辛格比杨森（B. Sigurbjöernsson）来访。

11 月，赴奥地利维也纳参加 IAEA 顾问会议年会，会上作了题为"Trends of Nuclear Industry and Nuclear Technique Application in China（中国核工业与核技术应用的发展趋势）"的报告。

"六六六等三种农药对农业生态环境影响的研究"成果获省政府科技进步奖二等奖、农牧渔业部科技进步奖三等奖。

《核技术及其在农业科学上的应用》（专著）获省教委自然科学成果奖二等奖。

1987 年

4 月 29 日，IAEA 总干事济弗雷络（Zifferero）和联合处长辛格比杨森（B.Sigurbjöernsson）来访，讨论在核农所建立 IAEA 培训中心等有关事宜。

6 月，赴联邦德国参加柏林建城 750 周年活动，与柏林工业大学洽谈合作事宜。

7 月起，被中国核工业总公司聘为 IAEA 国内顾问组成员（1987—1997）。

11 月 2—8 日，赴奥地利维也纳 IAEA 总部参加顾问委员会会议。

12 月 17—24 日，赴香港参加教育部霍英东教育基金会议（1986 年起任该基金会顾问）。

当选为中国农学会常务理事，任期自 1987 年至 1992 年。

1988 年

1 月，被选为浙江省政协第六届常委。

4 月 5—6 日，中国原子能农学会在长沙召开第三次代表大会，当选为理事长，作"国际原子能机构核农学研究动向——IAEA 与绿色革命"报告。

本月 27 日至 5 月 12 日，参加浙江省高等教育代表团赴美国考察，洽谈校际合作。

7月，所指导的我国高校生物物理学（农）专业第一位博士研究生甘剑英毕业，其学位论文题目为《呋喃丹在水稻—鱼生态系中的行为》。该项研究，在国内首次用示踪动力学的理论方法探讨农药在环境中的归趋。

发表专论《放射性同位素示踪法研究农药代谢中的几个问题》。

应国家科学技术委员会成果管理办公室之约，撰写关于我国核技术农业应用情况的专论《原子核技术和农业现代化》。

8月，参加在山东曲阜召开的中国农业生态环境保护协会学术交流会，并作"深化改革，开创农业环境保护科研教育的新局面"报告。

本月，与谢学民等合编的《核农学手册》由农业出版社出版。

10月4日，接待IAEA农药残留科科长吉尔（Dr. J. C. Tjell）夫妇来访，讨论双方合作事宜。

11月12日，接待IAEA技术援助处助研金和培训部主任兰纽济阿塔（M. L'Annunziata）来访，讨论培训班事宜。

"同位素示踪技术及其在农业上的应用"获中国农业科学院科技进步奖二等奖。

生物物理学科被审定批准为国家重点学科。

12月，参加在广州召开的全国第三次示踪技术农业应用学术交流会，并作"FAO/IAEA联合处近年来的研究方向和动态"报告。

1989 年

3月，为庆祝中国原子能农学会成立10周年，以学会理事长的名义发表题为《对核农学示踪技术的展望》专稿，后载《核农学通报》。

4月9—10日，接待FAO/IAEA联合处副处长拉强斯（Lachance）和开发署驻华助理哈阿曼（E.Haarman）来访，"IAEA核技术农业应用培训示范中心"项目启动。

发表论文"呋喃丹在模拟水稻—鱼和水稻—萍—鱼生态系统中的行为归趋的比较研究"。

发表论文《单克隆抗体孕酮放射免疫分析的研究》。

在杭州召开中国原子能农学会三届二次理事会暨学会成立10周年庆

祝会，作"核农学三十年——发展与回顾"报告。

10 月，卸任校长，任浙江农业大学学术委员会主任，直至 1998 年"四校合并"成立新浙江大学。

本月 26 日至 11 月 6 日，核农所举办成立 30 周年庆祝活动，近百位国内外校友、来宾参加，并举行学术报告会。

1990 年

5 月 21 日至 6 月 28 日，执行 IAEA 科学考察访问任务，赴英国、美国考察，调研核技术应用新进展。

8 月，赴长春出席中国农业生态环境保护协会理事会。

本月，赴乌鲁木齐参加新疆农科院原子能所建所 30 周年会，并作学术报告。

10 月，在浙江农业大学 80 周年校庆学术报告会上作"我国核农学的发展与我校核技术应用的成就"报告。

11 月，赴无锡出席中国核工业总公司 RCA 科研项目国内协调会。

参与完成"呋喃丹在稻—鱼生态系统中的残留行为"研究项目。

参与完成"久效磷在环境中的行为与归趋"研究。

任国家自然科学基金委农业科学专家组组长（1990—1994）。

1991 年

5 月，赴北京参加中国科协第四次代表大会。

任国务院学位委员会第三届植物栽培、遗传育种学科评议组召集人之一（1991—1996）。

7 月起任第二届 IAEA 国内顾问组成员。

8 月，赴北京参加全国高新技术农业应用学术讨论会，作学术报告"同位素示踪技术农业应用的进展"，后收录刊载于该学术讨论会论文集。

11 月，当选为中国科学院生物学部委员（院士）。

本月 9—12 日，赴重庆参加制定《全国生物物理学（农）研究生培养方案》（主编）。

本月，在浙江省科协第五次代表大会上被选为第五届副主席。

11 月 19 日，赴北京，被教育部任命为全国高等学校设置评议委员会（第一届）委员。

1992 年

1 月 17 日，浙江省核学会召开第二次会员代表大会，连任理事长。

2 月 19 日，光明日报报道：《为了安全使用农药》。

5 月 6—9 日，参加中国原子能农学会第四次代表大会，连任理事长。

发表综述《基因工程与环境保护》。

受教育部委托主持制订了生物物理（农）学科三个方向的研究生培养方案。

接待 IAEA 原培训部主任兰纽济阿塔（M. L'Annuziata）来访，并聘其为核农所客座教授。

任中国农学会第六届常务理事（1992—1996）。

被聘为农业部科学技术委员会第五届委员（1992—1995）。

1993 年

3 月，当选为第八届全国政协委员（1993—1997），参加农业组（第 33 组）。

4 月 23 日，核农所新建钴室落成首次加源 5.5 万居里，开始试运行。

本月 26 日，农业部核农学重点开放实验室召开第一次学术委员会会议，任主任委员。

浙江省核农学重点研究实验室评审通过成立，任主任。

10 月 11 日，出席农业部核农学重点开放实验室第二次学术委员会会议。

发表论文《久效磷在环境中的行为与归趋》。

接待全国人大常委会副委员长陈慕华来所视察。

1994 年

1 月 5 日，接待 IAEA 副总干事钱积惠先生来访。

5月9日，中国原子能农学会经国家民政部核准成为全国性学术团体。

6月3—9日，参加中国科学院院士大会。

8月，入选浙江教育出版社出版的《浙江教育名人》一书。

本月7—12日，赴山东威海主持召开中国原子能农学会的"全国核农学发展战略研讨会"。

10月，应中华全国总工会的邀请参加新中国成立45周年全国百名劳模赴京观礼团。

11月，核农所举行陈子元教授执教50周年庆典。

12月17—21日，参加全国高等学校设置评议委员会第三次会议。

1995 年

1月中旬，被第四届中国农业生态环境保护协会推选为副理事长。

本月23日，浙江农业大学举行陈子元教授执教50年庆贺会，浙江省政府领导到会祝贺。

9月，被浙江省人民政府聘任为浙江省学位委员会副主任。

在《农业环境保护》上发表专论《土壤中农药行为的计算机模拟研究进展》。

11月，浙江省核学会产生第三届理事会，当选为名誉理事长。

本月，赴扬州参加全国核农学学术交流会。

浙江省政府批准立项建造生物物理实验楼（3300m^2）。

1996 年

4月，核农所被省人民政府授予"八五"期间"浙江省科技进步重大贡献先进集体"光荣称号。

发表研究论文《重复污染下铬在污泥中的行为特征》。

5月21—23日，中国原子能农学会五届一次理事会在广州举行，被推选为名誉理事长。

6月，中共浙江农业大学核农所直属党支部被中共浙江省委授予"浙江省先进基层党组织"光荣称号。

本月11—20日，赴山东泰安出席《中国核农学》审稿会，任《中国核农学》编委会主任。

11月，连任第六届浙江省科协副主席。

12月，浙江农业大学顺利通过"211工程"建设部门预审。

本月2—8日，率杭州树人大学代表团赴日本静冈长叶学园考察（时兼任树人大学副董事长），与长叶学园建立合作关系。

1997 年

5月，主编的全国高等农业院校统编教材（研究生用）《核农学》由中国农业出版社出版。

发表论文《SJ-120程序控制模拟生态箱的研制》（农业部"七五"重点项目）。

9月18日，浙江省核农学重点研究实验室建设项目通过验收。

10月，生物物理实验楼全面竣工并通过验收。

12月，接待教育部部长陈至立来所视察，并作介绍。

本月，赴香港参加由教育部召开的霍英东教育基金会会议。

出席在黄山市召开的全国第三届核农学青年科技工作者学术交流会，并在会上作题为"中国核农学的进展和展望"的报告。

1998 年

2月11日，接待浙江省省长柴松岳、副省长鲁松庭等来所视察，并作介绍。

4月，入选高等教育出版社出版的《中国高等学校中的中国科学院院士传略》一书。

6月，新建的生物物理实验楼投入使用。

7月，浙江省核农学重点研究实验室通过省科委的评估，被评为浙江省十个优秀实验室之一。

8月，任编委会主任的《中国核农学》一书由河南科学技术出版社出版，并荣获河南省优秀图书奖一等奖。

9 月，参加浙江省高校优秀重点学科评审，农业生物物理学科被评为全省五个优秀学科之一。

本月 14 日，接待副总理李岚清等来所视察，并作介绍。

本月 15 日，浙江大学、杭州大学、浙江农业大学、浙江医科大学合并，组建新浙江大学，任浙江大学农业与生物技术学院学术委员会主任。

举办核农所建所 40 周年庆典。

10 月，谢学民主编的《陈子元核农学论文选集》由浙江教育出版社出版。选集收录其代表性研究论文 85 篇，综述与专论 15 篇，国内外学术会议论文 16 篇，专著简介 7 篇。

11 月 21 日至 12 月 7 日，参加浙江省重点实验室代表团考察法国、意大利等国的科研管理体制。

兼任浙江树人大学校长（第四任）。

1999 年

8 月，发表论文《雌性鸭胚胎和雏鸭的抑制素和促性腺激素的分泌》。

11 月，浙江省核学会召开第四届理事会，被推选为荣誉理事长。

应邀在浙江省第二期党员科技专家理论研修班上作"怎样做一个合格的科技工作者"的报告，结合自己的工作实践系统地阐述了科学道德、科学精神和科学方法问题。

浙江省科技厅组织对重点实验室进行评估，浙江省核农学重点研究实验室被评为优秀实验室。

2000 年

2 月，发表论文《绍鸭垂体 LHRH 放射受体结合法及其结合特性》。

2 月，发表研究论文《绍鸭生长期内分泌机理》。

5 月 22—24 日，赴成都出席第六次中国原子能农学会代表大会，作学术报告，并被推选为名誉理事长。

2001 年

10 月 22—27 日，赴厦门出席中国原子能农学会老科学家学术交流会。

在英文杂志《色谱》上发表论文《Separation and Purification of Bacillus Thuringiensis（Bt）Toxic Protein Cryl Ab From Transgenic rice by Ion-exchange Chromatography》（Bt Cry1 Ab 毒蛋白的离子交换色谱分离和纯化）。

第三轮省重点实验室评估，核农学重点研究实验室被评为优秀。

4 月，发表论文《从转基因水稻种提取 Bt 毒蛋白方法与效率的研究》。

12 月，发表论文《茶多酚及儿茶素单体对过氧化氢诱导的线粒体通透性改变孔道开放的影响》。

2002 年

10 月，赴南京参加全国农业同位素示踪学术研讨会，作 "同位素示踪技术应用展望" 的学术报告。

10 月，在《核农学报》上发表专论《从辐射育种的发展来展望航天育种的前景》。

11 月 7 日，农业部颁发证书，评定 "核农学实验室" 为第四轮（2002—2006）农业部重点开放实验室。

12 月，发表论文《转基因水稻表达的 Bt 毒蛋白 Cry1Ab 溶液构象研究》。

学校审核通过继续担任浙江大学生物物理学学科带头人。

2003 年

4 月，应上海交通大学邀请，在 "结合多学科优势共建交大辐射科学研究基地研讨会" 上作 "中国核农学的现状与发展" 的学术报告，并被聘为兼职教授。

6 月，发表论文《Uptake of ^{134}Cs in the shoots of Amaranthus tricolor and Amaranthus trentus（雁来红和苋属植物嫩枝对铯 −134 的吸收）》。

10 月，在《核农学报》上发表专论 "不断开创我国同位素示踪技术新体系"。

2004 年

6 月，发表论文《Bt 毒蛋白 Cry1 Ab 受体基因 pt-r3 在大肠杆菌中的克隆和表达及特性分析》。

本月 7—10 日，浙江省核学会第五次代表大会在安吉召开，当选为荣誉理事长。

8 月，发表论文《黄瓜花叶病毒致弱卫星 RNA 对辅助病毒含量的影响》。

9 月 29 日，中国科学院院长路甬祥代表中国科学院、中国科学院学部主席团发来贺信，祝贺八十华诞。贺信指出："您是我国著名的核农学家。在从事科学研究的五十多年中，您热爱祖国，献身科学，兢兢业业，治学严谨，为祖国的科技事业倾注了大量心血。您培养教育的一大批优秀科技人才，已成为我国农学事业的骨干力量。"

10 月，《陈子元传》（谢鲁渤著）由宁波出版社出版。

本月 27—29 日，中国原子能农学会第七次代表大会在杭州召开，当选为荣誉理事长。

11 月 1 日，IAEA 认可，在核农所建立"IAEA—浙江大学植物诱变种质创新与研发合作中心"。

12 月，发表论文《Uptake of ^{134}Cs by Six Plant From Amaranthacese Grown in Nutrient Solution（六种苋属植物对植物营养液中铯 -134 的吸收）》。

2005 年

获浙江大学"竺可桢奖"（授予本校教职工的最高个人荣誉称号），所获奖金全部捐赠给"浙江大学教育基金"。

4 月，核农所建立"IAEA—浙江大学植物诱变种质创新与研发合作中心"。

本月，发表综述《蕨类植物对无机污染物的吸收》。

本月，发表综述《农药遗传毒性研究进展》。

2006 年

1 月，中共中央、国务院召开新世纪全国科学技术大会，提出坚定走中国特色自主创新道路，为建设创新型国家而奋斗。

发表论文《Potential of chlorpyrifos and cypermethrin forming DNA adducts》。

发表论文《Binding of chlorpyrifos and cypermethrin to blood proteins》。

12 月，赴海南省陵水县浙江大学核农所南繁基地考察。

2007 年

4 月 23—25 日，参加在杭州召开的中韩核技术农业与生命科学应用研讨会。

本月，浙大农业与生物技术学院发起成立"陈子元农科教育基金"。

9 月，浙江省核农学重点开放实验室通过第五轮审定。

12 月，培养的第一位博士生、在美任职的甘剑英教授（美国加州大学湖滨分校环境科学系主任），被批准为浙江大学生物物理学科教育部"长江学者奖励计划"特聘教授。

2008 年

中国原子能农学会在北京召开第八届代表大会，被推选为荣誉理事长。

由农业部下达、由浙大核农所主持的"核技术农业应用"行业公益平台项目（2008—2010）启动。

核农所举行建所 50 周年庆祝大会，《风雨同舟，锦绣前程——浙江大学原子核农业科学研究所 50 周年纪实》出版。

发表论文《小麦微粒体对丙酮草醚的代谢作用初探》。

2009 年

2 月，发表论文《盆栽条件下三种植物对污染土壤中放射性铯的吸收试验》。

2 月，发表论文"除草剂对不同耐寒性水稻幼苗的氧化胁迫效应"。

4 月 1 日，与王乃彦、陈达、陈君石、潘自强等院士和专家通过"中国科学院院士建议"向国家提出"关于发展食品辐照技术保障食品安全的建议"。

2010 年

1 月 7 日，参加浙江省科学技术委员会第八届五次全委会。

1 月，农业与生物技术学院从华家池校区搬迁至紫金港校区。

6 月 6—11 日，赴北京参加中国科学院第十五次院士大会。

6 月 28 日，应浙江省湖州市邀请参加校市合建的功能性农业生物创新研究中心成立大会。

10 月，参加中国核学会在贵阳召开的学术年会。

2011 年

1 月 20—22 日，赴北京参加教育部霍英东教育基金会会议。

4 月 16 日，由核农所主持的又一农业部行业公益平台（农业）项目"核技术在高效、低碳农业中的应用（2011—2015）"启动。

本月，学校决定华家池校区部分土地出让，通知核农所 6 月底前迁出，搬至种子楼和中心大楼南楼东翼过渡（待紫金港西区新所建好后搬至新址）。

8 月，发表论文《夏桑叶的体外抗氧化活性及其主要功能成分研究》。

2012 年

3 月 16 日，参加浙江省核农学产业创新团队项目启动会议，由浙江大学核农所华跃进任首席专家。

4 月 25—26 日，受宁波鄞州邀请参加"甬籍院士故乡行"服务家乡活动。

6 月 10—16 日，赴北京参加中国科学院第十六次院士大会。

12 月 5 日，参加浙江省核学会第七届代表大会，被推选为荣誉理事长。

附录二　陈子元主要论著目录

科研论文

[1] 俞懋襄，陈子元，李化鲸. 利用土特产柿漆裱制秋用蚕种浸酸连纸的
初步试验报告 [J]. 蚕丝通报，1956，2（3）：24-27.

[2] 俞懋襄，陈子元. 利用土特产柿漆制造秋用蚕种浸酸连纸的第二次试
验报告 [J]. 蚕丝通报，1957，3（2）：17.

[3] 俞懋襄，陈子元. 柿漆在养蚕上的用途 [J]. 蚕业科学通讯，1957，
（3）：42-43.

[4] 陈子元，沈守江，等. 用放射性磷 -32 研究桑苗吸收磷肥的情况 [J].
浙江农学院学报，1959，4（1）.

[5] 陈子元，沈守江，等. 大蒜鳞茎形成期间放射性磷的运转与分布 [J].
浙江农学院学报，1959，4（1）.

[6] 陈子元，陈传群，孙锦荷，俞永明，罗其忍. 利用放射性同位素研
究茶树上喷洒有机磷杀虫剂——"乐果"后的渗入、消失和残留情况
[J]. 浙江农业大学科学研究资料汇编，1963：15-19. ／[C]. 全国
同位素及核辐射在生物学及农业上应用会议论文集，1964.

[7] 陈子元，陈传群，孙锦荷，樊德方，赵志鸿. 利用放射性硫 -35 研究

水稻抽穗期施用 E605 后在稻叶与稻谷上的残留动态 [J]. 浙江农业大学科学研究资料汇编，1963：39-40. / 化工技术资料，1965（3）.

[8] 陈子元，陈传群，孙锦荷，等. 利用 ^{35}S 研究 E-1059 在桑苗叶部渗入和残留的情况 [J]. 蚕业科学，1964（2）：144-145.

[9] 陈子元，陈传群，孙锦荷，徐寅良，俞永明，罗其忍. 利用放射性硫 -35 研究 E1059 在茶树上的残留和转化情况 [J]. 茶叶科学，1965：74-76.

[10] 陈子元，陈传群，赵志鸿，张志明，等. 应用 ^{35}S 研究杀螟松在水稻上的残留、输导和分布 [J]. 昆虫知识，1966（3）.

[11] 陈子元，陈传群，孙锦荷，徐寅良，奚海福，陈思银，朱月英，樊德方. 环境条件对乐果残留动态影响的初报 [J]. 昆虫学报，1966，15（2）：155-157.

[12] 陈传群，陈子元，赵志鸿，张志明，鲍迪富. 利用放射性同位素 S-35 研究 E1059 在白术上输导、残留及其体内的转化动态 [J]. 浙江省农科院农药残留研究，1966.

[13] 陈子元，孙锦荷. ^{35}S 标记杀螟腈的制备 [C]. 中国农科院原子能利用研究所辐射和同位素在农业上应用会议论文集，1972.

[14] 陈子元，孙锦荷，徐寅良. ^{76}As- 甲基胂酸锌的合成 [C]. 中国农科院原子能利用研究所辐射和同位素在农业上应用会议论文集，1972.

[15] 陈子元，孙锦荷，徐寅良. 利用 ^{76}As 标记农药研究稻脚青在水稻上的活性情况和残留动态 [J]. 中国农科院原子能利用研究所辐射和同位素在农业上的应用，1972.

[16] 陈子元，孙锦荷. 应用同位素示踪法研究六六六在水稻上的残留动态和土壤中的污染程度 [J]. 农药工业，1974（1）：27-30.

[17] 陈子元，孙锦荷. 六六六在水稻上的吸收和运转 [J]. 放射性同位素在农药残留上的研究，1974（4）：6-10.

[18] 上海昆虫研究所白蚁组，浙江农业大学生物物理教研室. 利用放射性同位素示踪法观察灭蚁灵对家白蚁的毒效 [J]. 放射性同位素在农药残留上的研究，1974（4）：33-38.

［19］陈子元. 合理施用农药，防治农药污染［J］. 植物学杂志，1974（2）.

［20］陈子元. 农药污染与环境保护［J］. 环境保护，1975（1）：7—9.

［21］陈子元，孙锦荷. 杀虫脒的残留研究［C］. 中国农科院"原子能在农业上应用"论文集，1975：254—270.

［22］陈子元，孙锦荷，曾广义. 放射性标记新农药的合成［J］. 环境科学，1976（2）：29—32.

［23］陈子元. 农药污染的危害和防治［J］. 中华医药杂志，1976，56（8）：522—524.

［24］陈子元，孙锦荷. 螟蛉畏的残留研究（摘要）［J］. 浙江化工，1976（5/6）：53—55.

［25］陈子元，孙锦荷. 螟蛉畏在土壤中的迁移和残留规律［J］. 浙江农业大学放射性同位素在农药残留研究上的应用，1977（7）：21—30.

［26］陈子元等. 农药残留和代谢研究中放射性同位素的应用［J］. 浙江化工，1978（1）：55—69.

［27］陈子元，孙锦荷，吴美文. 氮肥增效剂（CP）在水稻和土壤中的残留［J］. 浙江农业大学放射性同位素在农药残留研究上的应用，1978（8）：21—24.

［28］陈子元，孙锦荷. 六六六在水稻上的残留研究［J］. 环境污染与防治，1979（2）：15—23.

［29］陈子元，陈传群，孙锦荷，等. 农药残留和安全用药研究中同位素示踪法的应用［J］. 浙江农业大学学报，1979，5（1）：119—126.

［30］陈子元. 利用核技术研究农药在环境中残留和代谢的进展概况［J］. 核技术，1979（1）：15—23.

［31］陈子元，孙锦荷，郑银铼，江民锋，李玉桂. 脒基硫脲在水稻和土壤中的降解［J］. 环境科学，1980（2）：17—24.

［32］孙锦荷，陈子元. 乙酰甲胺磷在茶树上的残留、代谢、吸收和运转［J］. 原子能农业应用，1980（3）：40—43.

［33］陈子元，孙锦荷. 利用模拟生态系统研究 ^{14}C-2，4-D 在水生生物中的转移和积累［J］. 浙江农业大学农业环境保护科研资料选编，

1980：1-3.

[34] 陈子元，陈传群，等. 放射性同位素在农药残留和安全用药研究中的应用 [J]. 原子能农业应用，1981（2）：56.

[35] 陈子元，孙锦荷，张永熙. 六六六在水生生态系中的迁移和归宿的初步研究 [J]. 浙江农业大学农业环境保护科研资料选编，1981（7）：1-3.

[36] 陈子元，徐步进. 林丹（γ-六六六）在土壤中的吸附性与其在土壤和小麦中残留量的关系 [J]. 环境科学学报，1982（4）：299-306.

[37] 孙锦荷，张永熙，陈子元. 土壤和水稻植株中可溶态和结合态 ^{14}C-六六六残留物的残留和分布 [J]. 浙江农业大学农业环境保护科研资料选编，1983：8-11.

[38] 孙锦荷，张永熙，陈子元. ^{14}C-六六六（BHC）在水稻和土壤中的残留动态及其相关性的研究 [J]. 浙江农业大学学报，1984，10（1）：19-25.

[39] 陈子元，周素贞. 有机氯杀虫剂（六六六）对农业生态环境影响的研究 [J]. 浙江农业大学农业环境保护科研资料选编，1984（14）：1-15.

[40] Chen Z Y, Sun J H, Zhang Y X. Studieson the Residues of ^{14}C-BHC in Rice Plantand Paddy Soilandits Relation. Seminar on Research and Development of Controlled- Release Technology for Agrochemicals using Isotopes [J]. Vienna, Austria，1985，July：1-5

[41] 甘剑英，陈子元. 速灭菊酯在土壤—植物—水生生态系统中的去向 [J]. 浙江农业大学农业环境保护科研资料选编，1985：27-31.

[42] 张勤争，奚海福，陈子元，陈传群. 桑蚕添食尿素提高蚕茧产量和出丝率机理的探讨 [J]. 蚕桑通报，1985，16（1）：4-8.

[43] 陈子元，陈传群，张勤争，奚海福，吴载德，袁碧华，葛秀兰. 用 ^{15}N- 示踪法研究家蚕尿素添食提高蚕茧产量和出丝率的效果及其作用机理 [J]. 科技通报，1985，1（3）：37-39.

[44] 孙锦荷，张永熙，李兴明，陈子元. ^{14}C- 速灭菊酯在淹水稻田土壤

中的降解 [J]. 科技通报, 1985, 1（5）: 46-48.

[45] 王寿祥, 陈子元. 久效磷在水稻田中的运转、残留与分布 [J]. 科技通报, 1986, 2（4）: 24-25.

[46] 王寿祥, 陈子元. 利用微土芯装置研究久效磷在水—水稻—土壤系统中的运转与分配 [J]. 核技术, 1986（12）: 42-45.

[47] 甘剑英, 陈子元. 速灭菊酯在水稻—水—鱼系统中的动态 [J]. 环境科学学报, 1986（3）: 263-271.

[48] 王寿祥, 陈子元. 模拟水生生态系统中久效磷分配动力学 [J]. 核农学报, 1987（1）: 11-16.

[49] 王寿祥, 陈子元. 水生生态系中久效磷运转动态 [J]. 科技通报, 1987, 3（1）: 31-32.

[50] 陈子元, 孙锦荷, 张勤争, 徐寅良, 张永熙. 放射性核素标记农药合成的研究 [C]. 浙江省同位素示踪技术在农业应用论文集, 1987: 395-402.

[51] 甘剑英, 陈子元. 放射性同位素示踪法研究农药代谢中的几个问题 [J]. 核农学通报, 1988, 9（6）: 251-254.

[52] Sun J H, Gan J Y, Li X M, Chen Z Y. Research on Bound Residues of Carbofuran in Paddy Rice/Fish Ecosystem Utilizing Nuclear echniques [J]. Nuclear Technology, 1989, 12（7）.

[53] 陈子元. 对核农学中示踪技术的展望 [J]. 核农学通报, 1989, 10（2）: 52-54.

[54] 甘剑英, 孙锦荷, 陈子元. 呋喃丹在模拟水稻—鱼和水稻—萍—鱼生态系统中的行为归趋的比较研究 [J]. 环境科学学报, 1989, 9（1）.

[55] 汪俊强, 陈子元, 陈传群, 吴美文. 单克隆抗体孕酮放射免疫分析的研究 [J]. 核农学报, 1989, 3（3）: 187-192.

[56] Sun J H, Gan J Y, Li X M, Chen Z Y, Zhang Q Z. Release of ^{14}C-Butachlor and ^{14}C-Oxadiazon from CR Formulations into Water [J]. Nuclear Science and Techniques, 1991, 2（4）.

[57] 陈子元. 同位素示踪技术农业应用的进展 [C]. 全国高技术新技术

农业应用学术研讨会论文集，中国科学技术出版社，1991：565-570.

［58］陈子元. 基因工程与环境保护［J］. 农业环境保护，1992，11（3）.

［59］Sun J H, Li X M, Chen D F, Chen Z Y. Behaviour of Fenitrothion in a Rice/Fish/Azolla Ecosystem［J］. 浙江农业大学学报，1993，19（1）.

［60］王寿祥，陈子元. 久效磷在环境中的行为与归趋［J］. 浙江农业大学学报，1993，19（3）.

［61］Sun J H, Li X M, Chen Z Y, Zhang Q Z. Study Behaviour of CR Formulation of Thiobencarb in aModel Paddy Field［J］. Nuclear Science and Techniques，1994，5（1）.

［62］王校常，孙锦荷，陈子元. 淤泥中吸附铬的存在形态及其影响因素研究［J］. 核技术，1995，18（4）.

［63］王校常，张勤争，孙锦荷，陈子元. 土壤中农药行为的计算机模拟研究进展［J］. 农业环境保护，1995，14（3）：97-100.

［64］黄建中，陈子元. ABA，IAA 和 CaM 对发育莱豆子叶质膜 H^+-ATPase 活力的效应［J］. 植物生理学报，1996，22（4）：337-343.

［65］陈子元等. 重复污染下铬在污泥中的行为特征［J］. 环境化学，1996，5.

［66］史建君，孙锦荷，陈子元，李兴明，吴晗斌. SJ-120 程序控制模拟生态箱的研制［J］. 浙江农业大学学报，1997，23（3）.

［67］Sun J H, Guo J F, Chen Z Y. Study on mobility of Cr（VI）in soils and removal from wastewater and syntheticsamples［J］. Acta Agriculturae Nucleatae Sinica，1997，11（2）：117-123.

［68］杨培新，吴美文，陈子元. 雌性鸭胚胎和雏鸭的抑制素和促性腺激素的分泌［J］. 浙江大学学报（农业与生命科学版），1999，25（4）：57-60.

［69］杨培新，吴美文，陈子元. 绍鸭垂体 LHRH 放射受体结合法及其结合特性［J］. 核农学报，2000，14（1）：29-35.

［70］杨培新，吴美文，陈子元. 绍鸭生长期内分泌机理［J］. 中国兽医学报，2000，20（1）.

[71] Wu Z P, Xu B J, Chen Z Y. Separation and purification of Bacillus thuringiensis（Bt）toxic protein CrylAb from transgenic rice by ion-exchange chromatography［J］. Chromatographia, 2001, 53: 571-573.

[72] 吴志平，陈子元，余虹，崔海瑞，徐步进. 从转基因水稻种提取 Bt 毒蛋白方法与效率的研究［J］. 浙江大学学报（农业与生命科学版），2001，27（2）.

[73] 沈生荣，凌备备，陈子元. 茶多酚及儿茶素单体对过氧化氢诱导的线粒体通透性改变孔道开放的影响［J］. 生物化学与生物物理学进展，2001，28（6）.

[74] 陈子元. 从辐射育种的发展来展望航天育种的前景［J］. 核农学报，2002，16（5）：261-263.

[75] 吴志平，徐步进，舒庆尧，等. 转基因水稻表达的 Bt 毒蛋白 CryIAb 溶液构象的研究［J］. 高等学校化学学报，2002，23（6）：1081-1085.

[76] Tang S R, Chen Z Y, Li H Y, etal. Uptake of Cs-134 intheshoots of Amaranthus tricolor and Amaranthus cruentus［J］. Environmental Pollution, 2003, 125（3）: 305-312.

[77] 陈子元. 不断开创我国同位素示踪技术新体系［J］. 核农学报，2003，17（5）：325-327.

[78] 吴志平，徐步进，陈子元. Bt 毒蛋白 Cry1 Ab 受体基因 pt-r3 在大肠杆菌中的克隆和表达及特性分析［J］. 浙江大学学报（农业与生命科学版），2004，30（3）：323-325.

[79] 柴立红，陈集双，陈子元. 黄瓜花叶病毒致弱卫星 RNA 对辅助病毒含量的影响［J］. 生物化学与生物物理进展，2004，31（8）：752-755.

[80] Zheng J M, Tang S R, Chen Z Y. Uptake of ^{134}Cs by Six Plant From Amaranthacese Grown in Nutrient Solution［J］. 核农学报，2004，18（6）：474-479.

[81] 郑洁敏，唐世荣，陈子元，丁炳扬. 蕨类植物对无机污染物的吸收

［J］. 核农学报，2005，19（2）：155−159.

［82］崔求，郭江峰，陈子元. 农药遗传毒性研究进展［J］. 核农学报，2005，19（2）：259−262.

［83］CuiY, GuoJF, Xu B J, Chen Z Y. Potential of chlorpyrifos and cypermethrin forming DNA adducts［J］. Mutation Research 604, 2006：36−41.

［84］CuiY, GuoJF, Xu B J, Chen Z Y. Binding of chlorpyrifos and cypermethrin to blood proteins［J］. Pesticide Biochemstry and Physiology 85, 2006：110−114.

［85］Zheng J M, Wang H Y, Li Z Q, etal. Using elevated carbon dioxide to enhance copper accumulation in Pteridium revolutum, acopper−tolerant plant, under experimental conditions［J］. lnt J Phytoremediat, 2008, 10（2）：161−172.

［86］张泉，黄建中，杨征敏，朱其松，叶庆富，吕龙，徐步进，陈子元. 小麦微粒体对丙酮草醚的代谢作用初探［J］. 核农学报，2008，22（1）：84−87.

［87］郑洁敏，李红艳，牛天新，等. 盆栽条件下三种植物对污染土壤中放射性铯的吸收试验［J］. 核农学报，2009，23（1）：123−127.

［88］朱其松，黄建中，周烨，等. 除草剂对不同耐寒性水稻幼苗的氧化胁迫效应［J］. 核农学报，2009，23（1）：145−149.

［89］潘剑用，汪志平，党江波，谢彦广，董丹丹，邵斌，王景梅，蓝瑾瑾，陈子元. 夏桑叶的体外抗氧化活性及其主要功能成分研究［J］. 核农学报，2011，25（4）：0754−0759.

学术著作

［90］陈子元，温贤芳，胡国辉. 核技术及其在农业科学中的应用［M］. 北京：科学出版社，1983.

［91］陈子元，谢学民，张国权. 核农学手册［M］. 北京：农业出版社，

1988.

［92］陈子元等. 核农学（国家教委研究生统编教材）［M］. 北京：中国农业出版社，1997.

［93］陈子元等. 中国核农学（陈子元任编撰委员会主任）［M］. 郑州：河南科学技术出版社，1999.

参考文献

［1］浙江大学档案馆所藏陈子元各类相关档案.

［2］浙江省档案馆所藏浙江农学院办学、浙农大校长任命等相关资料.

［3］华东师范大学档案馆所藏陈子元学籍等相关档案.

［4］宁波帮博物馆所藏陈子元父亲陈贤本相关资料.

［5］宁波天一阁所藏陈子元（仓基陈氏）家谱.

［6］上海市档案馆所藏1958年上海全国原子能和平利用展览及讲习班相关档案资料，即：展览办公室当年编写的23期"苏联和平利用原子能科学技术展览会工作简报".

［7］中央档案馆所藏我国农药安全使用标准有关资料与20世纪70年代初我国农药安全工作有关文件.

［8］陈贤本. 辍学从商到辍商从学———一个宁波商人的自述. 宁波帮博物馆馆刊，2012（3）.

［9］大夏大学学运史征集小组. 上海大夏大学学生运动简史（1924—1945）———青春的步伐（中共上海市教育系统党史文集之一）：42-53.

［10］陈子元. 为共产主义贡献出我的一切力量［N］. 浙江农学院院报，1956-04-28（第二版）.

［11］中国科学院原子核科学委员会同位素应用委员会. 放射性同位素应用在国内外的发展概况［G］//中国科学院第一次和平利用原子能会议文献，北京：

科学出版社 1960.

［12］Rachel Carson. Silent Spring. Boston: Houghton Mifflin company, 1962.

［13］毛泽东. 毛主席论教育革命［M］. 北京：人民出版社，1967.

［14］陈子元，温贤芳，胡国辉. 核技术及其在农业科学中的应用［M］. 北京：
科学出版社，1983.

［15］GB 4285—84　农药安全使用标准［S］. 北京：中国标准出版社，1984.

［16］欧元怀. 大夏大学校史纪要［G］// 中国人民政治协商会议上海市委员会
文史资料研究委员会. 新中国成立前上海的学校. 上海人民出版社，1987：
143-158.

［17］［美］小科布尔. 上海资本家与国民政府［M］. 北京：中国社会科学出版
社，1988.

［18］马瑛瑛，胡海燕. 在核农科学的道路上——记中国科学院院士、核农学家陈
子元［J］. 文化交流，1994，17：39-40.

［19］浙江省科学技术志编纂委员会. 浙江省科学技术志［M］. 北京：中华书局，
1996.

［20］周恩来. 周恩来选集［M］. 北京：人民出版社，1997.

［21］王化. 中国蔬菜无土栽培发展历史的初步探讨［J］. 上海蔬菜，1997.1：
11-12.

［22］陈子元. 核农学［M］. 北京：中国农业出版社，1997.

［23］张笛梅，杨陵康. 中国高等学校中的中国科学院院士传略［M］. 北京：高
等教育出版社，1998.

［24］陈子元. 选准方向，步步深入［G］// 卢嘉锡，主编. 院士思维（卷一）.
合肥：安徽教育出版社，1998：337-344.

［25］陈子元. 自序——从事核农学科学研究40年的回顾［C］// 陈子元核农学论
文选集. 杭州：浙江教育出版社，1998.

［26］谢学民，编. 陈子元核农学论文选集［M］. 杭州：浙江教育出版社，1998.

［27］［美］卡逊. 寂静的春天［M］. 吕瑞兰，李长生，译. 北京：京华出版社，
2000.

［28］温贤芳. 中国核农学［M］. 郑州：河南科学技术出版社，2001.

［29］辛永刚. 中国核农学先驱——陈子元［J］. 科学中国人（浙江特刊），2002：
14-17.

［30］谢鲁渤. 陈子元传［M］. 宁波：宁波出版社，2004.

［31］陈子元. "诚正工艺社"和"文心书店"——记1942—1943年往事［G］. 大夏，大夏（大夏大学建校80周年文集）. 大夏大学校友会内部刊印，2004：92-93.

［32］杭州宁波经济促进会. 西子湖畔宁波人［M］. 宁波：宁波出版社，2007：245-259.

［33］邹先定. 浙江大学农业与生物技术学院院史（1910—2006）［M］. 杭州：浙江大学出版社，2007.

［34］林良夫等. 陈子元院士访谈录［G］//浙江大学农业与生物技术学院院史（1910—2006）. 杭州：浙江大学出版社，2007：284-286.

［35］华跃进，谢学民. 风雨同舟　锦绣前程——浙江大学原子核农业科学研究所50周年纪实［M］. 北京：研究出版社，2008.

［36］陈子元. 我与国际原子能机构科学咨询委员会［G］//中国与国际原子能机构（中国加入国际原子能机构20周年纪念文集）［M］. 北京：原子能出版社，2004：135-137.

［37］傅济熙. 陈子元教授与国际原子能机构（接受采集小组书面采访，于2012年12月27日撰写）.

［38］中国新闻社. 联合国原子能机构聘陈子元为科学顾问［N］. 人民日报（海外版），1985-10-16.

后 记

　　非常幸运，通过参加从 2012 年 7 月起开始的陈子元先生学术成长资料采集工作，并最终承担研究报告初稿撰写任务，我作为一名晚辈能有机会不断向陈先生和采集小组各位老师学习，在浙江大学原校报编辑李曙白老师的直接指导下，完成这本科学家传记的写作。

　　整个采集工作受到了浙江大学、农学院、陈先生本人及其家人以及多位农学院老教师的高度重视。大家热切的期待和大力支持，教育部科技委持续的督促，中国科协项目办严格的要求，给采集工作小组的同志们增添了动力和干劲，无形中更是带来不小的压力。缺乏采集工作经验的"本领恐慌"，是小组一班人不得不面对的事实。好在有中央档案馆、上海市档案馆、浙江省档案馆、宁波帮博物馆、天一阁博物馆、华东师范大学档案馆、东华大学档案馆、浙江大学档案馆等单位的密切配合，有陈传群、谢学民、孙锦荷、邹先定、温贤芳、龚荐、陈祖义等校内外专家、教授，以及浙江省农科院院长陈剑平院士、国家"海外千人"甘剑英教授等人的受访帮助，并借助浙大档案馆早年已经启动的"名人档案"工作的良好基础，资料采集和传记写作总算压住阵脚"跑"了起来。

　　对于上述报出名字的个人、单位以及受篇幅限制无法报出名字的个人和单位，在此，我本人并冒昧地代表采集小组首先表示衷心的感谢！

采集工作由浙大党委宣传部副部长兼新闻办公室主任单泠、浙大农业与生物技术学院党委书记赵建明二位组长组织协调，浙大档案馆负责人朱之平、胡志富等同志给予指导，具体的实物资料采集和整理工作，由档案馆张燕、胡岚两位同志先后承担，李曙白老师、农学院孙志明老师和本人予以协助，其中孙志明老师重点协作完成了后程的一部分关键工作。年表的撰写由农学院退休教师徐步进教授负责，在陈先生援手配合下，六易其稿，臻于完善；陈先生近照的拍摄，由宣传部（新闻办）卢绍庆老师承担，年轻人张鸢同志也一度参与。直接、间接访谈量大面广，提纲凝炼以及提问交流均由李曙白老师承担，本人负责落实录音录像和文稿整理，徐步进老师协调安排了全部直接访谈和大部分间接访谈，孙志明老师组织落实了部分间接访谈和其他有关工作。传记的写作，研究思路与框架亦由李曙白老师拟订和完善，并负责文稿修改、润色工作。在李老师的指导下，本人撰写了全书初稿，并协同李老师以及陈先生进行了历次修稿和对年表的统稿。项目前期承接以及后期实施过程中，邹先定教授参与和指导了一些重要环节工作，并从总体上发挥了"顾问"的作用。同时，陈先生的长子陈中甲、三子陈中玉、大儿媳赵薇薇等，也积极参与了间接访谈、老照片整理等工作；陈先生的妹妹陈珊妹教授，亦积极接受访谈，并提供了一些宝贵材料。

总之，没有整个采集工作的有序推进，就不会有这本传记写作的开始，以及结束。对此，我谨以个人的名义对此番直接提及名字的诸位领导、老师，包括陈先生及其家人亲属，表示诚挚的谢意！

因为工作需要，我中途上马兼及写作，并以此为组内主要任务。但囿于水平，扛负文稿，实属力所不逮，勉为其难。当初竟不揣谫陋，未作推辞，如今后怕犹存。因为，纪实类的新闻采写虽系我的本职专长，但是这样一部长篇传记，却是我文字工作的头一回，传主所涉学科、学术亦是于我形同天书，面对"个中艰难"心里不怕是假的。日常工作非常忙，不可能"专职"赴写，写作时间、精力又如何保障？真可谓，害怕里躲着害怕。

荀子曰：积微，月不胜日。怎能让害怕叠罗汉？必须夜以继日，日以胜月。于是，唯业余时间是占中，怕感渐去，新手上路。

作为新闻工作者，我自然明白磨斧不误砍柴工的道理，也必须把握纪实性写作七分采三分写的铁律。除了把各类资料文献和访谈成果"熟读百遍"，动笔前还要充分做好准备工作：首先，认真啃读陈先生论文选集，了解核农学知识点，自我普及核技术与核农学研究的"基本面"；其次，用心拜读已出版的"采集工程丛书"中的作品，填充科学史常识，锁定参照物，经常开开眼，不断对对表，帮助提高传记写作的"基准线"。

更为关键的是，李曙白老师搭建的写作提纲，在我看来结构完整，眉清目楚，文意畅通，内在逻辑与写作诉求令我非常理解和赞同，不但免走了冤枉路，而且常受启发，易于扩初。李老师到位的拿捏与指导，可以说是"兵马"未动先成一半；他及时、细致、高效、妥善的改稿，又进一步提升了整个写作档次。谢鲁渤先生所著的《陈子元传》，对于本传的行文亦是再添薪火，多有助益。农学院宋文坚博士就陈先生部分论著所作的梳理，也带来撰稿方面的一定便利。

同样重要的，在项目运行过程中，特别是结题验收时，专家组的吕瑞花副教授、张利洁副研究员、樊洪业研究员等诸位老师，分别就实物资料采集整理、年表撰写、传记写作等方面存在的问题给出了恰如其分、富有创见的点评，提升了各块工作的成色，让采集小组获益匪浅。尤其是采集工程项目办负责人张藜研究员，不但进行了总体把关，还就存在的特殊困难和不足"指点"了宽容、可行的解决方案，既是锦上添花，更似雪中送炭，保证了本项目的最终完成。

对于诸位评议专家，对于那些不曾谋面亦不能一一列举的"采集工程丛书"首批传记的写作方家们，对于暗中给力的谢鲁渤先生、宋文坚博士，以及全程面对面指导我的李曙白老师，拳拳奉上我深藏心底的无尽感激！同时，也非常感谢我的家人，包括我的父母，在这段持续已久的时间里，对我的理解和支持。

就案头写作而言，正式起笔于 2013 年 8 月间，也就是在进行了前期充分准备（近三个月的腹稿）后，利用结题前的三个月集中力量完成了 20 多万字的初稿和二稿。之后，根据终评专家进一步突出学术成长主线的意见，又花了近三个月的时间与李老师反复修改打磨，去冗刈芜，补正阙如，疏通文气，润色全篇，调整变动波及原稿三分之一强，精减文字几近3万字。这一方面充分显示了我们对于专家意见的认同和遵循，另一方面也让我感受到了李老师从总体上驾驭文稿的能力。边改边学，不及项背，但收获颇丰。

文已至此，唯恐小得大失，究竟如何，仰仗读者雅鉴并指正。难免的错误与不当之处，以及因之而可能生发的误导之虞，在此向读者诸君及传主提前致歉。

水源于泉。最后要再次特别感谢陈子元先生。这不仅仅因为他对采集、写作工作所给予的大力支持，更因为他一贯秉持的谦逊儒雅的大家风范、对核农事业和教育工作无私奉献的操守品行以及活到老学到老奋斗到老的坚毅精神感染了我，使我更加坚定了对为人、处事、做学问的信心，相信这会让我受用终生。

今年，适逢陈子元先生九秩华诞，以及从事科学教育工作70周年。在此，谨向陈先生和他所开拓造就、抱守钟爱的中国核农学事业致敬。谨祝陈先生九秩耕不辍，康健寿无疆！祝中国核农学事业喜奔一甲子，辉煌耀神州！

来日方长，是为后记。

韩天高

2014 年 3 月 22 日